CB077846

educamos·sm

Caro aluno, seja bem-vindo à sua plataforma do conhecimento!

A partir de agora, você tem à sua disposição uma plataforma que reúne, em um só lugar, recursos educacionais digitais que complementam os livros impressos e são desenvolvidos especialmente para auxiliar você em seus estudos. Veja como é fácil e rápido acessar os recursos deste projeto.

1 Faça a ativação dos códigos dos seus livros.

Se você NÃO tiver cadastro na plataforma:

- Para acessar os recursos digitais, você precisa estar cadastrado na plataforma educamos.sm. Em seu computador, acesse o endereço <**br.educamos.sm**>.
- No canto superior direito, clique em "**Primeiro acesso? Clique aqui**". Para iniciar o cadastro, insira o código indicado abaixo.
- Depois de incluir todos os códigos, clique em "**Registrar-se**" e, em seguida, preencha o formulário para concluir esta etapa.

Se você JÁ fez cadastro na plataforma:

- Em seu computador, acesse a plataforma e faça o *login* no canto superior direito.
- Em seguida, você visualizará os livros que já estão ativados em seu perfil. Clique no botão "**Adicionar livro**" e insira o código abaixo.

Este é o seu código de ativação! →

DYT9B-GS9BR-ATF1P

2 Acesse os recursos.

Usando um computador

Acesse o endereço <**br.educamos.sm**> e faça o *login* no canto superior direito. Nessa página, você visualizará todos os seus livros cadastrados. Para acessar o livro desejado, basta clicar na sua capa.

Usando um dispositivo móvel

Instale o aplicativo **educamos.sm**, que está disponível gratuitamente na loja de aplicativos do dispositivo. Utilize o mesmo *login* e a mesma senha da plataforma para acessar o aplicativo.

Importante! Não se esqueça de sempre cadastrar seus livros da SM em seu perfil. Assim, você garante a visualização dos seus conteúdos, seja no computador, seja no dispositivo móvel. Em caso de dúvida, entre em contato com nosso canal de atendimento pelo **telefone 0800 72 54876** ou pelo ***e-mail* atendimento@grupo-sm.com**.

BRA190997_75

sm

Convergências Geografia 9º Ano - BNCC - Fundamental 2 - Livro Digital do Aluno. 2ª Edição 2019

convergências Geografia 9

Valquíria Pires Garcia

- Licenciada em Geografia pela Universidade Estadual de Londrina (UEL-PR).
- Especialista em História e Filosofia da Ciência pela UEL-PR.
- Mestra em Geografia pela UEL-PR.
- Professora da rede pública de Ensino Fundamental.
- Atuou como professora da rede particular de Ensino Superior.
- Autora de livros didáticos para o Ensino Fundamental.

sm

***Convergências* – Geografia – 9**

Direção editorial M. Esther Nejm
Gerência editorial Cláudia Carvalho Neves
Gerência de *design* e produção André Monteiro
Edição executiva Flávio Manzatto de Souza
Coordenação de *design* Gilciane Munhoz
Coordenação de arte Melissa Steiner Rocha Antunes
Assistência de arte Juliana Cristina Silva Cavalli
Coordenação de iconografia Josiane Laurentino
Coordenação de preparação e revisão Cláudia Rodrigues do Espírito Santo
Suporte editorial Alzira Ap. Bertholim Meana

Projeto e produção editorial Scriba Soluções Editoriais
Edição Erika Fernanda Rodrigues, Kleyton Kamogawa
Assistência editorial Patrícia Cristina da Silva
Revisão e preparação Felipe Santos de Torre, Joyce Graciele Freitas
Projeto gráfico Dayane Barbieri, Marcela Pialarissi
Capa João Brito e Tiago Stéfano sobre ilustração de Estevan Silveira
Edição de arte Barbara Sarzi
Pesquisa iconográfica Tulio Sanches Esteves Pinto
Tratamento de imagem Equipe Scriba
Editoração eletrônica Adenilda Alves de França Pucca (coord.)
Pré-impressão Américo Jesus

Fabricação Alexander Maeda
Impressão Forma Certa Gráfica Digital

Dados Internacionais de Catalogação na Publicação (CIP)
(Câmara Brasileira do Livro, SP, Brasil)

Garcia, Valquíria Pires
Convergências geografia : ensino fundamental : anos finais : 9º ano / Valquíria Pires Garcia. – 2. ed. – São Paulo : Edições SM, 2018.

Bibliografia.
ISBN 978-85-418-2148-3 (aluno)
ISBN 978-85-418-2152-0 (professor)

1. Geografia (Ensino fundamental) I. Título.

18-20883 CDD-372.891

Índices para catálogo sistemático:

1. Geografia : Ensino fundamental 372.891
Maria Alice Ferreira - Bibliotecária - CRB-8/7964

2ª edição, 2018
4ª impressão, dezembro 2023

SM Educação
Rua Tenente Lycurgo Lopes da Cruz, 55
Água Branca 05036-120 São Paulo SP Brasil
Tel. 11 2111-7400
atendimento@grupo-sm.com
www.grupo-sm.com/br

Apresentação

Cara aluna, caro aluno,

Você já percebeu como em muitos momentos em nosso dia a dia procuramos respostas para dúvidas que surgem em relação a acontecimentos que ocorrem ao nosso redor e, até mesmo, em outros lugares do mundo?

No local onde vivemos, por exemplo, observamos transformações já realizadas pelas pessoas ao longo do tempo e outras que estão ainda acontecendo. A construção de vários prédios na área central e de condomínios de luxo na periferia das cidades, a instalação de indústrias no município, bem como a degradação de um lugar que poderia ser uma área de lazer, são algumas maneiras de se transformar um espaço, e, muitas vezes, não compreendemos como e por que elas ocorrem.

Em relação ao espaço mundial, também temos muito o que descobrir. Apesar de o início do século XXI estar caracterizado pelos mais diversos avanços tecnológicos que "encurtam as distâncias" entre os lugares mais longínquos do mundo, as diferenças existentes entre os aspectos naturais e culturais do nosso planeta nos levam constantemente à busca de explicações.

O estudo da Geografia nos auxilia a compreender melhor a dinâmica do mundo em que vivemos. Esta coleção pretende auxiliá-lo em seus estudos e mostrar a você que o conhecimento geográfico tem um significado bastante concreto e que está presente em seu dia a dia mais do que você imagina.

Bons estudos!

Raul Aguiar

Conheça seu livro

Esta coleção apresenta assuntos interessantes e atuais que o auxiliarão a desenvolver autonomia, criticidade, entre outras habilidades e competências importantes para a sua aprendizagem.

Abertura de unidade

Essas páginas marcam o início de uma nova unidade. Elas apresentam uma imagem instigante, que se relaciona aos assuntos da unidade. Conheça os capítulos que você irá estudar e participe da conversa proposta pelo professor.

Iniciando rota

Ao responder a essas questões, você vai saber mais sobre a imagem de abertura, relembrar os conhecimentos que já tem sobre o tema apresentado e se sentirá estimulado a aprofundar-se nos assuntos da unidade.

Boxe complementar

Esse boxe apresenta assuntos que complementam o tema estudado.

Vocabulário

Algumas palavras menos conhecidas terão seus significados apresentados na página, para que você se familiarize com elas. Essas palavras estarão destacadas no texto.

Ampliando fronteiras

Nessa seção, você encontrará informações que o levarão a refletir criticamente sobre assuntos relevantes e a estabelecer relações entre diversos temas ou conteúdos. Os assuntos são propostos com base em temas contemporâneos, que contribuem para a sua formação cidadã e podem ser relacionados a outros componentes curriculares.

Aprenda mais

Aproveite as sugestões de livros, filmes e *sites* para aprender um pouco mais sobre o conteúdo estudado.

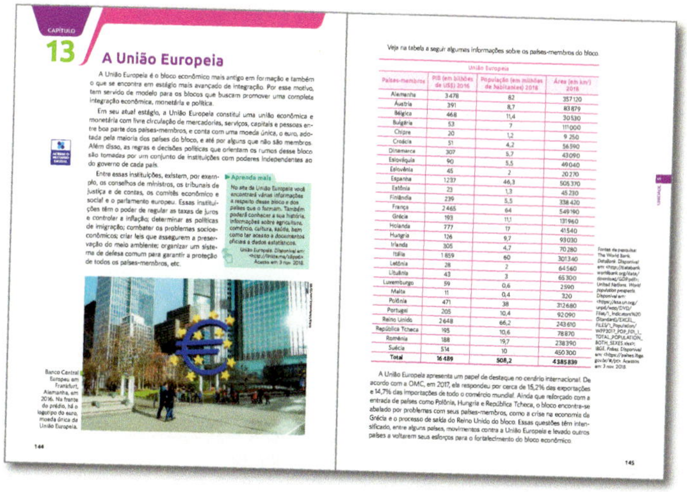

Atividades

Nessa seção, são propostas atividades que irão auxiliá-lo a refletir, a organizar os conhecimentos e a conectar ideias.

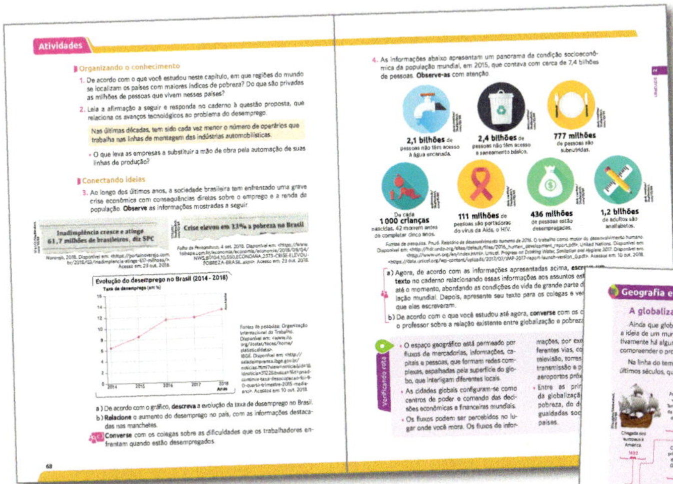

Verificando rota

Aqui você terá a oportunidade de verificar se está no caminho certo, avaliando sua aprendizagem por meio do resumo dos principais conteúdos estudados.

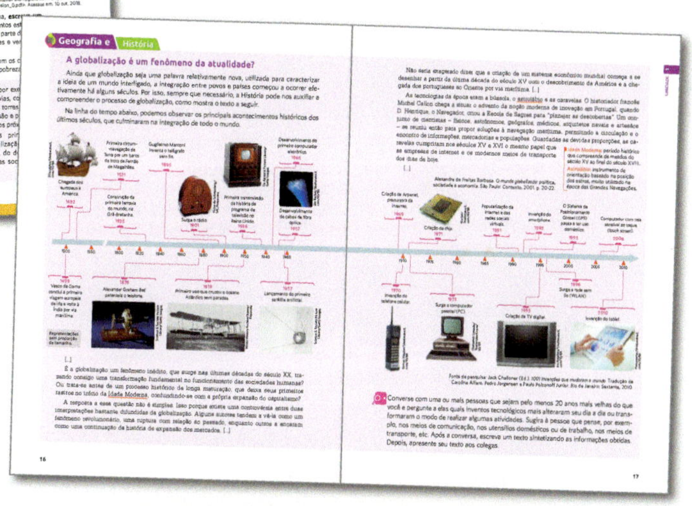

Geografia e

Nessa seção, você estudará conteúdos que possibilitam estabelecer relações entre o componente curricular de Geografia e outras áreas do conhecimento.

Geografia em representações

Essa seção é dedicada ao estudo das representações gráficas, principalmente as relacionadas à Cartografia.

Ícone em grupo

Esse ícone marca as atividades que serão realizadas em duplas ou em grupos.

Ícone pesquisa

Esse ícone marca as atividades em que você deverá fazer uma pesquisa.

Ícone digital

ACESSE O RECURSO DIGITAL

Esse ícone remete a um objeto educacional digital.

Sumário

UNIDADE 1 A globalização no espaço geográfico 10

CAPÍTULO 1 **A globalização** 12
- Globalização ou mundialização 13
- Desenvolvimento científico e tecnológico 14
- **Geografia e História**
- A globalização é um fenômeno da atualidade? 16
- **Geografia em representações**
- Projeções cartográficas 18
- **Atividades** 20

CAPÍTULO 2 **A globalização econômica** 22
- A Divisão Internacional do Trabalho na globalização 23
- As multinacionais e o comércio mundial 28
- **Atividades** 30

CAPÍTULO 3 **A tecnologia no cotidiano** 32
- O acesso desigual às tecnologias 33
- Globalização, consumo e cultura 35
- **Ampliando fronteiras**
- Internet das coisas 38
- **Atividades** 40

UNIDADE 2 Os fluxos no espaço globalizado 42

CAPÍTULO 4 **Fluxos de mercadorias, informações e capitais** 44
- **Geografia em representações**
- A representação dos fluxos no espaço geográfico 46
- Fluxos de informações e capitais 48
- **Atividades** 52

CAPÍTULO 5 **Fluxos de pessoas** 54
- Refugiados no mundo 55
- **Ampliando fronteiras**
- A rota do Mediterrâneo: imigração ilegal na União Europeia 58
- Os refugiados no Brasil 60
- **Atividades** 61

CAPÍTULO 6 **Globalização, pobreza e desigualdade** 62
- A pobreza no mundo atual 63
- Globalização, trabalho e desemprego 65
- **Atividades** 68

Robert Hoetink/Alamy/Fotoarena

UNIDADE 3 Impactos ambientais e sustentabilidade 70

CAPÍTULO 7 **A ação humana e o meio ambiente** 72
Vivemos uma crise ambiental 74
A chuva ácida 76
A diminuição da camada de ozônio 78
O efeito estufa e o aquecimento global 80
A crise ambiental e a questão energética 82
Geografia em representações
Mapa-síntese 84
Geografia e Ciências
As reservas da biosfera 86
Atividades 88

CAPÍTULO 8 **O consumo e o meio ambiente** 90
Consumismo 92
Ampliando fronteiras
Pegada ecológica 96
Atividades 98

CAPÍTULO 9 **A consciência ecológica** 100
Organizações não governamentais 101
O desenvolvimento sustentável 102
Problemas ambientais: responsabilidade de todos os governos 106
Geografia e Língua Portuguesa
Cartum 107
Atividades 108

UNIDADE 4 Europa: aspectos naturais e população 110

CAPÍTULO 10 **Aspectos naturais da Europa** 112
Relevo e hidrografia 113
Clima e formações vegetais 116
Ampliando fronteiras
Os pôlderes holandeses 120
Geografia em representações
Projeções cônicas e planas ou azimutais 122
Atividades 124

CAPÍTULO 11 **A população da Europa** 126
Condições de vida 128
Europa Oriental e os ex-países socialistas 129
Aspectos demográficos 130
Urbanização 132
Atividades 134

UNIDADE 5 Europa: aspectos econômicos e geopolíticos 136

CAPÍTULO 12 Economia da Europa 138
Atividade industrial 139
Agropecuária 141
Atividades 143

CAPÍTULO 13 A União Europeia 144
A história da formação da União Europeia 146
O poderio econômico da União Europeia 147
Xenofobia no continente europeu 149
Atividades 151

CAPÍTULO 14 Imperialismo e geopolítica: a Europa no mundo 152
Europa: territórios e fronteiras em movimento 155
O cenário geopolítico atual 157
Geografia em representações
Projeções cartográficas: o mundo visto de maneiras diferentes 158
Atividades 160

CAPÍTULO 15 Conflitos territoriais no mundo 162
A ONU 166
Ampliando fronteiras
Cultura de paz 168
Atividades 170

UNIDADE 6 Ásia: aspectos naturais e população 172

CAPÍTULO 16 Aspectos naturais da Ásia 174
Relevo e hidrografia 176
Clima e formações vegetais 178
Atividades 186

CAPÍTULO 17 A população da Ásia 187
Crescimento demográfico 189
Urbanização 190
Os contrastes na qualidade de vida 192
Geografia em representações
Anamorfose e as favelas urbanas no mundo 193
Ampliando fronteiras
Ásia: um berço de religiões 194
Atividades 196

UNIDADE 7 Ásia: aspectos econômicos e geopolíticos 198

CAPÍTULO 18 **Oriente Médio** 200
O petróleo no Oriente Médio 201
Atividades 203

CAPÍTULO 19 **A questão Palestina** 204
A tentativa de acordos de paz 205
Atividades 210

CAPÍTULO 20 **Rússia** 211
Economia 212
Relações geopolíticas 213
Atividades 214

CAPÍTULO 21 **Japão** 215
A potência econômica japonesa 217
Geografia e Língua Portuguesa
Entrevista 220
Atividades 223

CAPÍTULO 22 **China** 224
Economia 225
Ampliando fronteiras
Problemas ambientais na China 228
Atividades 231

CAPÍTULO 23 **Índia** 232
Economia 233
Indústria, agropecuária e extrativismo 234
A importância da produção de alimentos e a fome no mundo 236
Geografia em representações
Mapa batimétrico 238
Atividades 239

CAPÍTULO 24 **Tigres Asiáticos** 240
Economia 241
Atividades 244

UNIDADE 8 Oceania 246

CAPÍTULO 25 **Aspectos naturais da Oceania** 248
Relevo e hidrografia 249
Clima e formações vegetais 250
Ampliando fronteiras
Testes nucleares na Oceania 254
Geografia em representações
O mundo visto a partir da Oceania 256
Atividades 257

CAPÍTULO 26 **População e economia da Oceania** 258
A população e seus contrastes socioeconômicos 260
Atividades econômicas 262
Atividades 265

Mapas 267
Referências bibliográficas 272
Sites 272

Kumar Sriskandan/Alamy/Fotoarena

UNIDADE

1

A globalização no espaço geográfico

Capítulos desta unidade

- **Capítulo 1** - A globalização
- **Capítulo 2** - A globalização econômica
- **Capítulo 3** - A tecnologia no cotidiano

Os *drones* são muito utilizados para a captação de imagens aéreas. Essas imagens podem ter diversas finalidades, como o monitoramento de tráfego urbano e de acidentes ambientais, a inspeção de grandes construções, entre outras. Na foto, vemos alguns *drones* sobrevoando Honolulu, no Havai, Estados Unidos, em 2015.

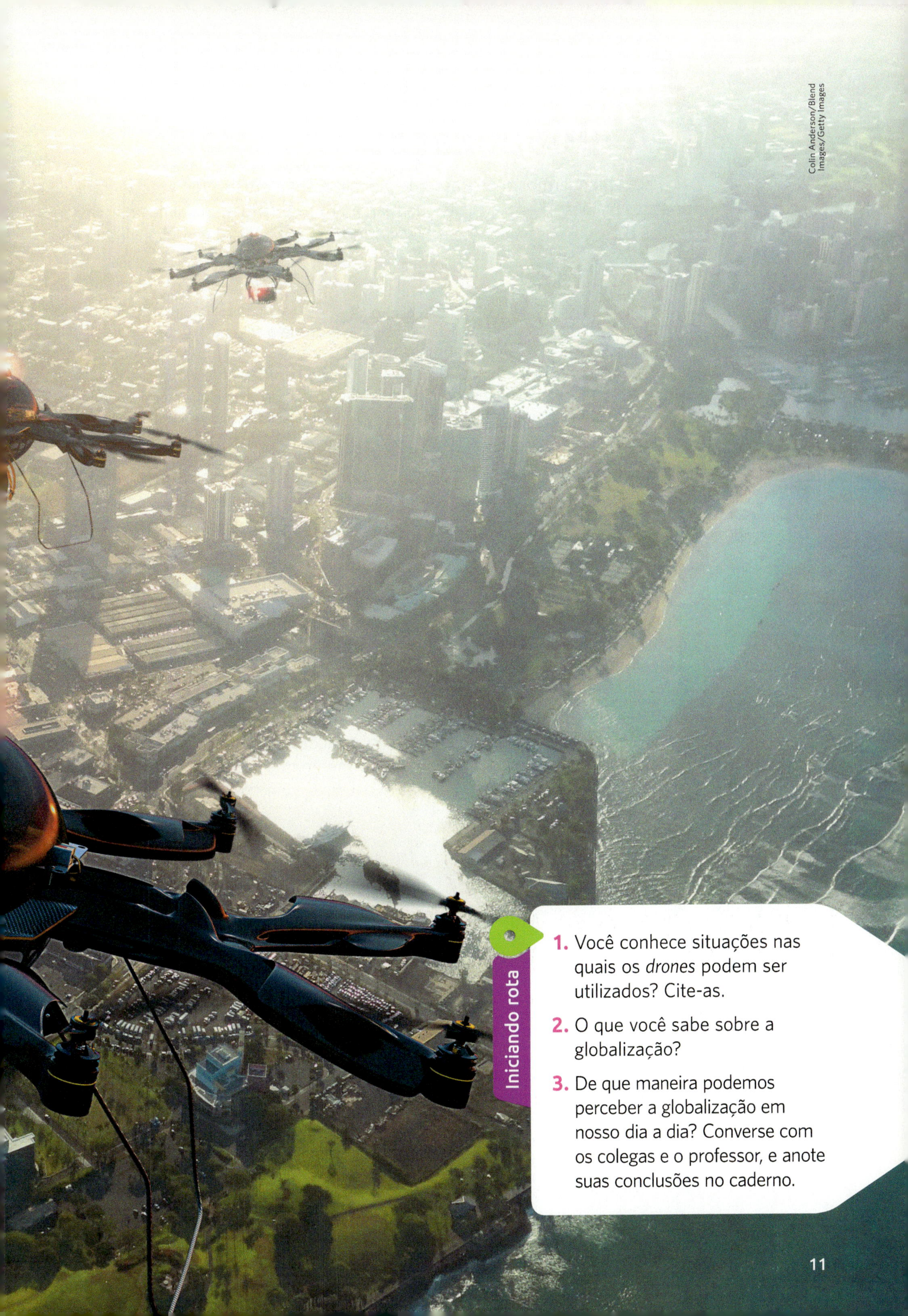

Colin Anderson/Blend Images/Getty Images

Iniciando rota

1. Você conhece situações nas quais os *drones* podem ser utilizados? Cite-as.
2. O que você sabe sobre a globalização?
3. De que maneira podemos perceber a globalização em nosso dia a dia? Converse com os colegas e o professor, e anote suas conclusões no caderno.

CAPÍTULO

1 A globalização

Para entendermos o processo de globalização, é preciso recorrer às transformações políticas e econômicas que marcaram o cenário mundial nas últimas décadas do século passado. Essas transformações estão ligadas principalmente ao:

Desenvolvimento do capitalismo

A decadência do socialismo no mundo (entre o final da década de 1980 e o início da década de 1990) deu origem a uma nova fase da economia mundial, marcada pela expansão e hegemonia do capitalismo em escala planetária.

Avanço científico e tecnológico

A revolução tecnocientífica (ocorrida desde a segunda metade do século XX), também chamada de Terceira Revolução Industrial, se caracterizou pela maior integração entre ciência e produção industrial.

Hegemonia: o mesmo que domínio, superioridade, supremacia (política ou econômica).

Esses dois processos tornaram a economia mundial dinâmica, competitiva e, ao mesmo tempo, mais interligada. Isso ocorreu porque os avanços tecnológicos melhoraram os serviços de comunicação e de transporte, tornando-os mais eficientes e facilitando a integração entre regiões distantes do planeta. A foto a seguir simboliza como diferentes regiões do mundo encontram-se interligadas na globalização por meio, por exemplo, de rotas aéreas.

Para muitos estudiosos, a **globalização** corresponde a fase mais avançada do capitalismo, caracterizada pelo aumento das trocas de mercadorias, informações e pessoas entre os países. Assim, a globalização vem intensificando as relações econômicas e comerciais entre os países e promovendo a integração cada vez mais efetiva do espaço geográfico mundial.

O processo atual de globalização tem se apoiado tanto no desenvolvimento tecnológico, como no caso das telecomunicações, como no crescente aumento do comércio internacional e no desenvolvimento dos meios de transporte.

Representação das principais rotas aéreas ao redor da Terra.

Akash9792/Shutterstock.com/ID/BR

Globalização ou mundialização

Desde a década de 1980, o termo globalização, que vem do inglês *globalization*, tem sido utilizado pelos meios de comunicação e também por boa parte dos estudiosos, que a consideram como a fase ou o estágio mais avançado da expansão do capitalismo em escala planetária. Nesse sentido, a globalização adquire um caráter bastante abrangente, pois além da dimensão econômica, também tem implicações políticas, culturais e sociais.

Contudo, outros estudiosos preferem utilizar o termo mundialização por considerar que ele expressa de maneira mais adequada o processo que levou o capitalismo a se expandir pela economia mundial. Para esses estudiosos, a palavra "mundial" traduz com mais força e de forma mais precisa a ideia de que a economia se mundializou. Nesse sentido, pode-se afirmar que a mundialização está ligada à crescente integração econômica do espaço mundial, o que, historicamente, toma impulso a partir da expansão marítima europeia iniciada no século XV. Desde então, as rotas comerciais além-mar, que foram sendo abertas entre a Europa e os territórios coloniais na América, na África e na Ásia, contribuíram para a formação de um sistema econômico mundial.

O capitalismo

O sistema político-econômico capitalista ganhou forças a partir da Revolução Industrial, nos séculos XVIII e XIX, na Europa, sobretudo em países como Inglaterra, Alemanha e França. Depois de passar por várias fases de desenvolvimento, atualmente o capitalismo é o sistema político-econômico predominante na maioria dos países do mundo.

Veja, a seguir, um resumo com algumas características gerais do capitalismo:

- **sociedade dividida em classes sociais**: no modelo capitalista de produção existem duas classes sociais básicas: os trabalhadores e os capitalistas (donos dos meios de produção). Os trabalhadores vendem sua força de trabalho em troca de salário. Os capitalistas, donos dos meios de produção (ferramentas, máquinas, estabelecimentos industriais e comerciais, etc.), contratam os trabalhadores para produzir mercadorias que futuramente vão gerar lucros.
- **propriedade privada dos meios de produção**: os capitalistas detêm a propriedade dos meios de produção. Com os meios de produção, os capitalistas exploram a mão de obra dos trabalhadores com o objetivo de obter lucros.
- **livre concorrência e busca do lucro**: os preços de produtos, bens e serviços são livres e definidos pelo mercado. Isso explica, por exemplo, porque um mesmo produto pode ser encontrado com diferentes preços.
- **economia de mercado**: o aumento ou a diminuição dos preços tende a variar pela lei da oferta e da procura. Assim, quando a oferta de um produto é maior que a sua procura, o preço tende a cair. Ao contrário, quando a procura é maior que a oferta, o preço tende a aumentar.

Desenvolvimento científico e tecnológico

Desde a segunda metade do século XX, uma verdadeira revolução tecnológica, impulsionada pelos avanços da ciência e das técnicas, levou o capitalismo a ingressar em uma nova fase, chamada **Terceira Revolução Industrial** ou **Revolução Tecnocientífica**.

asharkyu/Shutterstock.com/ID/BR

Fibra óptica.

Esse desenvolvimento científico e tecnológico, fruto dos investimentos maciços realizados por governos e grandes empresas privadas, em países como Estados Unidos, Canadá, Japão e Alemanha, atingiu as mais variadas áreas do conhecimento, principalmente as tecnologias da informação, como a informática e as telecomunicações.

O desenvolvimento dessas tecnologias proporcionou a grande expansão das redes de comunicação de longa distância, constituídas por um complexo conjunto de satélites artificiais colocados na órbita do planeta, cabos de transmissões intercontinentais instalados no fundo dos oceanos, redes de fibras ópticas, além de inúmeras centrais de rádio e televisão e de sistemas de telefonia fixa e móvel (celulares) espalhados por todo o mundo.

A expansão das telecomunicações integrada à informática, sobretudo por meio da internet, a rede mundial de computadores, também tornou possível a transmissão quase instantânea de um gigantesco volume de informações (dados, textos e imagens) que circulam entre os mais diferentes locais da superfície terrestre.

Todas essas inovações tecnológicas aumentaram de maneira rápida a velocidade e a capacidade de transmissão das informações em todo o planeta, promovendo, consequentemente, a integração efetiva do espaço geográfico mundial.

Fibra óptica: material finíssimo e de alta resistência, composto principalmente de fibras de vidro. É muito utilizada na transmissão de informações, em alta velocidade e a grandes distâncias, como os sinais de rádio e de televisão (som e imagem).

João Prudente/Pulsar Imagens

As torres de transmissão (de rádio e telefone) e as antenas de televisão, como mostrada na foto ao lado, no município de Joinville, Santa Catarina, em 2017, podem ser observadas tanto nas cidades quanto no campo. Elas compõem uma das partes visíveis da complexa rede de comunicação, que leva informações a todas as partes do planeta.

O mundo está encolhendo?

Impulsionado pelo avanço dos transportes e das comunicações, o processo de globalização tem se caracterizado pela "diminuição das distâncias" que separam os locais mais afastados. Veja a imagem a seguir, que ilustra como os avanços tecnológicos passaram a encurtar as distâncias entre os mais diferentes lugares do mundo. Observe-o atentamente e reflita sobre as questões propostas.

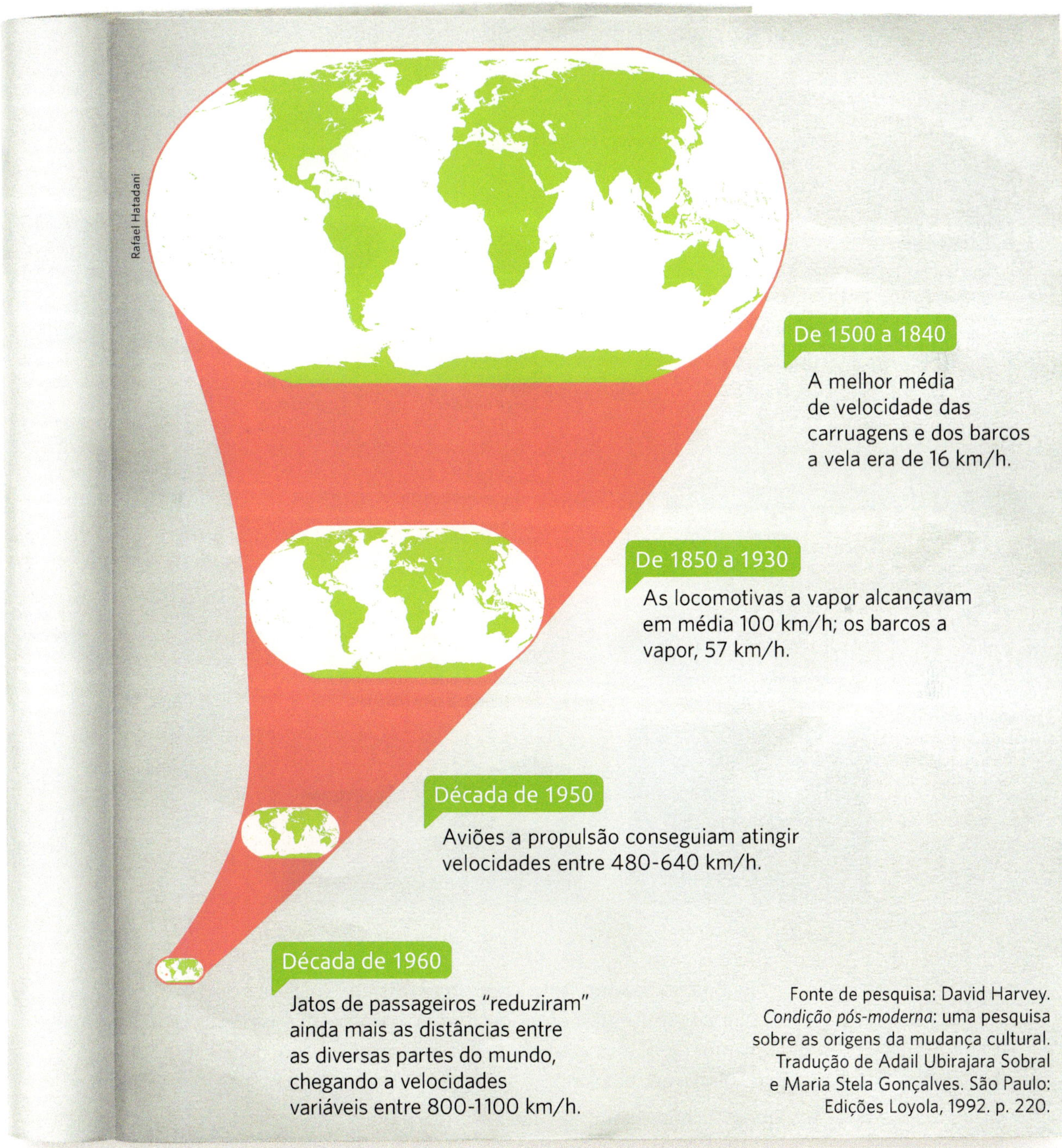

Fonte de pesquisa: David Harvey. *Condição pós-moderna*: uma pesquisa sobre as origens da mudança cultural. Tradução de Adail Ubirajara Sobral e Maria Stela Gonçalves. São Paulo: Edições Loyola, 1992. p. 220.

José Vítor Elorza/ASC Imagens

1 Que relação pode ser estabelecida entre o esquema acima e o processo de globalização? Converse com os colegas.

2 Em sua opinião, como o esquema está retratando o "encolhimento" do mundo?

Geografia e História

A globalização é um fenômeno da atualidade?

Ainda que globalização seja uma palavra relativamente nova, utilizada para caracterizar a ideia de um mundo interligado, a integração entre povos e países começou a ocorrer efetivamente há alguns séculos. Por isso, sempre que necessário, a História pode nos auxiliar a compreender o processo de globalização, como mostra o texto a seguir.

Na linha do tempo abaixo, podemos observar os principais acontecimentos históricos dos últimos séculos, que culminaram na integração de todo o mundo.

3Dsculptor/Shutterstock.com/ID/BR

1492 – Chegada dos europeus à América.

1499 – Vasco da Gama conclui a primeira viagem europeia de ida e volta à Índia por via marítima.

1521 – Primeira circum-navegação da Terra por um barco da frota de Fernão de Magalhães.

1825 – Construção da primeira ferrovia do mundo, na Grã-Bretanha.

1876 – Alexander Graham Bell patenteia o telefone.

Science & Society Picture Library/Getty Images

1895 – Guglielmo Marconi inventa o telégrafo sem fio.

1901 – Surge o rádio.

Victor de Schwanberg/SPL/Fotoarena

1919 – Primeiro voo que cruzou o oceano Atlântico sem paradas.

World History Archive/Alamy/Fotoarena

1936 – Primeira transmissão da história de programa de televisão no Reino Unido.

De Agostini Picture Library/Getty Images

1946 – Desenvolvimento do primeiro computador eletrônico.

1952 – Desenvolvimento de cabos de fibra óptica.

Jim Barber/Shutterstock.com/ID/BR

1957 – Lançamento do primeiro satélite artificial.

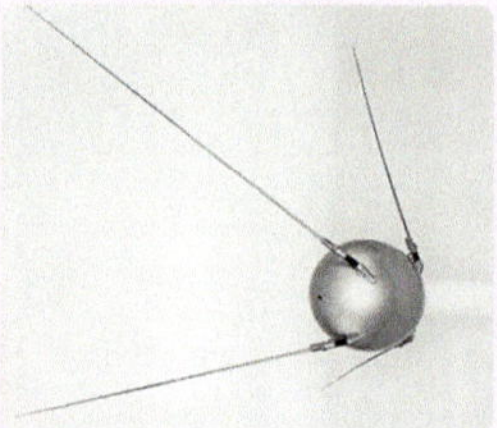

Science & Society Picture Library/Getty Images

1500 1550 1800 1820 1840 1860 1880 1900 1920 1940 1960

Representações sem proporção de tamanho.

[...]

É a globalização um fenômeno inédito, que surge nas últimas décadas do século XX, trazendo consigo uma transformação fundamental no funcionamento das sociedades humanas? Ou trata-se antes de um processo histórico de longa maturação, que deixa seus primeiros rastros no início da Idade Moderna, confundindo-se com a própria expansão do capitalismo?

A resposta a essa questão não é simples. Isso porque existe uma controvérsia entre duas interpretações bastante difundidas da globalização. Alguns autores tendem a vê-la como um fenômeno revolucionário, uma ruptura com relação ao passado, enquanto outros a encaram como uma continuação da história de expansão dos mercados. [...]

Não seria exagerado dizer que a criação de um sistema econômico mundial começa a se desenhar a partir da última década do século XV com o descobrimento da América e a chegada dos portugueses ao Oriente por via marítima. [...]

As tecnologias da época eram a bússola, o astrolábio e as caravelas. O historiador francês Michel Callon chega a situar o advento da noção moderna de inovação em Portugal, quando D. Henrique, o Navegador, criou a Escola de Sagres para "planejar as descobertas". Um conjunto de cientistas – físicos, astrônomos, geógrafos, médicos, arquitetos navais e artesãos – se reuniu então para propor soluções à navegação marítima, permitindo a circulação e o encontro de informações, mercadorias e populações. Guardadas as devidas proporções, as caravelas cumpriram nos séculos XV e XVI o mesmo papel que as empresas de internet e os modernos meios de transporte dos dias de hoje.

[...]

Alexandre de Freitas Barbosa. *O mundo globalizado*: política, sociedade e economia. São Paulo: Contexto, 2001. p. 20-22.

Idade Moderna: período histórico que compreende de meados do século XV ao final do século XVIII.

Astrolábio: instrumento de orientação baseado na posição dos astros, muito utilizado na época das Grandes Navegações.

1969 Criação da Arpanet, precursora da internet.

1970 Invenção do telefone celular.

Roman Vukolov/Shutterstock.com/ID/BR

1971 Criação do *chip*.

NorGal/Shutterstock.com/ID/BR

1973 Surge o computador pessoal (PC).

Oleksandr Lysenko/Shutterstock.com/ID/BR

1991 Popularização da internet e das redes sociais virtuais.

1992 Invenção do *smartphone*.

1993 O Sistema de Posicionamento Global (GPS) passa a ter uso doméstico.

1995 Criação da TV digital.

pockygallery/Shutterstock.com/ID/BR

1996 Surge a rede sem fio (WLAN).

2006 Computador com tela sensível ao toque (*touch screen*).

2010 Invenção do *tablet*.

Pressmaster/Shutterstock.com/ID/BR

1970 1975 1980 1985 1990 1995 2000 2005 2010

Fonte de pesquisa: Jack Challoner (Ed.). *1001 invenções que mudaram o mundo*. Tradução de Carolina Alfaro, Pedro Jorgensen e Paulo Polzonoff Junior. Rio de Janeiro: Sextante, 2010.

Converse com uma ou mais pessoas que sejam pelo menos 20 anos mais velhas do que você e pergunte a elas quais inventos tecnológicos mais alteraram seu dia a dia ou transformaram o modo de realizar algumas atividades. Sugira à pessoa que pense, por exemplo, nos meios de comunicação, nos utensílios domésticos ou de trabalho, nos meios de transporte, etc. Após a conversa, escreva um texto sintetizando as informações obtidas. Depois, apresente seu texto aos colegas.

Projeções cartográficas

A maneira usual de representar o mundo e seus territórios é por meio dos planisférios, como os observados nas páginas deste livro, que trazem toda a superfície do planeta representada em um plano.

Nesses planisférios, porém, a superfície terrestre pode estar representada de diversas maneiras. Isso é possível pelo fato de que os territórios podem ser traçados a partir de diferentes projeções cartográficas. Cada uma dessas projeções, criadas pelos cartógrafos, seguindo cálculos matemáticos, tenta representar a superfície do planeta com o maior rigor e exatidão possível.

Agora, observe o globo terrestre abaixo e tente imaginar como é possível representar a superfície esférica do planeta em uma superfície plana. Isso seria como esticar a casca de uma laranja em cima de uma mesa. Algumas partes dessa casca certamente se rasgariam, não é mesmo?

Nas projeções cartográficas, isso também ocorre, dando origem às chamadas distorções, ou seja, deformações que podem alterar a forma, o tamanho ou o ângulo das áreas representadas. Veja as imagens a seguir.

Da esfera ao plano

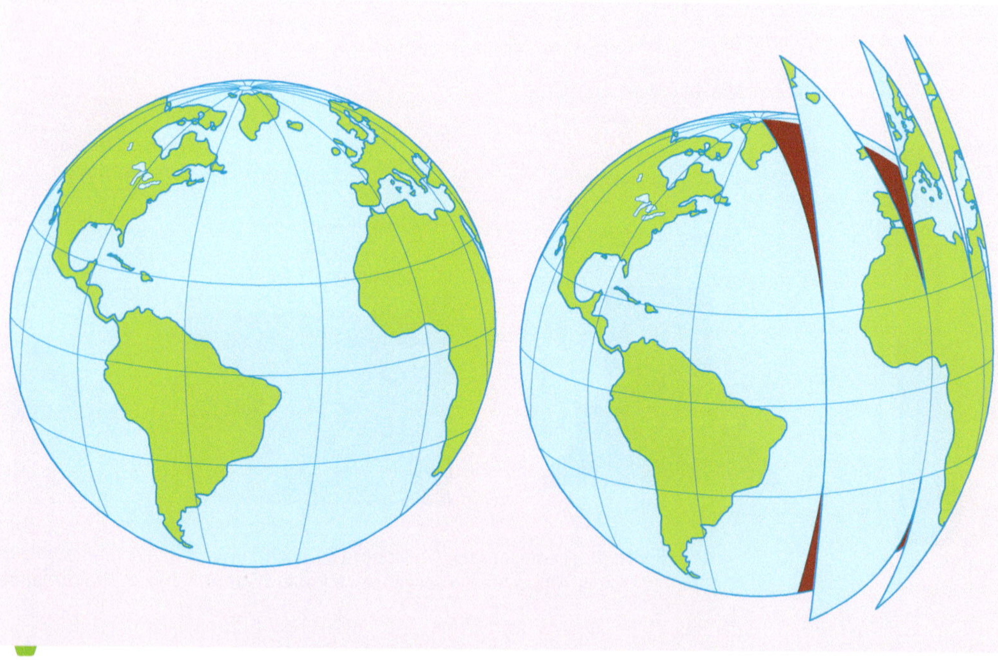

Ilustrações: Paula Radi

A projeção da forma esférica do globo terrestre em uma superfície plana pode ser feita dividindo a superfície do planeta como se fossem os gomos de uma grande laranja. Depois dessa divisão, temos a superfície terrestre sobre um plano, mas com várias alterações na forma e no tamanho dos continentes e oceanos. Podemos perceber que as áreas mais próximas aos polos sofrem mais deformações como mostra o mapa da próxima página.

Projeção cilíndrica

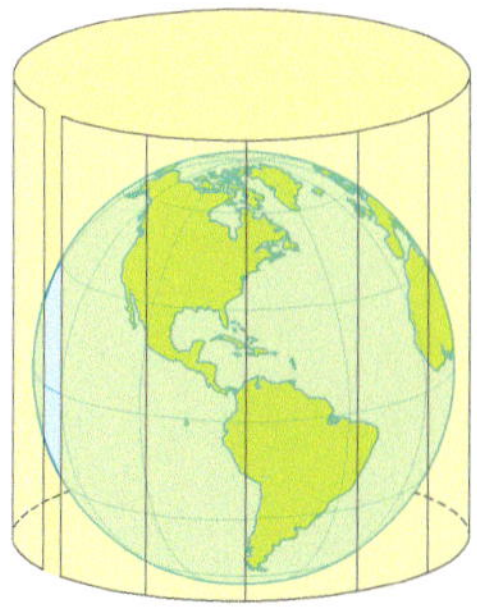

Nesse tipo de projeção cartográfica, a superfície esférica da Terra, com as linhas dos paralelos e meridianos, é representada na parte interna de um cilindro, como mostra a imagem ao lado.

A projeção de Mercator é um exemplo de projeção cilíndrica. Veja abaixo essa representação.

Projeção de Mercator

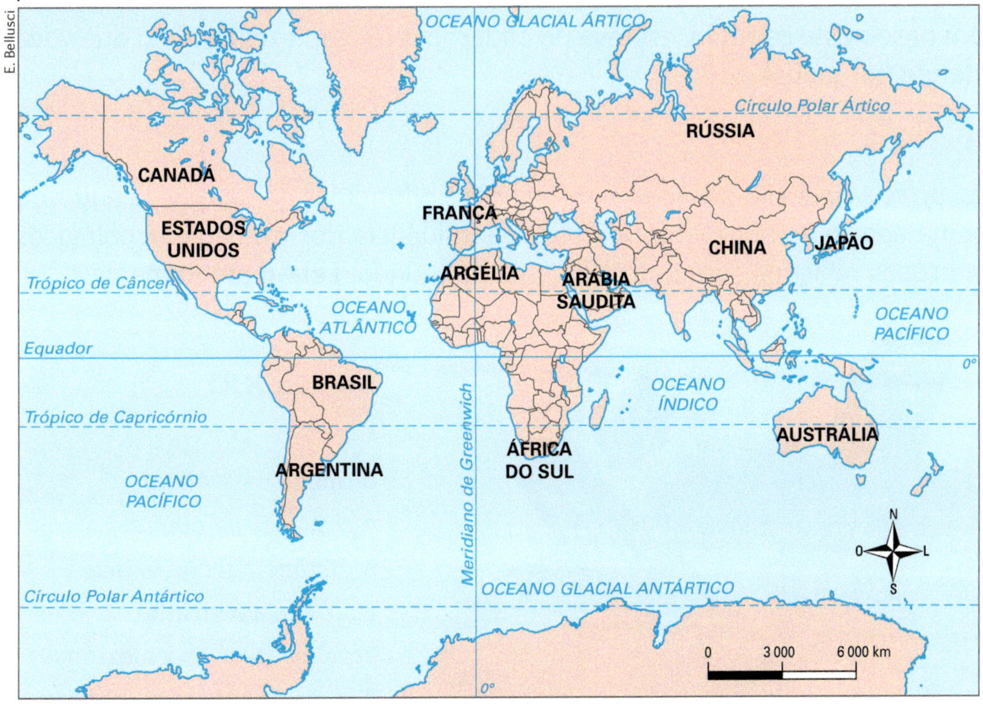

Fonte de pesquisa: *Atlas geográfico escolar*. 7. ed. Rio de Janeiro: IBGE, 2016. p. 23.

Na representação, podemos observar que a projeção cilíndrica de Mercator apresenta áreas com maior distorção e outras com maior exatidão em relação aos territórios representados. Sabendo disso, responda as questões a seguir.

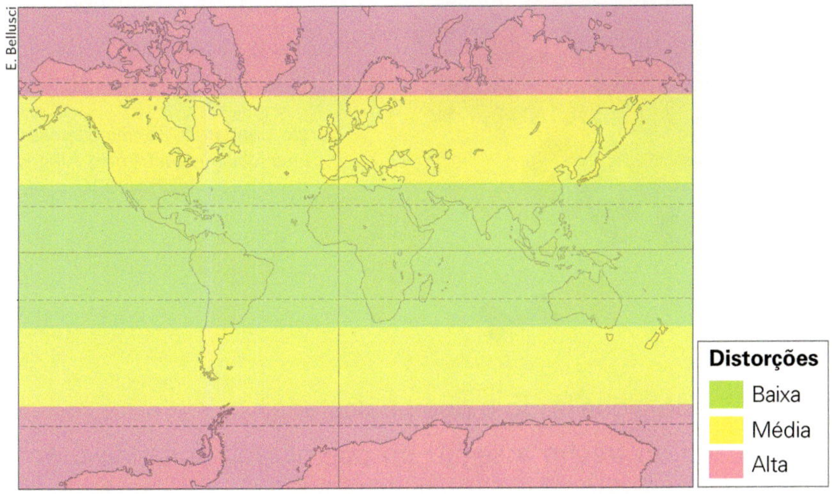

Fonte de pesquisa: *Atlas geográfico escolar*. 7. ed. Rio de Janeiro: IBGE, 2016. p. 23.

- Na projeção cilíndrica, quais áreas da superfície terrestre são representadas com maiores distorções? E com menores distorções?

Atividades

Organizando o conhecimento

1. Explique por que o desenvolvimento do capitalismo e o progresso científico e tecnológico foram fundamentais para o desencadeamento da globalização.

2. Além da internet, nos últimos tempos, quais outros avanços tecnológicos contribuíram para intensificar as redes de comunicação de longa distância no planeta?

3. Com base neste capítulo, escreva no caderno um texto explicando o que você entende por globalização.

Conectando ideias

4. *Bits*, *bytes* e *ciber* são palavras cada vez mais difundidas no mundo. O autor do poema abaixo as utilizou para retratar a influência dos avanços tecnológicos em nossas relações com outros lugares do mundo. **Leia-o** atentamente.

Sergey Nivens/Shutterstock.com/ID/BR

Século XXI

[...]
o tempo se acelera,
e o espaço se contrai
a distância mora ao lado,
ela é o novo vizinho,
servimo-lhes um cafezinho,
Tóquio, Manhattan, Xangai
Moscou e Katmandu
ciberchegados que partem
pra Luanda e Tombuctu
estamos no fim do mundo
com *bits* e *bytes* nas mãos.
[...]

Sérgio Capparelli. *33 ciberpoemas e uma fábula virtual*. Porto Alegre: L&PM, 1996. p. 42.

a) Qual aspecto do mundo globalizado o poema destaca?

b) **Explique** o significado do trecho a seguir do poema, relacionando-o aos avanços tecnológicos ocorridos nas últimas décadas.

"[...]/ o tempo se acelera,/ e o espaço se contrai/ a distância mora ao lado/ [...]".

5. **Leia** e **interprete** o texto a seguir.

A terceira Revolução Industrial é a revolução tecnocientífica

[...]

A terceira Revolução Industrial, ou revolução tecnocientífica, começou a alterar o panorama produtivo mundial na década de 1970. Os fundamentos dessa nova era industrial repousam sobre a emergência das tecnologias da microeletrônica e da transmissão de informações, de um lado, e sobre a automatização e a robotização dos processos produtivos, de outro. Um conjunto de novos ramos industriais — computadores e *softwares*, telecomunicações, química fina, robótica, biotecnologia — e de mercadorias revolucionárias deslocou o núcleo da acumulação de riquezas, marginalizando as indústrias tradicionais [alimentícias, têxteis, calçadistas, etc]. O salto de produtividade proporcionado pelos novos métodos de produção repercutiu sobre a utilização de energia e a demanda de força de trabalho.

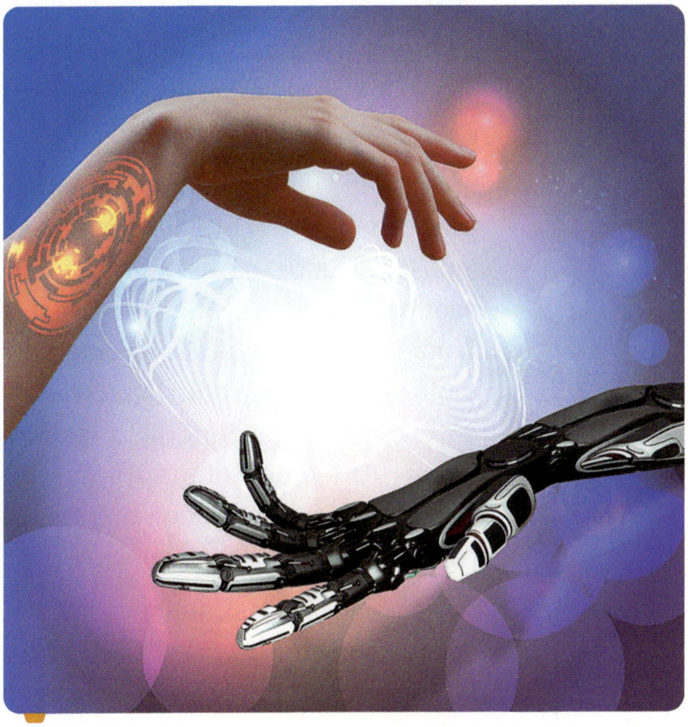
Willyam Bradberry/Shutterstock.com/ID/BR

Imagem ilustrativa que representa a evolução tecnológica.

As indústrias de ponta da revolução tecnocientífica não são vorazes consumidoras de energia. Elas se caracterizam pela intensa aplicação da ciência e do conhecimento na elaboração de novos produtos. Ao contrário dos ramos tradicionais, a condição essencial para o seu desenvolvimento é a presença de centros de pesquisa e mão de obra altamente qualificada. Ficaram para trás os tempos em que as regiões industriais eram vizinhas das reservas carboníferas, das jazidas minerais ou das metrópoles. Um dos focos principais de florescimento da indústria da informática é o Vale do Silício — um conjunto de pequenas cidades e subúrbios, nos arredores de São Francisco, na Califórnia [Estados Unidos].

[...]

Demétrio Magnoli. *Globalização*: estado nacional e espaço mundial. São Paulo: Moderna, 1997. p. 20-21.

a) **Caracterize** a revolução tecnocientífica.

b) **Cite um exemplo** de como a revolução tecnocientífica tem modificado a vida das pessoas nas últimas décadas.

CAPÍTULO

2 A globalização econômica

O processo de globalização ocorrido nas últimas décadas foi impulsionado pela expansão das empresas multinacionais pelo mundo.

A dispersão dessas empresas, favorecida pela revolução tecnológica e pelos avanços dos transportes, como vimos, criou as condições necessárias para a expansão do capitalismo em escala planetária.

A partir da segunda metade do século XX, as grandes empresas, que atuavam exclusivamente em seus países de origem - geralmente os mais ricos e industrializados -, passaram a instalar filiais em países menos desenvolvidos economicamente. Muitas dessas empresas, com sede nos Estados Unidos, Canadá, Japão, Alemanha, Inglaterra, França e Itália, tornaram-se grandes multinacionais ao se instalarem em países que apresentavam maior potencial de crescimento econômico, como Brasil, Argentina e México, na América Latina; África do Sul, na África, e Índia e Coreia do Sul, na Ásia. Observe o gráfico abaixo e verifique que a maioria das empresas multinacionais é originária dos países desenvolvidos.

A expansão das multinacionais foi estimulada pela busca de novos mercados consumidores e pela existência de vantagens oferecidas pelos países onde se instalaram. Entre essas vantagens, podemos destacar: o menor custo da mão de obra, o baixo custo das matérias-primas, a existência de legislações trabalhistas e ambientais menos rígidas, a concessão de incentivos fiscais (redução ou mesmo isenção dos impostos) e a facilidade para enviar os lucros às matrizes no país de origem.

Origem das 100 maiores empresas (2018)

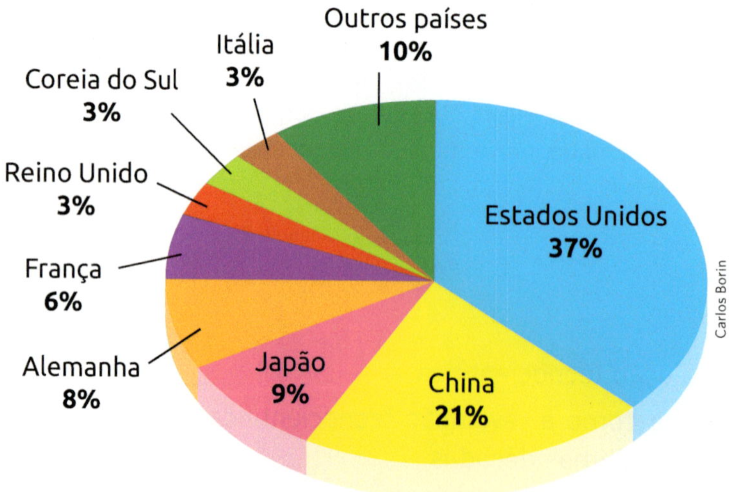

Fonte de pesquisa: Fortune. *Global 500*. Disponível em: <http://fortune.com/global500/>. Acesso em: 28 set. 2018.

A Divisão Internacional do Trabalho na globalização

A expansão das multinacionais pelo mundo, decorrente da expansão do capitalismo, produziu mudanças significativas nas relações econômicas e comerciais entre os países, alterando a participação deles na Divisão Internacional do Trabalho (DIT). A DIT representa a especialização produtiva de cada país na economia e no comércio internacional, ou seja, como cada país está inserido mundialmente na produção e na comercialização de produtos e mercadorias.

Até aproximadamente meados do século passado, a produção industrial concentrava-se em um número restrito de países, entre eles Estados Unidos, Reino Unido, Alemanha e Japão. Grande parte dessa produção industrial destinava-se ao abastecimento do mercado interno, e o restante era exportado para os países menos industrializados e de economia primária. A estes cabia, basicamente, a função de fornecer matérias-primas agrícolas e minerais aos países mais industrializados.

Com a expansão das multinacionais pelo mundo, a partir da segunda metade do século XX, muitas dessas empresas se instalaram em países de economia essencialmente agrária, como Brasil, Argentina, México, África do Sul e Índia.

Paralelamente à chegada das multinacionais, esses países também investiram no desenvolvimento de suas indústrias, seja por meio de recursos financiados pelo Estado, seja por investimentos de capitais nacionais privados. No caso do Brasil, o Estado teve uma importância decisiva no processo de industrialização, sobretudo na criação das chamadas indústrias de base ou de bens de produção, como grandes siderúrgicas, metalúrgicas e mineradoras.

Desde então, esses países tiveram um desenvolvimento significativo na produção industrial, passando, além disso, a exportar gêneros primários para se tornarem também produtores e exportadores de bens industrializados.

No início do século XX, as exportações brasileiras baseavam-se em produtos primários, principalmente no café. Com a modernização da indústria brasileira, as exportações estão mais diversificadas e são compostas tanto de produtos primários quanto de industrializados. A foto mostra movimentação de contêineres no Porto de Santos, São Paulo, em 2018.

Tales Azzi/ Pulsar Imagens

A configuração atual da Divisão Internacional do Trabalho

Apesar de as multinacionais terem passado a desenvolver suas atividades em vários países, é preciso lembrar que muitas nações com desenvolvimento econômico menor ainda possuem economia essencialmente agrária, inserindo-se na atual DIT como fornecedoras de produtos primários.

Em geral, o parque industrial desses países é insuficiente, pouco desenvolvido e pouco diversificado. Por isso, a maior parte deles depende das atividades primárias (agricultura, pecuária, pesca e mineração).

Nesses países, portanto, as atividades primárias ainda geram a maior parte do PIB. Em países como Serra Leoa, Etiópia, Laos e Nepal, por exemplo, o setor agropecuário chega a responder por mais da metade do PIB.

O esquema abaixo resume e ilustra a Divisão Internacional do Trabalho na atual fase de globalização. Nessa divisão, os países mais desenvolvidos dominam a produção das tecnologias de ponta, destacando-se também como fornecedores de capitais para os menos desenvolvidos, na forma de empréstimos e investimentos. Apesar de alguns países subdesenvolvidos terem passado a fornecer produtos industrializados, a maioria continua dependente das exportações de gêneros primários. O envio dos lucros das multinacionais para suas matrizes nos países de origem, o pagamento de juros, de parcelas da dívida externa e dos *royalties* sobre o uso de tecnologias são as formas com que o capital sai dos países subdesenvolvidos e volta para os desenvolvidos.

ACESSE O RECURSO DIGITAL

PIB: o Produto Interno Bruto é um indicador econômico que expressa o valor de toda a riqueza gerada em um país, ou seja, indica o valor de todos os bens e serviços produzidos durante um determinado período, independentemente da nacionalidade das empresas que produzem esses bens e serviços.

***Royalty*:** valor cobrado pelo proprietário que detém a patente de um produto, de uma marca ou de um processo de produção para autorizar o seu uso ou comercialização.

Este é um esquema simplificado da DIT atual. Além dos fluxos representados entre os países desenvolvidos e os subdesenvolvidos, também existem importantes fluxos entre os próprios países desenvolvidos e entre os subdesenvolvidos.

Países subdesenvolvidos

Ainda que as empresas multinacionais tenham ajudado a promover o crescimento econômico dos países subdesenvolvidos onde se instalaram, sobretudo com o aumento e a diversificação da produção e com a abertura de novos postos de trabalho, a dependência econômica e tecnológica desses países vem se acentuando cada vez mais em relação aos países desenvolvidos.

Essa dependência econômica e tecnológica está ligada basicamente à maneira como esses países estão inseridos na DIT, como vimos na página anterior. Dependentes, em grande parte, das exportações de produtos tradicionais de baixo valor comercial e das importações de mercadorias mais avançadas tecnologicamente e, por isso, mais valorizadas, esses países não conseguem obter os recursos necessários para promover o crescimento de suas economias e investir no desenvolvimento de tecnologias.

Devemos lembrar ainda que grande parte dos lucros das empresas multinacionais que atuam nos países subdesenvolvidos tem sido enviada às suas matrizes no país de origem. Somente uma parcela reduzida dos lucros é investida efetivamente nos países onde suas filiais atuam.

Além disso, grande parte das multinacionais que se instalam nos países menos desenvolvidos atua em setores tradicionais, como têxtil, alimentício, siderúrgico e petroquímico. As empresas de alta tecnologia (informática, microeletrônica, biotecnologia e aeroespacial), que utilizam mão de obra altamente qualificada e exigem intensa aplicação de conhecimentos científicos, continuam concentradas nos países ricos e desenvolvidos.

Tal situação explica uma das faces mais marcantes do atual processo de globalização: o aprofundamento das desigualdades socioeconômicas entre os países.

Com os colegas, identifiquem alguma multinacional de país desenvolvido presente no Brasil.

Países desenvolvidos

Ilustrações: Somma Studio

Representação sem proporção de tamanho. Cores-fantasia.

O avanço da produção globalizada

O processo de globalização da economia também trouxe mudanças significativas, e em escala mundial, na organização do sistema produtivo das grandes empresas.

As multinacionais, além de expandir suas atividades no mundo, passaram a dividir as diferentes etapas de fabricação e montagem de seus produtos entre suas filiais espalhadas pelo mundo, ou transferiram parcelas inteiras do processo de produção para empresas sediadas em outros países.

As etapas de fabricação de um automóvel, por exemplo, podem ocorrer simultaneamente em diferentes países, cada qual encarregado de produzir um conjunto de peças para a montagem final do veículo.

Com a possibilidade de produzir simultaneamente em diversos países, as multinacionais diminuíram os custos de produção e ampliaram significativamente os seus lucros, pois puderam desenvolver suas atividades nos países que apresentam condições mais vantajosas.

Assim, se a produção de um determinado produto torna-se onerosa e, portanto, menos rentável em um determinado país, a empresa pode transferir sua produção para outros lugares, onde os custos (mão de obra, matéria-prima, impostos, etc.) são reduzidos e os lucros, consequentemente, podem ser maiores.

A empresa estadunidense Nike, por exemplo, concentra a maior parte da fabricação de tênis e materiais esportivos em países asiáticos, como Taiwan, Indonésia e Tailândia, onde os operários recebem salários bem menores do que aqueles que seriam pagos aos operários que trabalhassem nas mesmas funções, porém, em fábricas instaladas nos Estados Unidos. Neste país, onde se encontra a matriz da Nike, a empresa conserva apenas funcionários da alta administração, de *marketing*, etc., que são os mais bem pagos da empresa.

As marcas apresentadas são utilizadas para fins estritamente didáticos, portanto não representam divulgação de qualquer tipo de produto ou empresa.

Nguyen Huy Kham/Reuters/Fotoarena

Operários trabalham em indústria têxtil que produz roupas para a Nike, na província de Bac Giang, Vietnã, em 2015.

Símbolos na globalização

Com o processo de globalização econômica, ocorreu a dispersão de grandes multinacionais por muitos países do mundo.

Os produtos dessas empresas se difundiram pelo mundo sendo comercializados simultaneamente em grande número de países. Entre esses produtos que tornaram-se mundialmente conhecidos podemos destacar algumas marcas de refrigerantes, certos tipos de sanduíches vendidos em rede de lanchonetes, algumas marcas de tênis e artigos esportivos.

As marcas desses produtos podem ser consideradas, portanto, signos de uma linguagem mundial que atinge, ainda que de maneiras distintas, todas as sociedades envolvidas pela globalização.

Além dos signos mundiais, o processo de globalização vem se caracterizando pela difusão de termos e expressões do idioma inglês pelo mundo, que acabam sendo incorporados ao cotidiano de milhões de pessoas. A influência do inglês em outras línguas foi ampliada pelos meios de comunicação de massa, sobretudo em razão do predomínio do cinema e da música estadunidense na cultura mundial e, mais recentemente, por causa do desenvolvimento e do alcance da internet.

No Brasil, por exemplo, observamos o uso cada vez mais frequente de palavras e expressões originárias do inglês, como *fast-food* (comida rápida), *self-service* (autosserviço, autoatendimento), *delivery* (entrega em domicílio), *e-mail* (correio eletrônico), entre muitas outras.

Alfazet Chronicles/Shutterstock.com/ID/BR

Imagem mostrando o oferecimento de serviços de *fast-food* e *delivery*.

1. O que as palavras mostradas na imagem acima significam?

2. Anote no caderno outras palavras do inglês que você utiliza em seu dia a dia. Pesquise o significado daquelas que você não conhece.

As multinacionais e o comércio mundial

Ao promover a expansão das multinacionais pelo mundo, o processo de globalização ocorrido nas últimas décadas também levou ao aumento crescente do comércio internacional, formado pelas exportações e importações de bens e serviços.

De acordo com dados de 2017, da Organização Mundial do Comércio (OMC), o comércio internacional movimenta anualmente mais de 36 trilhões de dólares. No início da década de 1950, o valor desse comércio representava, aproximadamente, 0,5% desse valor, cerca de 170 bilhões de dólares.

O gráfico abaixo apresenta a evolução do comércio mundial nas últimas décadas. Observe-o com atenção.

Evolução do comércio mundial (1953-2017)

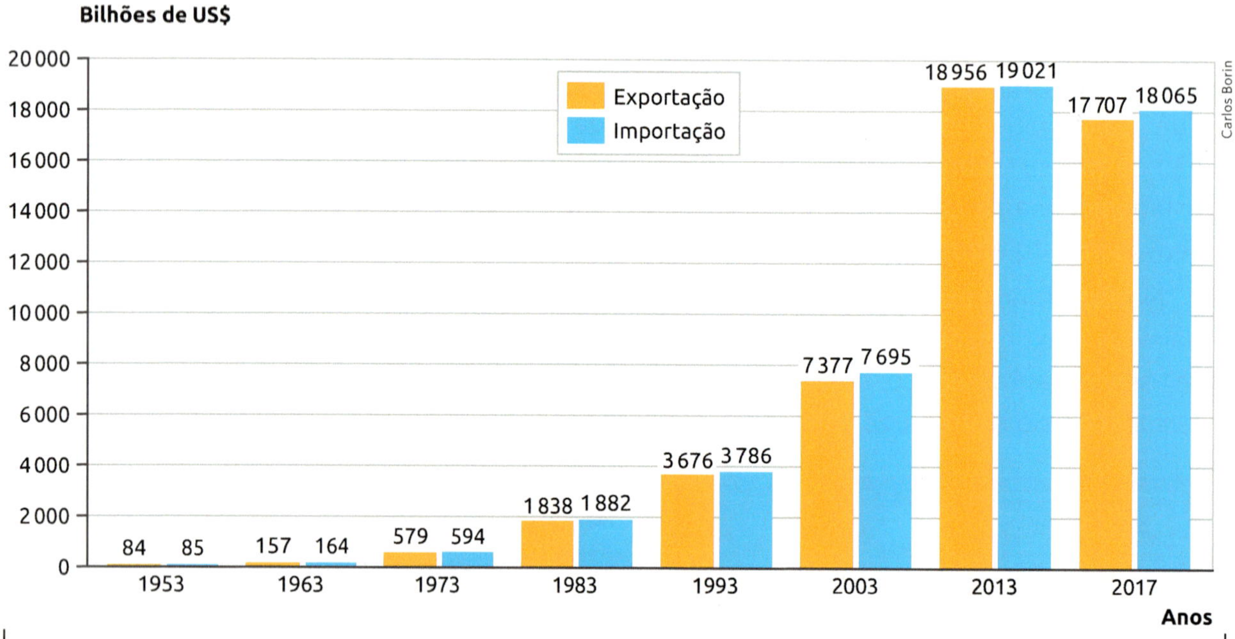

Fonte de pesquisa: WTO. *Statistics database*. Disponível em: <http://stat.wto.org/StatisticalProgram/WSDBViewData.aspx?Language=E>. Acesso em: 15 out. 2018.

1 **Somando o valor total das exportações e das importações, qual era o valor total do comércio internacional em 1953?**

2 **E qual foi o valor total movimentado por esse comércio em 2017?**

Nas últimas décadas, a expansão do comércio internacional foi favorecida pelos avanços nos meios de transporte, sobretudo pelo desenvolvimento de grandes aviões cargueiros e navios de grande porte (petroleiros, graneleiros, porta-contêineres), capazes de transportar milhares de toneladas de produtos variados.

O desenvolvimento de meios de transporte mais eficientes ajudou a diminuir significativamente os custos do transporte de produtos, estimulando as relações comerciais entre os países e o aumento do comércio em escala mundial.

Atualmente, o custo médio da tonelada transportada por um navio, por exemplo, é três vezes menor do que era cobrado há cerca de quatro ou cinco décadas.

Além disso, a diminuição das tarifas alfandegárias, decorrente da abertura das economias nacionais ao mercado global, acarretou uma redução no preço das mercadorias comercializadas mundialmente.

A redução drástica dessas tarifas estimulou ainda mais as trocas comerciais entre os países. Para se ter uma ideia do imenso volume desse comércio, basta observar que somente pelas vias marítimas que ligam os principais portos do mundo circulam diariamente cerca de 29 milhões de toneladas de mercadorias.

Entre as mercadorias mais comercializadas estão os produtos industrializados (automóveis, máquinas e aparelhos eletroeletrônicos), os gêneros agropecuários (café, açúcar, soja, milho, arroz, carne), os recursos minerais (ferro, cobre, níquel, manganês) e os energéticos (petróleo, gás natural, carvão mineral).

Tarifa alfandegária: imposto cobrado por um país sobre os produtos que ele importa; é também chamada tarifa aduaneira.

Aprenda mais

O livro *Globalização: o que é isso, afinal?* de Cristina Strazzacappa e Valdir Montanari reflete sobre a globalização, principalmente no que se refere ao encurtamento das distâncias promovido pela globalização e também por diferentes meios de comunicação, como rádio, TV, computadores, internet e satélites artificiais.

Cristina Strazzacappa e Valdir Montanari. *Globalização*: o que é isso, afinal? São Paulo: Moderna, 1998 (Coleção Desafios).

A aquisição de um produto importado com preço competitivo em uma loja, por exemplo, pode ser possível, em parte, graças à globalização. Com os colegas, pensem em outros exemplos de como a globalização está presente em nosso cotidiano.

Efired/Shutterstock.com/ID/BR

Terminal de contêineres no porto de Cingapura, em 2017.

Atividades

Organizando o conhecimento

1. Que fatores estimularam a expansão das empresas multinacionais pelo mundo?
2. O que a Divisão Internacional do Trabalho (DIT) representa?
3. Caracterize, de maneira geral, a DIT entre os países do mundo na atual fase da globalização.
4. Qual é a relação entre a DIT atual e a condição de subdesenvolvimento de muitos países do mundo?
5. Relacione a globalização, o comércio internacional e o desenvolvimento dos meios de transporte.

Conectando ideias

6. **Observe** o mapa e **verifique** os países onde a rede de lanchonetes McDonald's atua.

Países com filiais da rede McDonald's (2018)

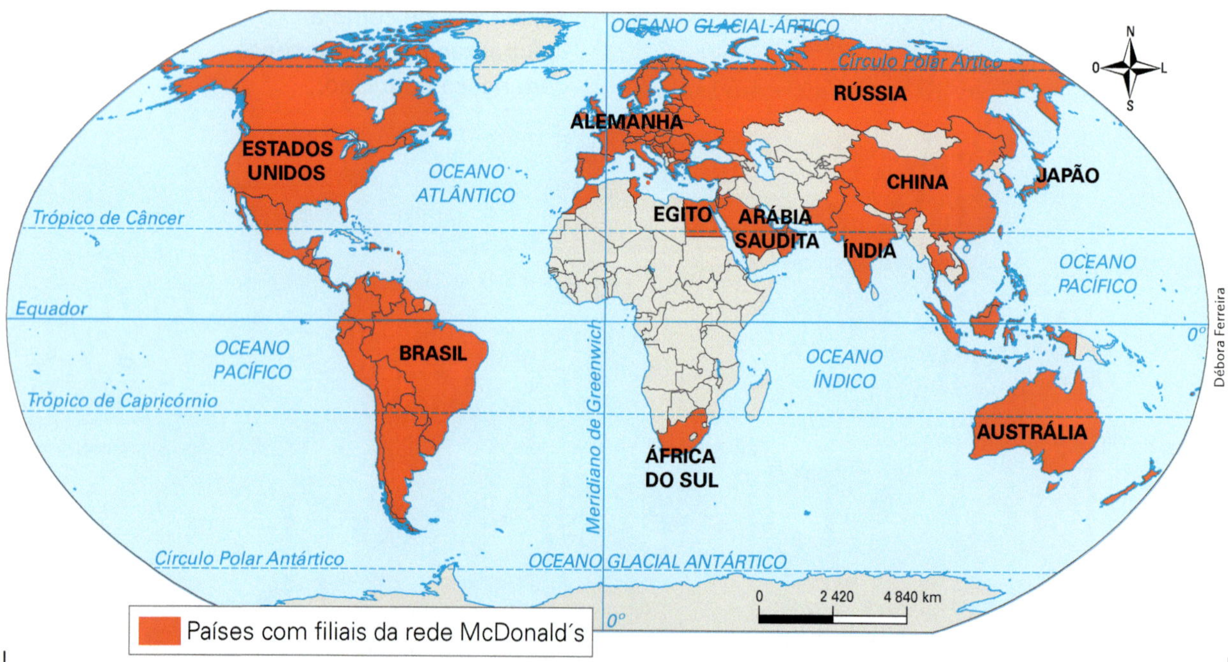

As marcas apresentadas são utilizadas para fins estritamente didáticos, portanto não representam divulgação de qualquer tipo de produto ou empresa.

Fonte de pesquisa: McDonald's. *Around the World*. Disponível em: <https://corporate.mcdonalds.com/corpmcd/about-us/around-the-world.html>. Acesso em: 8 out. 2018.

a) Observando o mapa acima, podemos afirmar que a atuação dessa rede de lanchonetes no mundo é um exemplo de globalização? **Converse** com os colegas e, com a ajuda do professor, **anote** as conclusões no caderno.

b) **Verifique** no mapa em que áreas do mundo a rede McDonald's não atua.

c) **Explique** como as multinacionais provocaram mudanças nas relações econômicas, comerciais e também culturais entre os países do mundo.

7. **Observe** a imagem a seguir. Ela mostra a origem de algumas peças utilizadas na montagem de uma aeronave comercial muito utilizada no mundo.

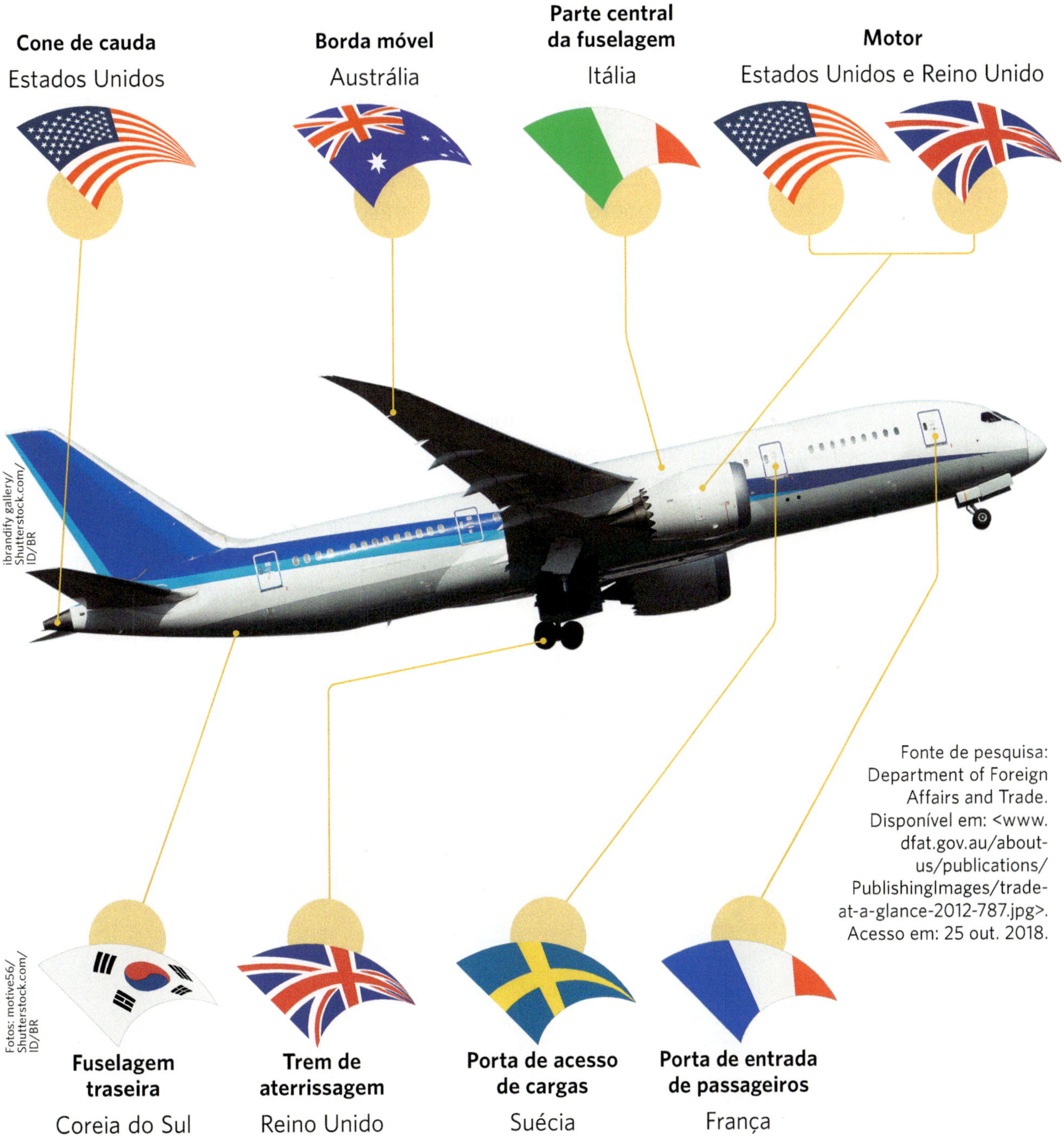

ibrandify gallery/Shutterstock.com/ID/BR

Fotos: motive56/Shutterstock.com/ID/BR

Fonte de pesquisa: Department of Foreign Affairs and Trade. Disponível em: <www.dfat.gov.au/about-us/publications/PublishingImages/trade-at-a-glance-2012-787.jpg>. Acesso em: 25 out. 2018.

a) De acordo com a imagem acima, quais são os países envolvidos na produção de peças para a fabricação dessa aeronave?

b) A imagem acima é um exemplo de como a globalização modificou a organização do sistema produtivo mundial. **Explique** como ela está retratando essa modificação.

CAPÍTULO

3 A tecnologia no cotidiano

As inovações tecnológicas surgem todos os dias e podem ser observadas em uma infinidade de equipamentos e aparelhos muito sofisticados, como os computadores portáteis, que cabem na palma da mão; os equipamentos multifuncionais, como os telefones celulares, que acumulam as funções de um computador; as câmeras fotográficas digitais de alta resolução e tantos outros.

Todas essas inovações tecnológicas causaram mudanças significativas na vida da população. Essas mudanças ficam mais evidentes se compararmos o modo de vida em épocas passadas e no presente.

Há algumas décadas, seria inacreditável uma pessoa se comunicar com outra por telefone celular ou via *e-mail*, efetuar uma transação bancária em um caixa eletrônico ou assistir a uma aula virtual em um computador conectado à internet. Tudo isso só poderia ser visto em filmes de ficção científica e, portanto, era algo muito distante da nossa vida.

A grande quantidade de tecnologias disponíveis para a realização das mais variadas tarefas do cotidiano faz com que muitas pessoas chamem o período em que vivemos de **era digital**.

Comprar um bilhete de metrô em uma máquina *self-service*, enviar e receber mensagens eletrônicas instantaneamente ou realizar um atendimento eletrônico via celular são apenas algumas das tecnologias disponíveis em nosso cotidiano.

Além de termos à nossa disposição uma infinidade de novas tecnologias voltadas para áreas como agricultura, transporte e construção civil, é importante reconhecer que o avanço nas tecnologias voltadas para a comunicação causou impacto na vida das sociedades, sobretudo na difusão da cultura entre diferentes povos do mundo.

sdecoret/Shutterstock.com/ID/BR

A imagem procura retratar um grande número de tecnologias que caracterizam a atual era digital.

O acesso desigual às tecnologias

Nas últimas décadas, embora novas tecnologias tenham sido criadas com grande rapidez, o acesso a elas é bastante desigual, sobretudo quando comparamos os países mais desenvolvidos com os menos desenvolvidos.

Essa desigualdade tecnológica pode ser observada no mapa abaixo, que mostra a porcentagem de pessoas em cada país com acesso à internet. Observe.

Acesso à internet (2016)

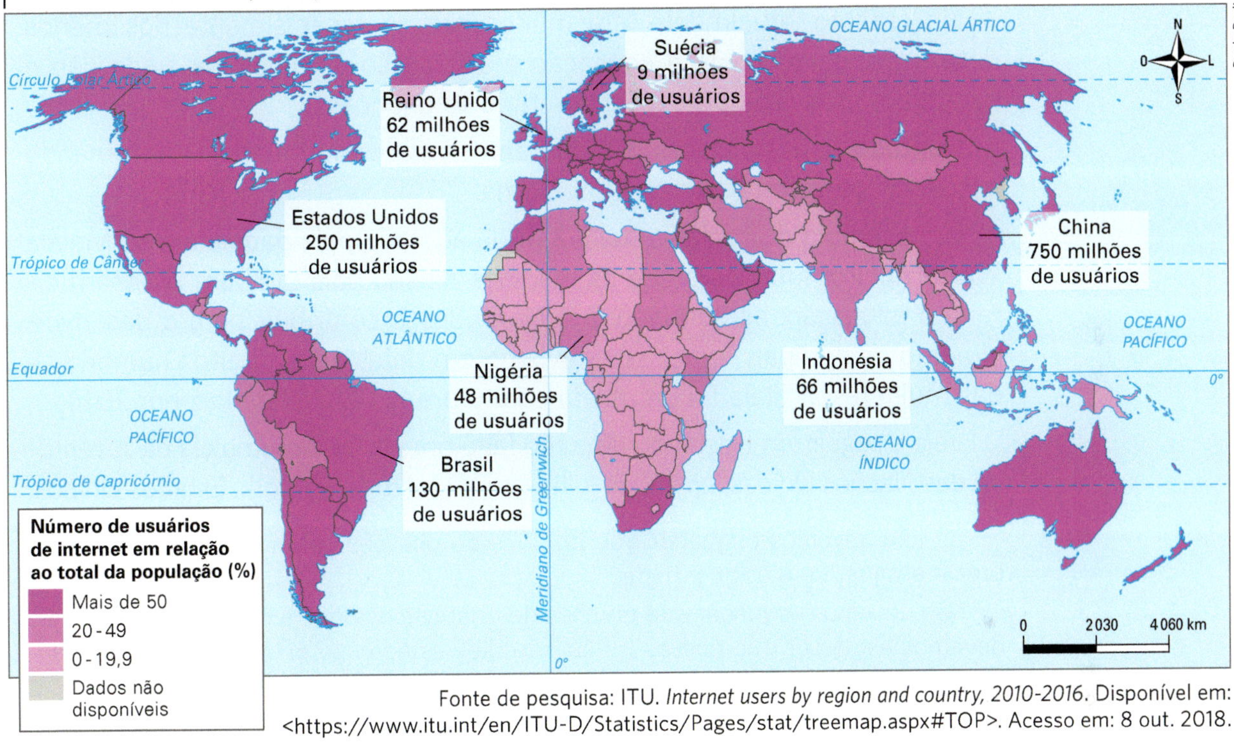

Fonte de pesquisa: ITU. *Internet users by region and country, 2010-2016*. Disponível em: <https://www.itu.int/en/ITU-D/Statistics/Pages/stat/treemap.aspx#TOP>. Acesso em: 8 out. 2018.

1 **Qual conclusão é possível estabelecer, com base nas informações apresentadas no mapa acima, em relação ao acesso à internet pelos países do mundo? Anote-a no caderno.**

As informações do mapa nos permitem constatar que uma grande distância tecnológica separa os países ricos e desenvolvidos dos pobres ou em desenvolvimento.

Isso significa que a revolução tecnológica da atualidade não está ao alcance de milhões de pessoas, sobretudo das que vivem nos países menos desenvolvidos da América Latina, da África e da Ásia. Para efeito de comparação, os países mais ricos do mundo possuem apenas 17% da população mundial, mas concentram cerca de 30% dos usuários de internet.

Se os avanços de conhecimentos e de tecnologias continuarem se intensificando nos países desenvolvidos, enquanto os menos desenvolvidos ficarem cada vez mais atrasados tecnologicamente, a diminuição das desigualdades entre eles se tornará cada vez mais difícil.

2 **Você tem acesso à internet na escola onde estuda? Caso sua resposta seja afirmativa, quais usos você faz da internet no ambiente escolar?**

Iniciativa pela educação

Vimos, na página anterior, que o acesso às novas tecnologias é bastante desigual, principalmente entre os países desenvolvidos e subdesenvolvidos. A mesma coisa acontece com a educação.

De acordo com a Declaração Universal dos Direitos Humanos, um documento formulado pela Organização das Nações Unidas (ONU) no ano de 1948 e assinado pela maioria das nações do mundo, a educação é direito de todo ser humano.

No entanto, atualmente, em muitos países, especialmente nos menos desenvolvidos, o direito à educação e ao acesso à tecnologia ainda não é garantido a todas as pessoas, sobretudo às crianças.

Contudo, várias pessoas, em diferentes lugares do mundo, vêm tomando iniciativas para combater esse problema.

Um exemplo de iniciativa foi a atitude adotada pela paquistanesa Malala Yousafzai. Por lutar para que as meninas de seu país também tivessem direito à educação, acreditando que ela pudesse contribuir para o desenvolvimento de seu país, e por seu ativismo em defesa dos direitos humanos e das mulheres, Malala foi premiada com o prêmio Nobel da Paz em 2014.

Veja a seguir um trecho do discurso feito por ela na Assembleia da Juventude das Nações Unidas, em 12 de julho de 2013, em Nova York, Estados Unidos.

> [...] não devemos esquecer que milhões de pessoas estão sofrendo com a pobreza, a injustiça e a ignorância.
>
> Não devemos esquecer que milhões de crianças estão fora de suas escolas. Não devemos esquecer que nossas irmãs e irmãos estão esperando por um futuro brilhante e pacífico.
>
> Assim, travaremos uma batalha gloriosa contra o analfabetismo, a pobreza e o terrorismo [...]
>
> Uma criança, um professor, um livro e um lápis podem mudar o mundo. A educação é a única solução.
>
> Educação em primeiro lugar.

Malala Yousafzai. Discurso de Malala. Assembleia da Juventude das Nações Unidas. Nova York, 12 jul. 2013. (tradução nossa). Disponível em: <www.un.org/News/dh/infocus/malala_speach.pdf>. Acesso em: 30 out. 2018.

Malala discursando durante a Assembleia da Juventude das Nações Unidas, em Nova York, Estados Unidos, em 2013.

- Converse com seus colegas da sala de aula e identifique em que situações do seu dia a dia é possível tomar iniciativas positivas.

Globalização, consumo e cultura

ACESSE O RECURSO DIGITAL

A sociedade em que vivemos tem se caracterizado cada vez mais pela difusão e pelo acesso às informações, seja pelos meios de comunicação de massa (rádio, televisão e jornais), seja por aparelhos conectados à internet (computadores, *tablets*, *smartphones*) via redes sociais, aplicativos de mensagens, etc.

Com os avanços das comunicações, acontecimentos que ocorrem em qualquer lugar do mundo, por exemplo, podem ser transmitidos quase que instantaneamente à milhões de pessoas. O acesso à internet, por sua vez, possibilita a comunicação entre os usuários, às vezes, separados por milhares de quilômetros.

Hadrian/Shutterstock.com/ID/BR

Na foto, jovem utilizando computador portátil em Estrasburgo, França, em 2018.

Embora os avanços das comunicações possam ser considerados inquestionáveis, quais transformações culturais eles estariam provocando na era da globalização? O mundo estaria passando por um processo de padronização cultural?

Para muitos estudiosos, os grandes conglomerados midiáticos da atualidade atuam no sentido de difundir a cultura ocidental (capitalista) pelo mundo todo. Os filmes de Hollywood, as redes de televisão e os gêneros musicais criados nos Estados Unidos, por exemplo, disseminam ideias que enaltecem o modo de vida caracterizado pela modernidade e pelo consumismo exagerado.

Conglomerado midiático: grupo econômico que detém o controle de vários meios de comunicação de massa (televisão, rádio, publicações, cinema, internet, etc.).

Nesse sentido, a grande mídia se coloca a serviço do poder econômico, sobretudo das grandes empresas multinacionais. Sendo assim, os meios de comunicação de massa (rádio, televisão, jornais, revistas e, especialmente, a internet) promovem padrões de consumo em escala mundial. Isso pode ser observado, por exemplo, quando milhões de pessoas em todo o mundo consomem a mesma marca de um refrigerante ou os sanduíches de uma mesma rede de lanchonetes, assistem aos mesmos filmes lançados pela indústria cinematográfica, etc.

Vera Petrunina/Shutterstock.com/ID/BR

Na foto, pessoas em supermercado da Ucrânia, em 2018, rodeadas por produtos constantemente ofertados a partir de campanhas publicitárias e consumidos por grande parcela da população.

Com os colegas, identifiquem situações vividas por vocês semelhantes às citadas no texto, como:

- conversar com pessoas em diferentes lugares do planeta;
- consumir alimentos, roupas, calçados e outros objetos fabricados em diferentes países do mundo;
- assistir a programas de televisão produzidos em outros países.

Grande mídia: expressão usada para as mídias que atingem um grande público e são capazes de influenciar elevado número de pessoas.

GPS: uma inovação tecnológica no cotidiano

O Sistema de Posicionamento Global ou GPS, sigla de *Global Positioning System*, é um sistema de localização por meio da radionavegação, composto por um conjunto de satélites que orbitam a Terra a cerca de 20 mil quilômetros de altitude.

Ao transmitir ondas de rádio em direção à superfície terrestre, essa rede de satélites permite identificar a localização e a posição do receptor (aparelho eletrônico chamado GPS), em qualquer local da superfície terrestre, independentemente das condições climáticas. Veja a imagem abaixo.

Radionavegação: sistema que localiza, pelo comprimento de ondas, a posição bidimensional ou tridimensional de um objeto próximo da superfície terrestre ou que esteja nela.

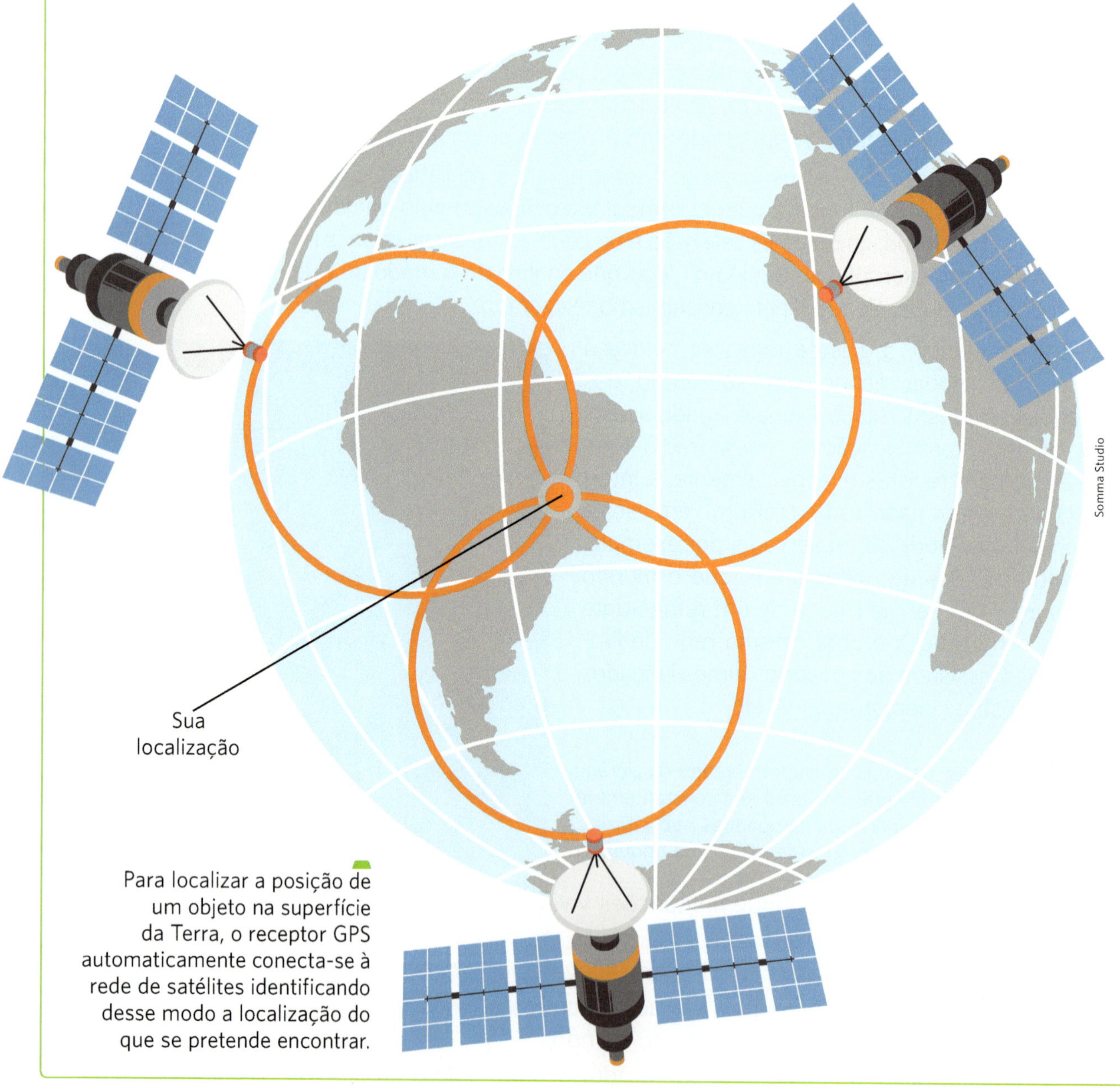

Para localizar a posição de um objeto na superfície da Terra, o receptor GPS automaticamente conecta-se à rede de satélites identificando desse modo a localização do que se pretende encontrar.

O GPS, desenvolvido pelo departamento de defesa dos Estados Unidos em 1973, foi projetado com a finalidade de fornecer a posição, o horário da localização e indicar a velocidade de um objeto em qualquer parte da superfície terrestre, ou próximo dela, nas 24 horas do dia.

Atualmente, o GPS é muito utilizado como instrumento de obtenção de orientação e localização precisa de qualquer ponto na superfície terrestre. Isso faz com que as representações cartográficas de áreas do espaço geográfico se tornem cada vez mais ricas em detalhes. Por exemplo, com essa tecnologia é possível identificar a localização exata de áreas de mineração, lavouras, construções urbanas, entre outras.

Esse recurso também pode ser utilizado para diversos fins, por exemplo, na aviação, na navegação, na prática de esportes radicais, como balonismo, além dos exemplos a seguir.

Phillippe Desmazes/AFP

Na agricultura, o GPS vem sendo bastante utilizado nos últimos anos para mapear extensas lavouras e facilitar a identificação das áreas mais produtivas, como mostra a foto, na qual um produtor rural verifica com precisão a área de lavoura que será colhida, na região da Borgonha, França, em 2018.

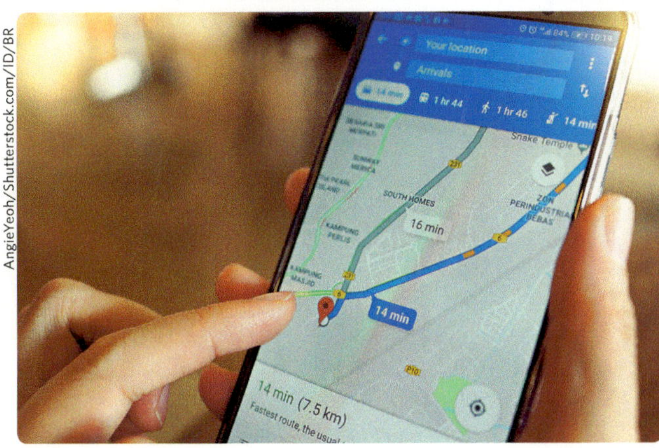

AngieYeoh/Shutterstock.com/ID/BR

As marcas apresentadas são utilizadas para fins estritamente didáticos, portanto não representam divulgação de qualquer tipo de produto ou empresa.

Grande parte dos *smartphones* possuem aplicativos de GPS que facilitam o dia a dia das pessoas, como indicar a localização de um endereço. Na foto, pessoa utiliza o GPS de um aplicativo do celular para se localizar em Penang, Malásia, em 2018.

1. Você já manuseou um aplicativo de GPS? Caso afirmativo, em quais situações?
2. Na sua opinião, quais foram os benefícios alcançados com a criação do GPS?
3. De que maneira o GPS pode auxiliar a elaborar representações cartográficas?

Ampliando fronteiras

Internet das coisas

Hoje em dia, a internet tem permitido que diversas informações circulem entre os mais diferentes locais da superfície terrestre. Por meio dela, é possível conhecer um local distante sem sair de casa, acessar redes sociais para conversar com amigos próximos ou distantes, vender produtos e/ou fazer compras *on-line*, entre outras atividades.

Recentemente, tem se popularizado a expressão "internet das coisas". Ela é empregada para fazer referência aos objetos do dia a dia que estão conectados em rede e que, por isso, são acessíveis à distância e têm suas possibilidades de utilização ampliadas.

Conheça, a seguir, alguns casos em que já é adotado o conceito de internet das coisas e outros que poderão fazer parte do cotidiano das pessoas no futuro.

Na atualidade

Algumas roupas para bebês contam com sensores que transmitem, em tempo real, informações sobre sua respiração, temperatura, posição para dormir e o nível de atividade da criança. Dessa forma, os responsáveis pelo bebê podem monitorar esses dados à distância.

Os veículos podem ser equipados com um dispositivo que permite transitar sem parar em cancelas de estacionamentos ou pedágios. Quando o veículo se aproxima, o dispositivo transmite informações para o sistema de recepção instalado na guarita e a cancela se abre. A cobrança é feita diretamente na conta do proprietário do dispositivo.

Ao realizar uma atividade física, como caminhada ou corrida, tênis especiais podem registrar diversos dados: o número de passos, a distância percorrida, o trajeto, a velocidade, os batimentos cardíacos, a temperatura corporal, entre outros. Essas informações podem ser analisadas e contribuir para um melhor desempenho da prática de atividades esportivas e podem ser compartilhadas nas redes sociais e/ou com alguns profissionais de saúde, como médico, treinador, fisioterapeuta, etc.

1. O que é a internet das coisas? Ela faz parte do seu cotidiano?
2. A assimilação da internet das coisas e de seus recursos no dia a dia é positiva? Você acha que ela tende a aumentar? Por quê? Compartilhe suas ideias com os colegas e conheça as deles.
3. Selecione algumas atividades do seu cotidiano que utilizem o conceito da internet das coisas. Depois, converse com seus pais ou responsáveis, ou outros familiares, e descubra como eles realizavam essas tarefas antes da invenção desses recursos e quais ferramentas utilizavam no cotidiano.
Em sala de aula, compartilhe o que você descobriu e conheça os resultados obtidos pelos colegas.

No possível futuro

Representações sem proporção de tamanho. Cores-fantasia.

A geladeira poderá identificar a falta de algum ingrediente no momento de programar uma refeição. Assim, ela transmitirá essa informação para o supermercado que, por sua vez, realizará a entrega mediante autorização do proprietário. Além disso, a geladeira poderá reconhecer o prazo de validade dos alimentos, avisando seu proprietário e evitando o desperdício.

Bárbara Sarzi

A internet das coisas possibilitará que as pessoas realizem atividades domésticas à distância. A expectativa é que, por meio de dispositivos, seja possível realizar funções como acionar o preparo de alimentos e ativar aparelhos de limpeza.

Nos supermercados, os códigos de barra dos produtos serão lidos pelos carrinhos de compras, que realizarão o débito diretamente na conta do cliente, evitando as filas nesses estabelecimentos.

Atividades

Organizando o conhecimento

1. Podemos dizer que vivemos em uma era digital? Explique.

2. Inúmeros produtos que as pessoas utilizam no dia a dia foram aperfeiçoados por meio do avanço tecnológico. Sabendo disso, imagine que você tem como missão aperfeiçoar ou criar um novo produto para facilitar o cotidiano das pessoas. Qual produto você escolheria ou criaria? Descreva as características desse produto e explique de que maneira ele seria útil às pessoas. Depois de desenvolver a ideia do seu produto, apresente-o para os colegas e conheça o que eles produziram.

3. De acordo com o que você estudou, explique os efeitos da globalização na padronização cultural. Dê exemplos de como isso ocorre.

Conectando ideias

4. As fotos abaixo mostram escolas em diferentes países. **Compare-as**.

Richard Chivers-VIEW/Alamy/Fotoarena

Alunos de uma escola em Cambridge, Reino Unido, em 2018.

Dasril Roszandi/NurPhoto/Getty Images

Alunos de uma escola na Indonésia, em 2018.

a) Qual a porcentagem de usuários de internet que esses países apresentam no mapa da página **33**?

b) Converse com os colegas sobre o que as fotos revelam a respeito da distância tecnológica que separa os países do mundo. Anote, no caderno, uma síntese dessa conversa.

5. O texto a seguir apresenta um projeto desenvolvido pelo governo brasileiro que busca expandir o acesso à internet, em regiões do interior do território brasileiro. **Leia-o** com atenção.

Internet alada

Populações isoladas em áreas remotas na Amazônia, no Nordeste e no Pantanal poderão ganhar uma alternativa aérea de acesso à internet. "Aeróstato Brasileiro de Banda Larga" é o nome técnico do equipamento que deverá dar impulso à difusão da rede mundial de computadores no interior, na verdade um balão de gás, equipado com transceptores (aparelhos para transmissão e recepção de sinais de rádio), desenvolvido pelo Instituto Nacional de Pesquisas Espaciais (Inpe), em Cachoeira Paulista (SP). O sistema já foi testado e aprovado e os primeiros aparelhos poderão começar a operar. [...]

Posicionados entre 300 e 500 metros de altitude, os balões são presos ao solo por um cabo que serve para levar energia elétrica aos equipamentos e que também funciona como tubulação de gás para manter o aparelho inflado. O cabo também serve para trazer o aeróstato ao solo para manutenção, atualização e modernização. Lá no alto, os equipamentos de comunicação transmitem o sinal de internet, que, dependendo da altitude do balão e da topografia do terreno, pode cobrir uma área com raio de até 100 quilômetros.

[...]

A internet não é apenas uma rede social. Trata-se de uma maneira de ver as coisas, de fazer propaganda, de pagar os impostos e de levar educação e aula a distância. O número de balões vai depender da extensão da rede pretendida. Na hipótese de oferecer cobertura aos 16,8 mil quilômetros de faixa de fronteira do país com balões de sinal de alcance médio de 100 quilômetros, seria necessária a instalação de aproximadamente 168 balões, por exemplo.

[...]

Evanildo da Silveira. Internet Alada. *Revista Planeta*, 2014. Disponível em: <www.revistaplaneta.com.br/internet-alada/>. Acesso em: 10 out. 2018.

a) De acordo com o texto, quais são as áreas do território brasileiro isoladas do acesso à internet?

b) Quais são os benefícios de levar a internet às áreas sem acesso a essa tecnologia?

ACESSE O RECURSO DIGITAL

Verificando rota

- Com a globalização do espaço mundial, as distâncias são transpostas rapidamente, favorecendo a ideia de que tudo está mais próximo.
- A globalização provocou mudanças na organização do sistema produtivo mundial, principalmente com a expansão das multinacionais pelo mundo.
- A globalização passou a interferir diretamente no cotidiano de boa parte da população: os hábitos passaram a ser cada vez mais influenciados pelas tecnologias, como o uso do telefone celular e da internet.
- Existe uma grande desigualdade entre os países no acesso às tecnologias.
- O GPS é um importante sistema de localização por satélite e também um instrumento de orientação e de localização na superfície terrestre.

UNIDADE

2

Os fluxos no espaço globalizado

Capítulos desta unidade

- **Capítulo 4** - Fluxos de mercadorias, informações e capitais
- **Capítulo 5** - Fluxos de pessoas
- **Capítulo 6** - Globalização, pobreza e desigualdade

Pessoas aguardam, no aeroporto internacional de Changi, Cingapura, a permissão das autoridades para ingressar no país, em 2016.

Tang Yan Song/ Shutterstock. com/ID/BR

Iniciando rota

1. Você conhece alguma pessoa que migrou de seu país de origem? Quais foram os motivos que a levaram a migrar? Conte para os colegas.
2. Em sua opinião, como a evolução dos meios de comunicação e de transporte passou a interferir na vida das pessoas? Conte para os colegas e para o professor exemplos que você conhece ou já vivenciou.

CAPÍTULO 4

Fluxos de mercadorias, informações e capitais

O processo de globalização vem ampliando de maneira significativa os fluxos, ou seja, a circulação de mercadorias, informações, capitais e pessoas no espaço geográfico mundial. Todos esses fluxos circulam pelo emaranhado de redes de transportes e de comunicações que envolvem o mundo inteiro.

Mesmo que os fluxos da globalização possam circular em todo o planeta, eles ocorrem com mais intensidade entre os locais servidos pela infraestrutura de transportes e comunicações (estradas, portos, aeroportos, redes de transmissão, como canais de televisão, telefonia celular, redes 3G e 4G, provedores de internet, etc.).

Provedor de internet: instituição ou empresa que fornece a conexão para o acesso do usuário à internet.

O crescimento do comércio internacional, impulsionado pela melhoria dos transportes e expansão das multinacionais no mundo, fez aumentar expressivamente os fluxos de matérias-primas e mercadorias (bens industrializados, gêneros agrícolas, recursos minerais e energéticos, etc.) entre países e continentes.

Fluxos marítimos no mundo (2009)

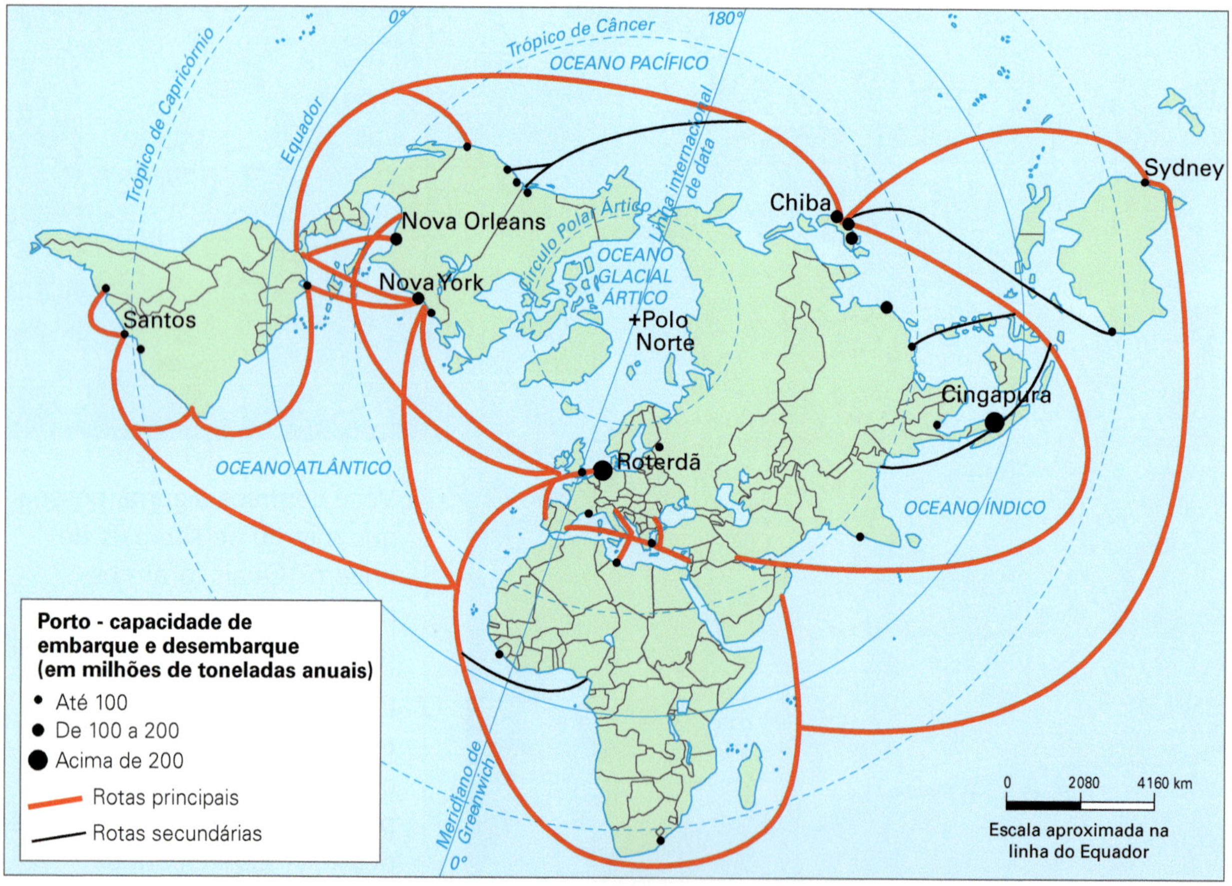

Fonte de pesquisa: Vicenzo Raffaele Bochicchio. *Atlas do mundo atual*. 2. ed. São Paulo: Atual, 2009. p. 39.

De acordo com o mapa, qual país estabelece maior quantidade de fluxos marítimos? E quais cidades apresentam portos com maior capacidade de embarque e desembarque?

Atualmente, a maior parte desses fluxos ocorre pelas vias marítimas, pelas quais circulam cerca de 70% do volume de cargas transportadas em todo o mundo. Atualmente, um navio cargueiro pode transportar em média 45 mil toneladas de carga, e um petroleiro pode levar em seus tanques quase 3 milhões de barris de petróleo. O transporte aéreo, por sua vez, também vem crescendo e aumentando sua participação nos fluxos de mercadorias entre os países. Seu uso, no entanto, depende do preço do petróleo, pois utiliza grande quantidade de combustível derivado deste produto.

Em razão de sua maior eficiência, sobretudo pela velocidade, os aviões cargueiros são empregados no transporte de cargas que exigem rapidez e pontualidade, como no caso dos alimentos perecíveis. Atualmente, um avião cargueiro pode transportar em media 25 toneladas de carga do Brasil aos Estados Unidos ou à Europa em poucas horas de voo.

Os mapas a seguir mostram a localização dos maiores portos e aeroportos do mundo e também as principais rotas marítimas e aéreas, pelas quais circulam grande parte dos fluxos mundiais de mercadorias. Observe-os.

Barril de petróleo: medida de capacidade usada na indústria de petróleo, equivalente a 159 litros.

Fluxos aéreos no mundo (2013)

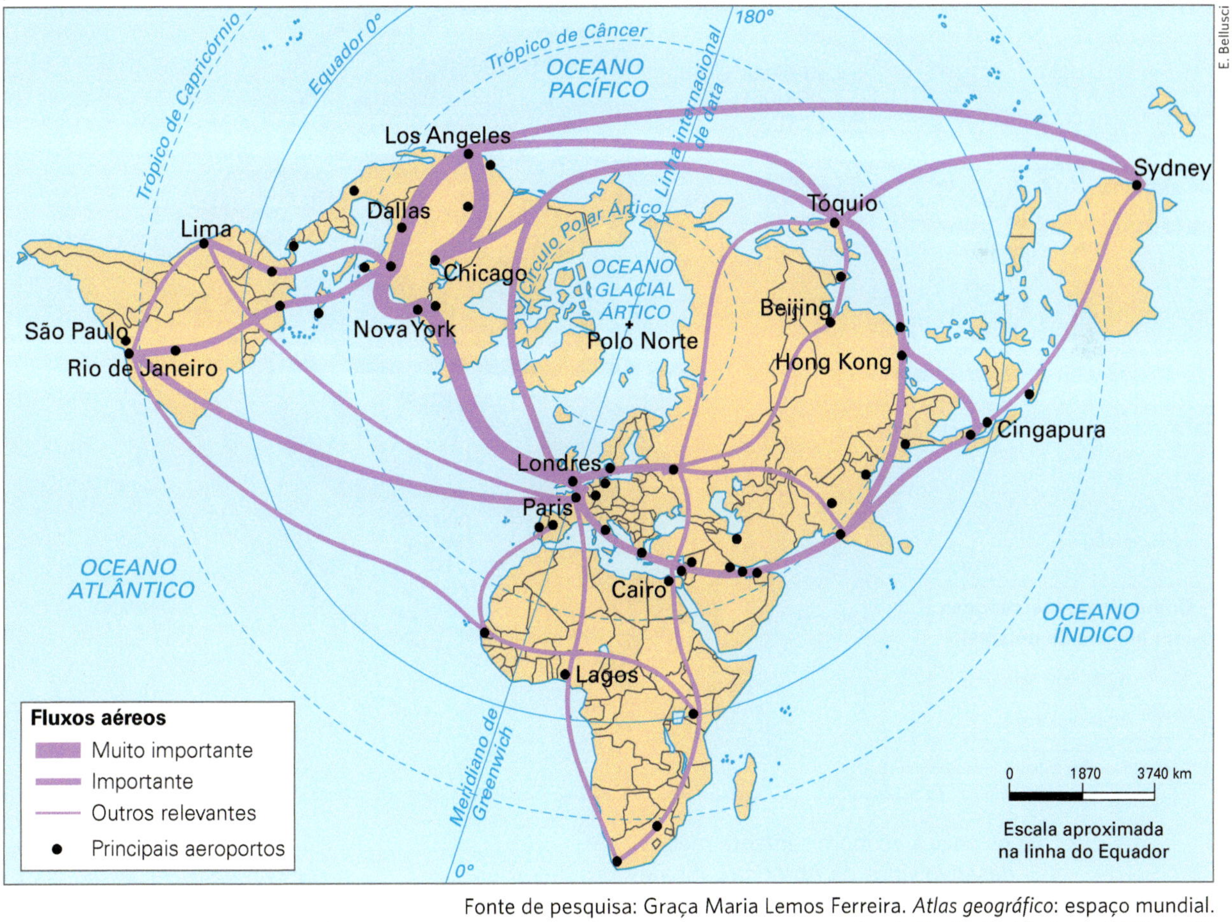

Fonte de pesquisa: Graça Maria Lemos Ferreira. *Atlas geográfico*: espaço mundial. 4. ed. São Paulo: Moderna, 2013. p. 55.

Localize no mapa de fluxos aéreos as rotas de maior importância.

A representação dos fluxos no espaço geográfico

O fluxo do comércio internacional pode ser representado em um planisfério por meio de setas. Essas setas representam proporcionalmente o volume comercializado entre as diferentes regiões do mundo. Veja o mapa a seguir.

A maioria desses fluxos ocorre entre os países desenvolvidos economicamente e que dominam a maior parte do comércio mundial, como Estados Unidos, Canadá, Europa (especialmente Alemanha, Reino Unido e França), Ásia e Oceania.

Devido ao crescimento econômico ocorrido nos últimos anos em países como China, Índia, Malásia e Cingapura, a Ásia vem se destacando no comércio mundial.

Principais fluxos do comércio mundial (2014)

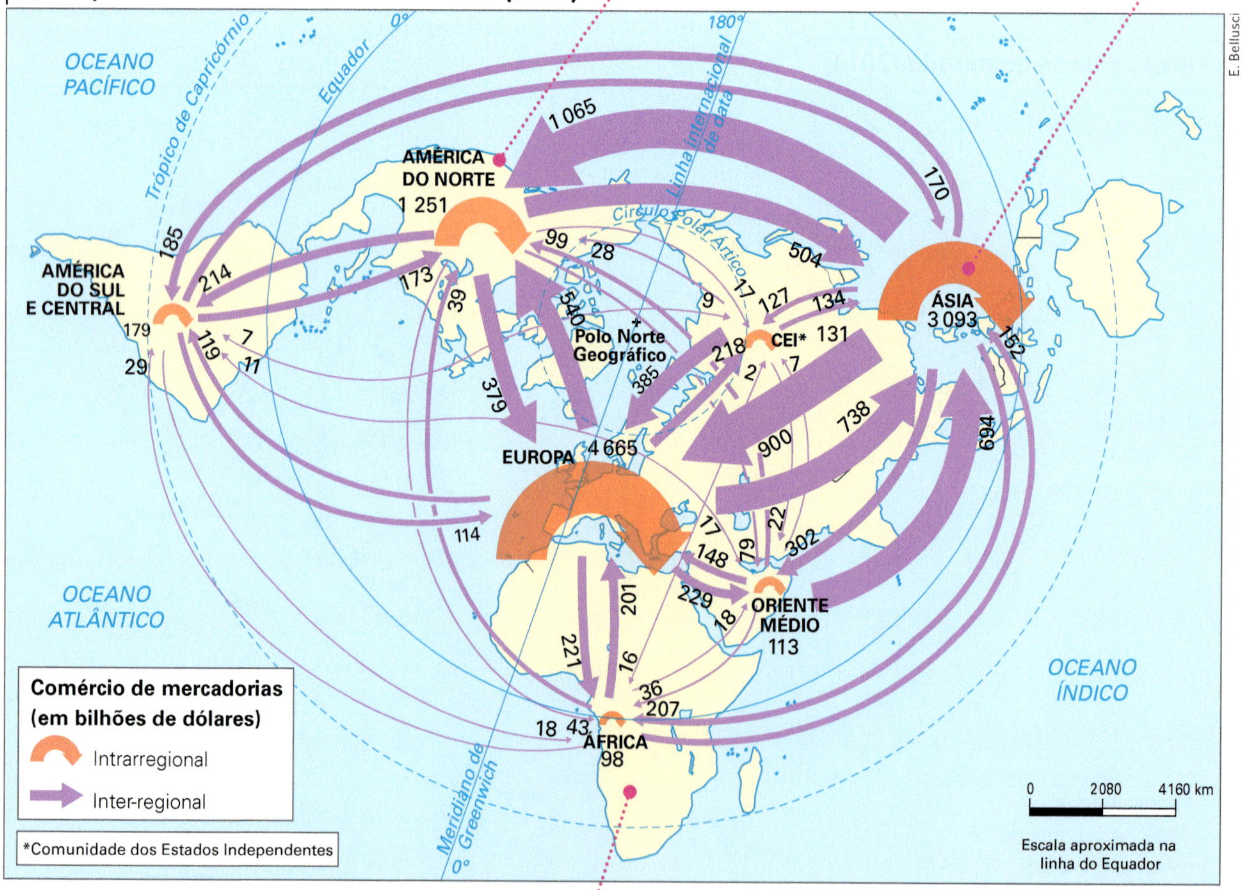

Já os países economicamente menos desenvolvidos da América Latina e da África possuem uma participação reduzida nos fluxos do comércio global.

Fonte de pesquisa: WTO. *Trade Statistics 2015*. Disponível em: <www.wto.org/english/res_e/statis_e/its2015_e/its2015_e.pdf>. Acesso em: 25 out. 2018.

Como se pode verificar no mapa, os fluxos de produtos e mercadorias ocorrem de maneira bastante desigual entre países e regiões do planeta.

Os fluxos do comércio de petróleo

O petróleo está entre os produtos mais comercializados no mundo. Diariamente, cerca de 55 milhões de barris de petróleo viajam acomodados em gigantescos navios-tanques.

De maneira geral, os grandes fluxos de petróleo no mundo ocorrem entre as principais áreas de exploração, como o golfo Pérsico, onde se encontram as maiores reservas conhecidas, e os grandes centros consumidores, como Estados Unidos, Europa e Japão.

Agora, observe atentamente o planisfério abaixo e veja como ele apresenta os principais fluxos de petróleo no espaço mundial.

Principais fluxos de petróleo no mundo (2016)

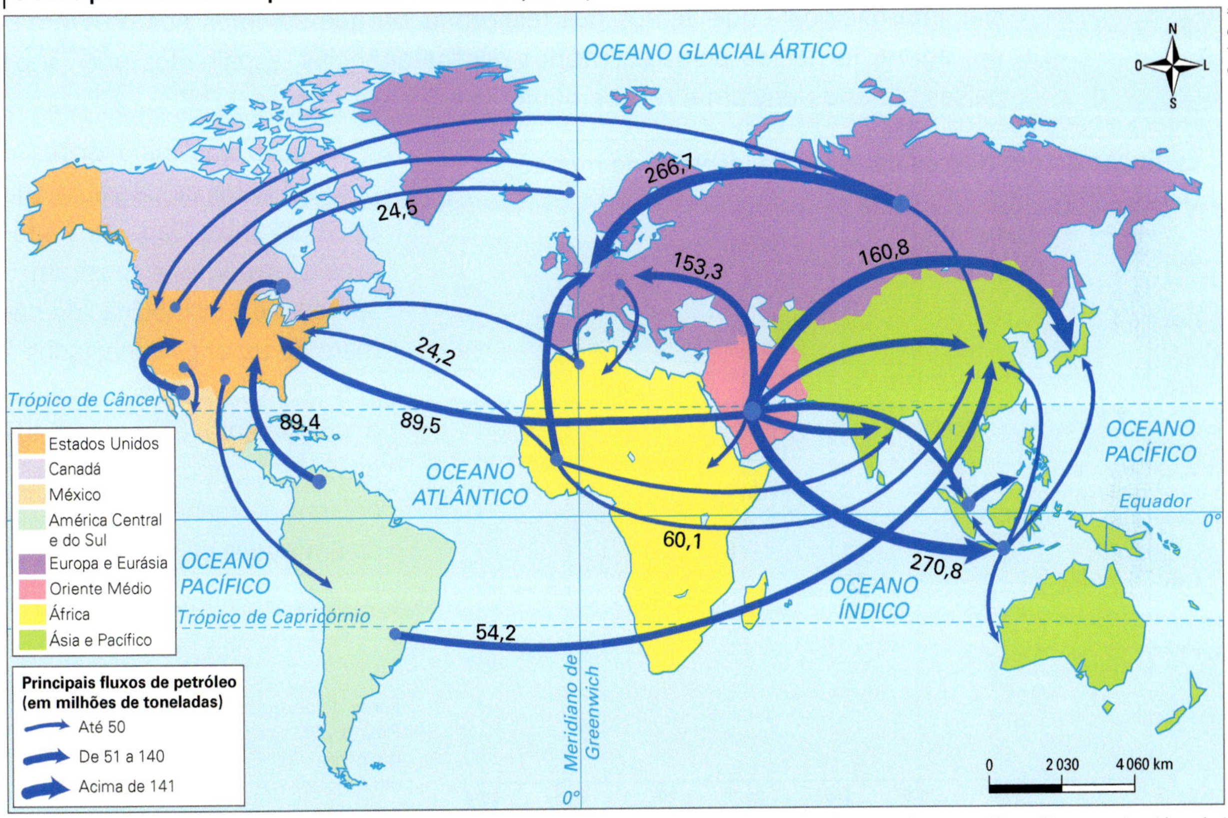

Fonte de pesquisa: BP. *BP Statistical Review 2017*. Disponível em: <https://www.bp.com/content/dam/bp-country/de_ch/PDF/bp-statistical-review-of-world-energy-2017-full-report.pdf>. Acesso em: 10 out. 2018.

1. Identifique no mapa da página **46**:
   a) a distribuição dos fluxos comerciais inter-regionais mais intensos, ou seja, acima de 500 bilhões de dólares;
   b) a distribuição dos fluxos comerciais inter-regionais menos intensos, ou seja, abaixo de 20 bilhões de dólares;
   c) as regiões que possuem o maior volume de comércio mundial;
   d) a região que possui o menor volume nesse comércio.
2. Identifique, no mapa acima, a principal região exportadora de petróleo e o país e/ou região que mais importa esse produto.

Fluxos de informações e capitais

Hoje, por meio de uma complexa rede de comunicações, composta, por exemplo, de internet e transmissões via satélite, as informações circulam com rapidez entre os países e chegam até as pessoas quase instantaneamente.

Esse grande volume de informações que circula pelo planeta aumenta à medida que diminuem os custos das tecnologias e dos serviços de comunicações, tornando-se mais acessíveis à população.

Monopólio: neste caso, significa exclusividade de obtenção e transmissão de informações.

De maneira geral, os países economicamente desenvolvidos detêm o monopólio das informações que circulam pelo planeta. Nesses países, encontram-se as grandes agências internacionais de notícias que fornecem informações sobre os principais acontecimentos ocorridos em todo o mundo. A maioria das notícias internacionais que vemos nos telejornais ou que ouvimos nos programas de rádio é fornecida pelos escritórios dessas agências, espalhados por vários países, de onde enviam e recebem informações via satélite.

Evolução do número de usuários da internet no mundo (2002-2016)

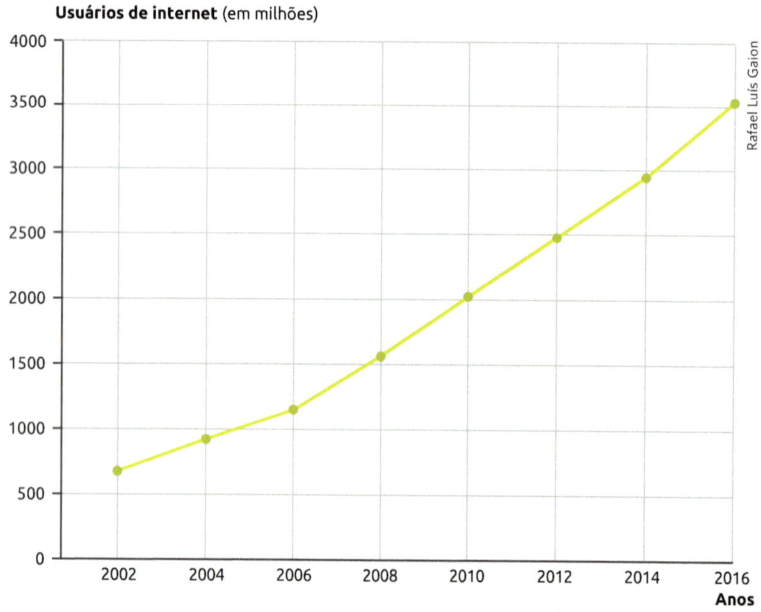

O fluxo das informações é desigual entre os países, o que pode ser observado nos gráficos a seguir, que mostram o aumento e a distribuição do número de usuários conectados à internet. Observe nos gráficos o crescimento do número de usuários e como esse aumento ocorreu de maneira concentrada em alguns países do mundo.

Fonte de pesquisa: ITU. *ICT Facts and Figures 2017*. Disponível em: <https://www.itu.int/en/ITU-D/Statistics/Pages/facts/default.aspx>. Acesso em: 9 out. 2018.

Distribuição dos usuários da internet por regiões (2017)

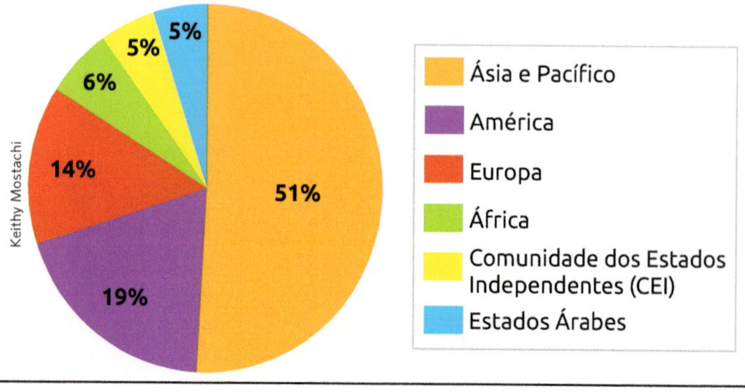

De acordo com o gráfico ao lado, como o Brasil está inserido nessa distribuição?

Fonte de pesquisa: ITU. *2016 Global ICT Development Index*. Disponível em: <https://www.itu.int/en/ITU-D/Statistics/Documents/statistics/2017/ITU_Key_2005-2017_ICT_data.xls>. Acesso em: 9 out. 2018.

Fluxos de capitais

Por meio das redes de comunicações, circulam os chamados fluxos de capitais, que envolvem as transações financeiras realizadas entre países, como a compra e a venda de ações de empresas e também de moedas, por exemplo, o dólar dos Estados Unidos; o euro da União Europeia; e o iene, moeda do Japão.

Em 2016, de acordo com a Federação Mundial das Bolsas de Valores, essas operações geraram fluxos de capitais que movimentaram cerca de 67 trilhões de dólares no planeta.

Em grande parte, esses fluxos são gerados pelas operações financeiras realizadas nas principais bolsas de valores do mundo, sediadas em importantes metrópoles: como as cidades de Nova York e Chicago (Estados Unidos), Frankfurt (Alemanha), Londres (Reino Unido), Paris (França), Tóquio (Japão), São Paulo (Brasil), Jacarta (Indonésia), Shangai (China) e Seul (Coreia do Sul).

Bolsa de valores: instituição que negocia as ações de empresas públicas ou privadas.

Além das bolsas de valores, essas metrópoles também concentram as sedes administrativas ou as filiais das grandes multinacionais, os maiores bancos e instituições financeiras, entre outros. Assim, elas funcionam como centros para onde converge e propaga-se a maior parte dos fluxos gerados pela globalização e, por isso, também são chamadas **cidades globais** ou **metrópoles mundiais**.

diegograndi/iStock Photo/Getty Images

Renato S. Cerqueira/Futura Press

A foto acima retrata a Bolsa de Valores da cidade de São Paulo (B3), capital do estado, em 2018.

A movimentação do fluxo de capitais no mundo ocorre de forma rápida e intensa e, assim, a economia de um país pode se desestabilizar quando muitos investimentos são retirados de uma só vez ou ainda pode-se criar expectativas positivas quando um país atrai muitos investimentos. Na foto observamos a escultura *Charging Bull*, localizada nas proximidades da Bolsa de Valores de Nova York (NYSE), uma das principais bolsas de valores no mundo, em 2017. A escultura representa otimismo e prosperidade financeira.

As cidades globais

As cidades globais configuram-se como centros de poder e comando das decisões econômicas e financeiras mundiais. Também formam os polos de uma rede mundial, que se articulam por meio de uma infraestrutura que permite a circulação dos fluxos da globalização. Desse modo, o espaço geográfico das cidades globais destaca-se por abrigar:

- os mais altos e modernos edifícios, nos quais se encontram as sedes das maiores corporações empresariais, dos grandes bancos, das bolsas de valores e das companhias financeiras, que movimentam os fluxos de capitais;
- as grandes redes de telecomunicações (emissoras de televisão e rádio, agências de notícias e empresas de telefonia e provedores de internet), que permitem a circulação dos fluxos de informações;
- as melhores infraestruturas de transportes (rede rodoviária, ferroviária e aeroportuária), pelas quais circulam os fluxos de pessoas e mercadorias.

Embora algumas cidades globais também estejam localizadas no mundo subdesenvolvido, devemos ressaltar que a distribuição dos fluxos é bastante desigual entre países ricos e pobres.

Paisagem de parte de Tóquio, Japão, considerada uma cidade global, em 2018.

Ned Snowman/ Shutterstock. com/ID/BR

Observe no planisfério a seguir a distribuição das cidades globais pelo mundo. Além delas, esse mapa representa a distribuição geográfica das **megacidades**, que são as metrópoles muito populosas, com mais de 10 milhões de habitantes, comuns sobretudo em países menos desenvolvidos. Essas megacidades resultaram de um intenso e rápido processo de urbanização, cuja infraestrutura, muitas vezes, é insuficiente para atender às necessidades da população. De modo geral, as megacidades exercem um papel secundário na economia mundial e na articulação dos fluxos globais devido à sua menor importância financeira, comercial, política, etc.

Principais cidades globais e megacidades (2018)

Fontes de pesquisa: United Nations. *World urbanization prospects*. Disponível em: <https://esa.un.org/unpd/wup/>. Globalization and World Cities (GaWC). Disponível em: <http://www.lboro.ac.uk/gawc/world2016t.html>. Acessos em: 25 out. 2018.

1 As megacidades estão concentradas nos países desenvolvidos ou subdesenvolvidos?

2 O Brasil possui alguma cidade desse tipo? Cite-as.

Ricardo Teles/Pulsar Imagens

A cidade de São Paulo, capital do estado, em 2017. São Paulo é o maior centro financeiro do Brasil e da América Latina, sendo considerada tanto uma cidade global como uma megacidade.

Atividades

Organizando o conhecimento

1. Leia a afirmação a seguir e, com base no que você estudou, comente-a.

O espaço geográfico atual está conectado também por redes e fluxos.

2. Relacione o desenvolvimento das tecnologias da informação com a intensificação dos fluxos de capitais no mercado financeiro mundial.

3. Leia o texto a seguir.

Nas cidades globais contemporâneas, estão concentrados os principais mercados financeiros do mundo e a sede de grandes empresas multinacionais. Por isso, essas cidades desempenham um importante papel nas articulações dos fluxos que circulam no mundo.

a) De acordo com o texto e com o que foi estudado neste capítulo, como você descreveria a configuração do espaço geográfico das cidades globais?

b) Explique qual é a diferença entre cidade global e megacidade.

Conectando ideias

4. O cartograma abaixo representa com figuras geométricas a participação de países, regiões e continentes no comércio mundial em 2017, de acordo com a Organização Mundial do Comércio. **Observe-o** com atenção e **responda** às questões propostas.

Comércio mundial (2017)

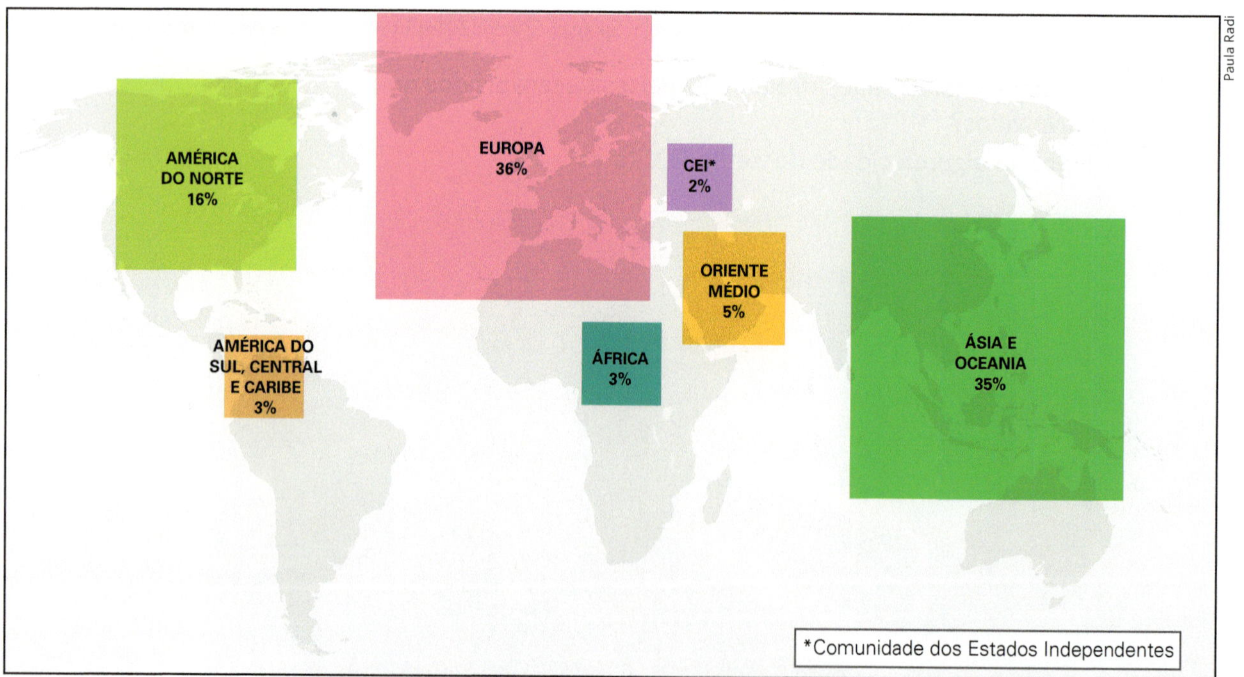

Fonte de pesquisa: WTO. *Statistics database*. Disponível em: <http://stat.wto.org/StatisticalProgram/WSDBStatProgramHome.aspx>. Acesso em: 25 out. 2018.

a) **Identifique** o país ou região que detém a maior participação no comércio mundial de mercadorias.

b) Com base no que você estudou neste capítulo, **explique** como ocorre o fluxo de mercadorias entre os países do mundo, destacando a participação das redes de transportes.

5. Leia o texto a seguir e **responda** no caderno à questão proposta.

O espaço geográfico está repleto de desigualdades, principalmente se visto sob a ótica da globalização. Enquanto alguns países estão no centro dos fluxos mundiais de mercadorias, outros estão às margens dessa dinâmica global, principalmente os países mais pobres.

- O texto afirma que os fluxos mundiais de mercadorias não ocorrem de maneira homogênea por todo o espaço geográfico mundial. Com base no que você estudou, **caracterize** a distribuição desses fluxos atualmente entre os países do mundo.

6. Analise a tabela abaixo e, em seguida, **responda** às questões no caderno.

País	Usuários de internet (em cada grupo de 100) 2016	Linhas de celular (em cada grupo de 100) 2016	Linhas telefônicas (em cada grupo de 100) 2016
Japão	93	130	50
Estados Unidos	76	122	37
México	59	87	16
Mianma	25	95	1
Etiópia	15	50	1

Fonte de pesquisa: ITU. *Internet users by region and country 2010-2016*. Disponível em: <https://www.itu.int/en/ITU-D/Statistics/Pages/stat/default.aspx>. Acesso em: 26 out. 2018.

a) De acordo com as informações da tabela e com o que você estudou, é possível afirmar que os meios de comunicação e os fluxos de informações estão distribuídos de maneira desigual no mundo? **Explique**.

b) O que se pode concluir em relação ao número de linhas telefônicas, em cada grupo de 100 pessoas, entre os países apresentados na tabela?

c) Qual dos meios de comunicação mostrados na tabela você mais utiliza no seu dia a dia? **Converse** com os colegas e **verifique** quais eles mais utilizam.

CAPÍTULO

5 Fluxos de pessoas

Com o processo de globalização, a população mundial ganhou maior mobilidade espacial. A evolução tecnológica empregada nos meios de comunicação e transporte, característica do atual mundo globalizado, tem intensificado a dinâmica da migração ao promover a divulgação de informações sobre a realidade de diferentes locais e a comunicação entre redes de pessoas de diversas regiões do planeta, e também ao facilitar o deslocamento desses grupos.

Estima-se que, a cada ano, centenas de milhões de pessoas se deslocam do país onde vivem para outros por razões diversas: trabalho, busca por melhores condições de vida, fuga de guerras ou perseguições políticas e religiosas, etc.

De maneira geral, esses fluxos envolvem o deslocamento de pessoas que migram de países economicamente menos desenvolvidos, constantemente atingidos por crises econômicas, em busca de trabalho com melhor remuneração e de condições de vida mais dignas nos países ricos. Portanto, os principais fluxos migratórios de trabalhadores na atualidade ocorrem dos países mais pobres da América Latina, da África e da Ásia para os Estados Unidos, Canadá, Europa, Japão e Austrália.

ACESSE O RECURSO DIGITAL

Também podemos destacar a migração de trabalhadores asiáticos e africanos em direção aos países produtores de petróleo no Oriente Médio. Veja o mapa a seguir.

> Cite as regiões de emigração mais intensa e as regiões de imigração mais intensa.

Principais fluxos migratórios no mundo (2015)

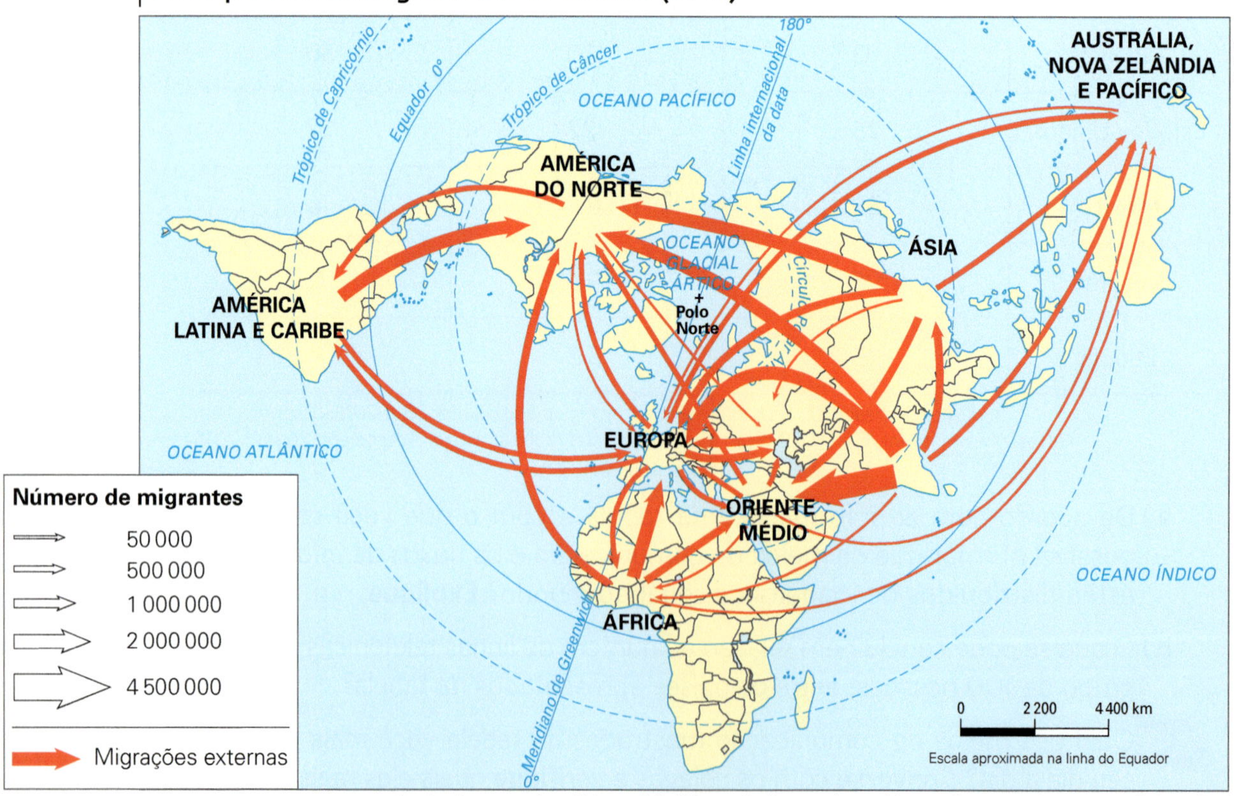

E. Bellusci

Fonte de pesquisa: *SciencePO*. Disponível em: <http://cartotheque.sciences-po.fr/media/Migrants_flows_2010-2015/2751>. Acesso em: 11 out. 2018.

Refugiados no mundo

Em várias regiões do mundo, milhões de pessoas também têm sido obrigadas a migrar em decorrência de guerras, conflitos étnicos, perseguições políticas ou religiosas, entre outros motivos. Essas pessoas, que deixam o lugar onde vivem para buscar abrigo em áreas mais seguras em outros países, são chamadas **refugiados**. Aqueles que são obrigados a sair de um local, dentro de um mesmo país, são considerados deslocados internos.

Atualmente, de acordo com o Alto Comissariado das Nações Unidas para os Refugiados (Acnur), existem mais de 25 milhões de refugiados espalhados pelo mundo. Grande parte deles encontra-se em regiões assoladas por conflitos armados.

Observe no planisfério abaixo os países que mais recebem refugiados no mundo.

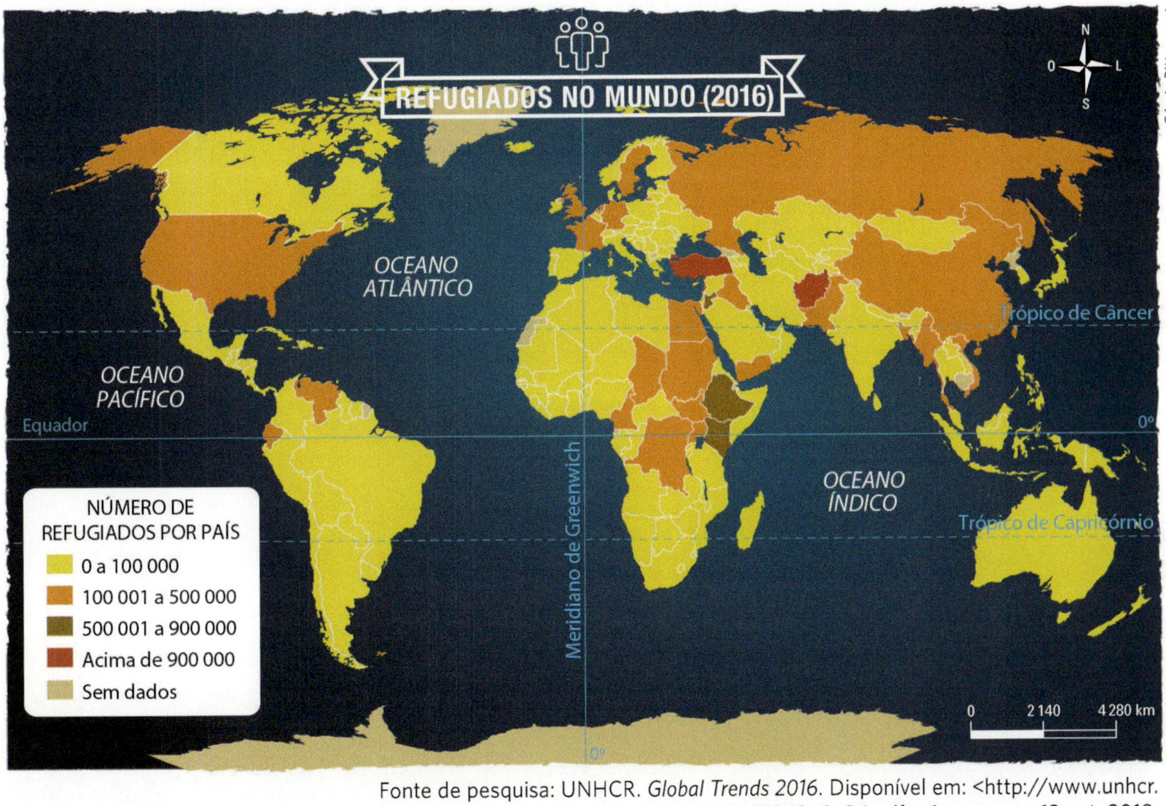

Cássio Bittencourt

Fonte de pesquisa: UNHCR. *Global Trends 2016*. Disponível em: <http://www.unhcr.org/5943e8a34.pdf>. Acesso em: 12 out. 2018.

Acnur

Criado em 1950, o Alto Comissariado das Nações Unidas para Refugiados (Acnur, sigla em inglês para UNHCR) atua internacionalmente para proteger e solucionar problemas dos refugiados no mundo.

Sua missão principal consiste em oferecer ajuda e garantir os direitos dos refugiados, entre eles, o de conseguir asilo seguro em outro país e o de os ajudar a voltar voluntariamente ao país de origem.

O Acnur é um dos principais organismos humanitários da atualidade, estando presente em mais de 130 países. Com 12 000 funcionários, fornece assistência a grande parte dos refugiados no mundo todo.

A Europa e a crise dos refugiados

Ao longo da última década, a Europa vem recebendo um grande número de imigrantes refugiados vindos, principalmente, de países do Oriente Médio e da África.

De acordo com a Agência Europeia de Gestão da Cooperação Operacional nas Fronteiras Externas dos Estados-Membros da União Europeia (Frontex), de janeiro a junho de 2017, mais de 100 mil migrantes chegaram a países da União Europeia, na maioria refugiados.

Guerras civis, violência, perseguições políticas e religiosas são os principais motivos que levam milhares de pessoas a sair de seu país de origem e buscar abrigo, sobretudo, em países pertencentes à União Europeia, como a Alemanha.

As principais rotas de entrada ao continente europeu, percorridas pelos refugiados, acontecem pelos países banhados pelo mar Mediterrâneo, como Espanha, Grécia e Itália, e também pelo Leste Europeu.

As autoridades europeias têm procurado adotar medidas para controlar o intenso fluxo de refugiados que chega à Europa, entre elas o combate aos grupos de coiotes (pessoas que conduzem imigrantes ilegais na travessia de áreas de fronteiras mediante pagamento) e o estabelecimento de cotas de imigrantes que podem embarcar em trens rumo ao interior do continente.

No entanto, a inexistência de uma política comum entre os países europeus que trate a questão do fluxo de refugiados é um empecilho para combater a crise de refugiados no continente.

fabian-berg.photo/ Alamy/Fotoarena

Embarcação improvisada no mar Mediterrâneo transportando imigrantes ilegais da África em direção à Europa, em 2017.

Conheça quais são os principais países de origem dos refugiados na Europa.

Desde 2011, a violenta guerra civil na Síria provocou a migração de aproximadamente 6,2 milhões de pessoas para outros países, como Líbano, Jordânia e países da Europa.

Síria

Envolvido em vários conflitos desde 1970, o país tem cerca de 2,6 milhões de afegãos refugiados em outros países além dos europeus, entre eles Paquistão e Irã.

Afeganistão

O governo ditatorial instalado na Eritreia desde 1993 levou cerca de 464 mil pessoas a migrarem para outros países, entre eles Etiópia, Sudão e vários países europeus.

Eritreia

Os violentos conflitos decorrentes da instabilidade política da Somália, além das secas periódicas que atingem o país, levaram cerca de 986 mil somalis a se refugiar em outros países, como Quênia, Etiópia e Iêmen, além dos países europeus.

Somália

Conflitos violentos envolvendo diferentes grupos étnicos levaram aproximadamente 216 mil nigerianos a migrar para a Europa e países africanos como Chade, Camarões e Níger.

Nigéria

Fotos: ibrandify gallery/Shutterstock.com/ID/BR

A rota do Mediterrâneo: imigração ilegal na União Europeia

A formação de blocos econômicos é uma característica da atual organização do espaço geográfico globalizado. Um desses blocos, a União Europeia, é composto por diversos países desenvolvidos que oferecem boa qualidade de vida a grande parte de seus habitantes. Por isso, vários países membros da UE têm atraído muitos imigrantes que buscam melhores condições de vida. Além disso, também há muitos refugiados que se dirigem para a região. São pessoas que deixaram seus países por causa de guerras civis, como ocorre na Síria, pois temem por suas vidas e sofrem com graves violações de direitos humanos.

Diante das políticas restritivas à imigração adotadas pelos países europeus, os migrantes não têm circulação facilitada, por isso muitas pessoas procuram os serviços de contrabandistas que, em troca de dinheiro, prometem ajudá-los na travessia das fronteiras, mesmo sabendo que essa é uma prática ilegal.

A seguir, observe algumas informações sobre o contrabando de pessoas para a União Europeia, pelo caminho conhecido como rota do Mediterrâneo.

A pobreza, as guerras civis e a violência estão entre os principais motivos que levam milhares de pessoas a migrarem para outros países. Atualmente, no caso da Europa, a maioria dos migrantes é do norte da África (de países como Eritreia, Somália e Nigéria) e do Oriente Médio (de países como Síria e Afeganistão).

A maneira mais utilizada por esses migrantes para chegar à Europa é cruzar o mar Mediterrâneo em embarcações irregulares, a partir do norte da África. Dados da ONU indicam que entraram na Europa, por esse caminho, aproximadamente 630 000 migrantes irregulares entre 2011 e 2016.

1. De acordo com as informações apresentadas, quais são os principais locais de origem dos migrantes que fazem a rota do Mediterrâneo?

2. O que você sabe sobre a situação dos principais países de origem dos migrantes para a União Europeia? Converse com seus colegas a respeito.

3. De que forma o contrabando de pessoas para a União Europeia poderia ser evitado? Troque ideias com os colegas sobre isso.

4. O contrabando de pessoas é um assunto polêmico e delicado. Além da rota do Mediterrâneo, ele ocorre em outros lugares do mundo. Em grupos de até quatro alunos, realizem uma pesquisa sobre esse assunto em notícias de jornais, revistas e *sites* da internet. Reúnam essas informações em sala de aula e organizem-nas de acordo com o seguinte levantamento:

- principais origens e destinos de migrantes ilegais;
- estratégias usadas pelos contrabandistas de pessoas para realizar a travessia em cada um dos lugares identificados na pesquisa;
- dados referentes aos acidentes com imigrantes durante a travessia;
- reação e postura política dos países para onde os migrantes tentam se dirigir.

Elaborem um mural com essas informações e complementem-no com imagens, de modo que toda a comunidade escolar seja estimulada a refletir sobre o assunto.

Muitas vezes, buscando fugir da vigilância europeia, os contrabandistas de pessoas (também conhecidos como coiotes) abandonam as embarcações lotadas de imigrantes. Assim, o número de vítimas que morrem afogadas durante a travessia só aumenta, tornando ainda mais trágica a situação dessas pessoas.

Número de migrantes refugiados que morreram ou desapareceram antes de chegar à Europa por vias marítimas, de acordo com a Acnur (Agência das Nações Unidas para Refugiados):

2010: 20
2011: 1 500
2012: 500
2013: 600
2014: 3 538
2015: 3 771
2016: 5 096
2017: 3 139

Bárbara Sarzi

Fonte de pesquisa: Acnur. Disponível em: <www.unhcr.org>. Acesso em: 16 nov. 2018.

Os refugiados no Brasil

Assim como vários países, o Brasil também recebe todos os anos imigrantes refugiados, embora em quantidade bem menor do que países mais desenvolvidos, como Inglaterra, França e Alemanha. De acordo com o Acnur e com o Ministério das Relações Exteriores, em 2017, havia no Brasil cerca de 10 145 refugiados.

Veja, no gráfico, os principais grupos de refugiados no Brasil.

Refugiados no Brasil por nacionalidade (2007-2017)

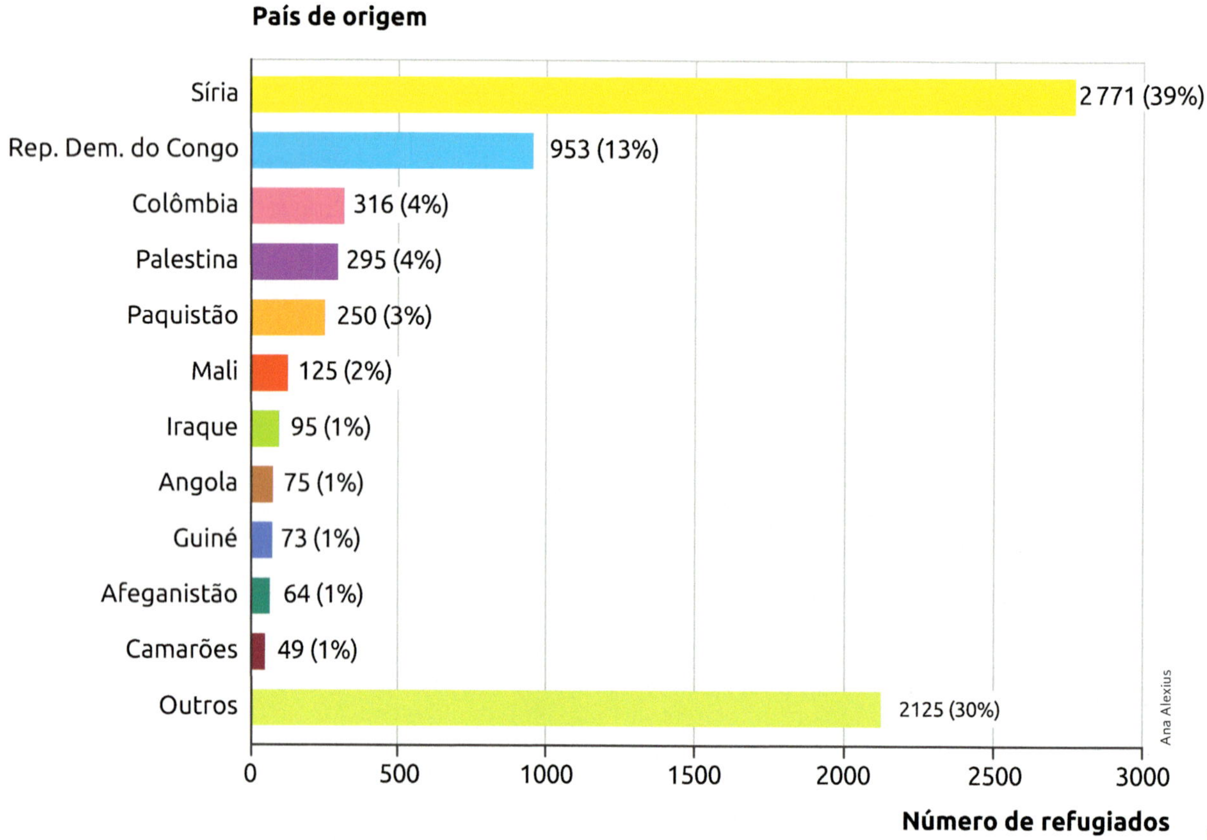

Fonte de pesquisa: Acnur. *Refúgio em números*. Disponível em: <http://www.acnur.org/portugues/wp-content/uploads/2018/04/refugio-em-numeros_1104.pdf>. Acesso em: 11 out. 2018.

Em geral, os refugiados que chegam em maior número no Brasil são pessoas que fogem de guerras em seus países ou que buscam melhores oportunidades de vida, muitas vezes impulsionados pela ideia de que conseguirão trabalho e renda para o sustento de suas famílias.

No entanto, a realidade tem sido bem diferente para muitos desses estrangeiros, pois encontram inúmeros problemas que vão desde a adaptação à nossa sociedade, sobretudo pela barreira da língua, da religião e dos costumes, até dificuldades de inserção no mercado de trabalho.

Com a atual crise econômica e o aumento do desemprego em nosso país, muitos desses refugiados acabam ingressando nas atividades informais da economia, enquanto outros são contratados por salários muito baixos, às vezes de forma ilegal, sem que tenham direitos trabalhistas assegurados.

Atividades

Organizando o conhecimento

1. De maneira geral, quais são os fluxos migratórios internacionais de trabalhadores no mundo atualmente?

2. O que são refugiados?

3. Explique qual é a missão do Acnur.

4. De acordo com o que você estudou nesse capítulo, cite quais são os principais países de origem dos refugiados na Europa.

Conectando ideias

5. **Observe** a foto a seguir e **responda** às questões.

Edmar Barros/Futura Press

Foto de refugiados em Atma, Síria, em 2017.

a) Qual dos fluxos migratórios populacionais a foto está retratando?

b) Quais são os principais motivos que levam milhões de pessoas em todo o mundo a essas condições?

6. **Pesquise** na ACNUR, a Agência da ONU para Refugiados, a Cartilha para Solicitantes de Refúgio no Brasil, disponível em: <http://linkte.me/meumo>. Acesso em: 26 out. 2018. Em seguida, **responda** às questões.

a) Quais são os direitos dos solicitantes de refúgio no Brasil?

b) Quais são as obrigações dos solicitantes de refúgio no Brasil?

CAPÍTULO

6 Globalização, pobreza e desigualdade

A globalização é a atual fase de mundialização do capitalismo, que promove a integração de países e regiões do planeta. O processo de globalização também tem se caracterizado pelo aumento crescente das desigualdades no mundo.

Tal fato, portanto, tem contribuído para agravar a dramática situação de pobreza e miséria existente no mundo. De acordo com levantamentos da ONU e do Banco Mundial, dos mais de 7,5 bilhões de habitantes do nosso planeta, 2 bilhões de pessoas vivem atualmente com uma renda inferior a 3,20 dólares por dia, enquanto 747 milhões de pessoas sobrevivem com menos de 1,90 dólar por dia.

Os números da pobreza são ainda mais alarmantes em alguns países da América Latina, África e Ásia, nos quais milhões de pessoas são privadas de seus direitos básicos, como o de ter uma alimentação equilibrada, possuir uma moradia adequada, ter acesso aos serviços de saúde e educação, etc.

A globalização trouxe benefícios a uns poucos países, principalmente aos mais ricos e desenvolvidos, que se mantêm na dianteira econômica e tecnológica, como Estados Unidos, Alemanha e Japão. Porém, para a grande maioria dos países, sobretudo para os mais pobres, a globalização não trouxe os benefícios econômicos esperados. Aliás, em muitos deles, como em Mianma, Eritreia e Haiti, o padrão de vida e os indicadores socioeconômicos pioraram muito nas últimas décadas com o aumento das taxas de mortalidade infantil e de analfabetismo, a diminuição da expectativa de vida e a queda da renda *per capita*.

Assim, podemos concluir que a globalização, como produto da atual fase do desenvolvimento do capitalismo, também pode estar acirrando as divergências e ampliando as desigualdades já existentes.

Passageiros durante trajeto em trem superlotado de linha ferroviária em Dacca, Bangladesh, em 2018. Devido ao grande número de pessoas e consequente superlotação, alguns se acomodam sobre os tetos dos vagões enquanto outros seguem pendurados à beira das portas.

Sk Hasan Ali/ Shutterstock.com.com

A pobreza no mundo atual

A distribuição geográfica da pobreza no mundo, de maneira geral, corresponde às regiões economicamente menos desenvolvidas do planeta, como o leste, o sul e o sudeste da Ásia, a África Subsaariana, a América Latina e o Caribe. Observe o mapa e compare as informações.

Distribuição mundial da população que vive com menos de US$ 1,90 por dia – em % (2015)

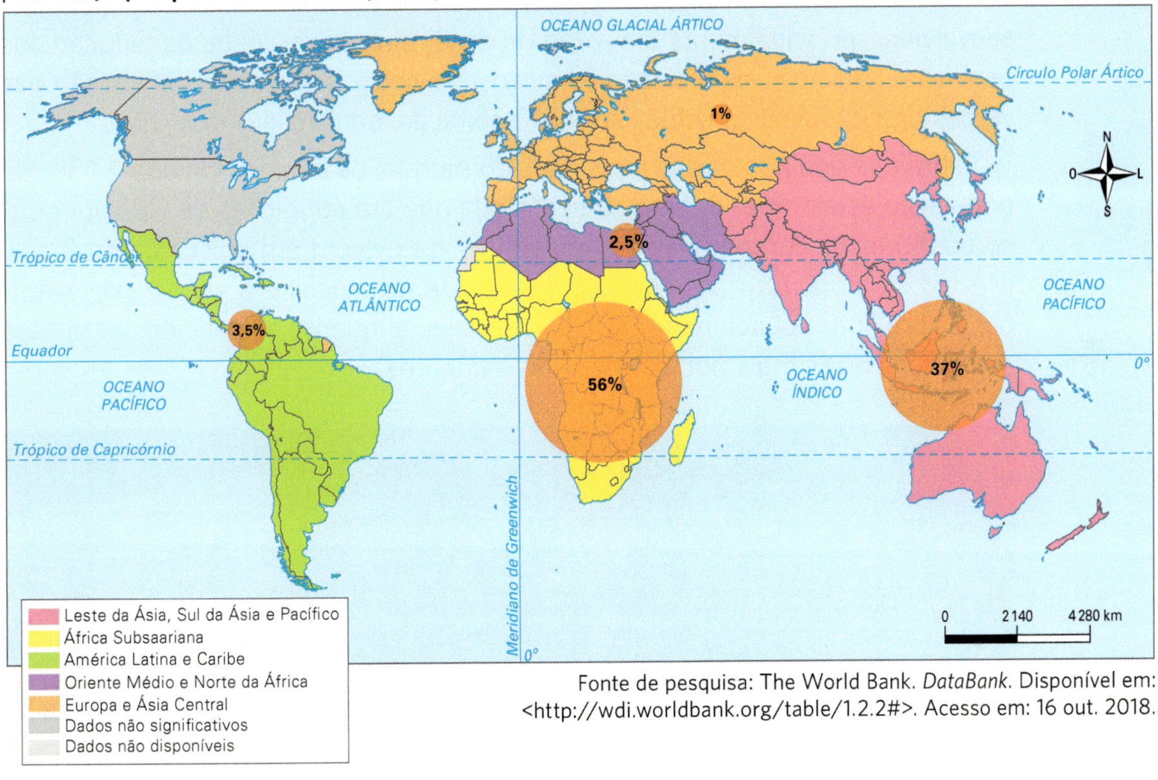

Fonte de pesquisa: The World Bank. *DataBank*. Disponível em: <http://wdi.worldbank.org/table/1.2.2#>. Acesso em: 16 out. 2018.

1 **Qual região do mundo possui maior quantidade de pessoas vivendo com menos de US$ 1,90 por dia?**

2 **Qual a porcentagem de pessoas que vivem com menos de US$ 1,90 por dia na região na qual se localiza o Brasil?**

Ainda que a globalização aumente as disparidades entre os países, excluindo e marginalizando milhões de pessoas, sobretudo nos países menos desenvolvidos, os seus efeitos em relação à pobreza variam de uma região para outra.

Ao longo das últimas duas décadas, por exemplo, o contingente de pobres aumentou significativamente em certas regiões, como na América Latina, na África Subsaariana e no sul da Ásia, por motivos como a estagnação econômica, o aumento do endividamento externo, a escassez de investimentos ou, ainda, o desvio dos recursos públicos por governos corruptos ou para a compra de armamentos.

Nesse mesmo período, porém, o número de pobres no leste da Ásia diminuiu consideravelmente. Essa redução da pobreza foi ocasionada por fatores diversos, como o grande investimento em educação, ciência e tecnologia e o crescimento econômico, impulsionado pela liberalização do comércio e pelo aumento dos investimentos estrangeiros nessa região.

A desigualdade econômica interna dos países

Além do aumento das disparidades em nível mundial, com a ampliação da distância entre os países ricos e os pobres, a globalização tem aumentado as desigualdades no interior dos próprios países.

Esse fenômeno torna-se ainda mais grave nos países subdesenvolvidos, como ocorre, por exemplo, no Brasil, onde o número de excluídos é bastante elevado, com milhões de pessoas sobrevivendo em condições extremamente precárias.

Todavia, a pobreza também vem aumentando mesmo nos países ricos e desenvolvidos, principalmente em razão do desemprego crescente, da redução dos benefícios assistenciais (cortes nos gastos previdenciários) e da diminuição das verbas destinadas às questões sociais (habitação, educação, saúde, etc.).

Estima-se que nos países mais ricos do mundo, os Estados Unidos, 12,3% da população esteja vivendo na pobreza, ainda que em condições de vida um pouco melhores se comparadas às dos pobres que vivem em países como Brasil, México ou Índia. Isso ocorre porque a assistência social e a saúde, por exemplo, são melhor equacionadas nos países ricos, enquanto as deficiências nessas áreas nos países mais pobres são mais evidentes.

Birute Vijeikiene/Shutterstock.com/ID/BR

Pessoa em situação precária vivendo em rua de Paris, França, em 2017.

Aprenda mais

No *site* da BBC Brasil, uma das mais importantes empresas jornalísticas do mundo, você poderá se manter informado sobre os principais acontecimentos mundiais relacionados a temas como economia, política e meio ambiente de diferentes regiões do planeta.

BBC Brasil. Disponível em: <http://linkte.me/v32w4>. Acesso em: 16 out. 2018.

Globalização, trabalho e desemprego

Se por um lado os avanços tecnológicos foram essenciais para impulsionar o atual processo de globalização, por outro, as novas tecnologias tiveram um impacto direto sobre o emprego.

A onda de inovações, apoiada nas tecnologias da informação, da microeletrônica e da robótica, sobretudo a partir da década de 1970, foi cada vez mais incorporada ao processo produtivo, principalmente nas linhas de produção e montagem das indústrias, eliminando milhares de postos de trabalho, como ocorreu nas indústrias automobilísticas, com a substituição dos trabalhadores por máquinas. Veja a foto desta página.

Nas últimas décadas, as novas tecnologias da informação também alcançaram outros setores de atividades econômicas, sobretudo o de serviços, promovendo a informatização em bancos, escritórios, companhias telefônicas, empresas de transporte, redes de supermercados, lojas de departamentos, etc.

A expansão dessas novas tecnologias nos diversos setores da economia faz parte da própria lógica capitalista, na qual as empresas se modernizam para aumentar a produtividade e os lucros, ao mesmo tempo que buscam reduzir os custos da produção, como mão de obra (gastos com salários, encargos trabalhistas e benefícios sociais), energia, transporte, entre outros.

Bandit Chanheng/Shutterstock.com/ID/BR

Foto de linha de montagem de automóvel em Nagoya, Japão, em 2018.

A tecnologia e o desemprego

Uma das consequências da expansão de novas tecnologias nos diversos setores da economia é que muitos postos de trabalho acabam sendo fechados, agravando a tendência de aumento da taxa de desemprego entre a população economicamente ativa (PEA). A PEA* compreende o conjunto de pessoas que desenvolve alguma atividade econômica, recebendo uma remuneração (salário) pelo trabalho realizado. Compreende também os trabalhadores que se encontram temporariamente desempregados.

A tabela abaixo apresenta as taxas de desemprego de alguns países desenvolvidos e de alguns subdesenvolvidos. Observe-a.

Taxa de desemprego de alguns países (2017)

País	Taxa de desemprego (em % do total da PEA)	País	Taxa de desemprego (em % do total da PEA)
África do Sul	27	Espanha	17
Alemanha	4	Finlândia	9
Austrália	6	Israel	4
Brasil	13	Itália	11
Chile	7	Japão	3
Colômbia	9	México	3
Egito (2016)	12	Noruega	4

Fonte de pesquisa: The World Bank. *World Development Indicators*. Disponível em: <http://databank.worldbank.org/>.
*O Banco Mundial considera como população economicamente ativa pessoas com 15 anos ou mais.

David Paul Morris/Bloomberg/Getty Images

A foto mostra fila de pessoas desempregadas em agência de empregos em San Jose, Califórnia, Estados Unidos, em 2017.

Ao observar os dados de desemprego apresentados na tabela, o que podemos concluir? Converse com os colegas sobre essa questão.

Nos países ricos, o processo de inovação tecnológica é rápido e intenso, e as novas tecnologias reduzem drasticamente a utilização da mão de obra. Em geral, o desemprego só não é maior porque essas mesmas inovações tecnológicas criam novos postos de trabalho em áreas de alta tecnologia como informática, computação, robótica, entre outros.

Em alguns países europeus, como Espanha, Portugal e Itália, a taxa de desemprego cresceu de maneira preocupante, atingindo parte significativa da PEA. A Grécia, por exemplo, que desde 2009 passa por intensa crise financeira e política, em 2017 registrou uma taxa média de desemprego de 21% ao ano.

Entre outros problemas, o desemprego nesses países também foi motivado pela transferência de empresas para os países subdesenvolvidos, que apresentam vantagens financeiras, como os custos reduzidos da mão de obra.

Nos mais diferentes países, a incorporação de novas tecnologias no sistema produtivo tem efeito negativo sobre o número de empregos. Isso acontece porque o aumento do número de desempregados não é compensado pela abertura de novos postos de trabalho em outros setores de atividades, já que a economia não cresce tão rapidamente como seria necessário para absorver a mão de obra disponível.

Diante desse panorama, nos países pobres, os desempregados têm dificuldades para ingressar novamente no mercado de trabalho, e por isso muitos deles passam a engrossar o contingente de trabalhadores do mercado informal. Inúmeros trabalhadores que ingressam na economia informal são pouco qualificados e mal remunerados. Além disso, não possuem vínculo empregatício, ou seja, não têm acesso aos direitos trabalhistas como, no caso do Brasil, férias remuneradas, 13º salário, Fundo de Garantia do Tempo de Serviço, etc.

No Brasil, por exemplo, de acordo com o IBGE, em 2014, cerca de 39% dos trabalhadores estavam empregados na economia informal, exercendo as mais diversas atividades, como prestadores de serviços, vendedores de doces caseiros, costureiras, vendedores ambulantes, catadores de papel e sucata, etc.

Fundo de Garantia do Tempo de Serviço (FGTS): fundo monetário aberto pela empresa, em nome do trabalhador, a fim de acumular saldo que funciona como uma garantia financeira em caso de demissão sem justa causa.

Cesar Diniz/Pulsar Imagens

Em muitos países subdesenvolvidos é grande o número de pessoas que trabalham no mercado informal. Na foto, vendedores ambulantes em praia no município de Marataízes, Espírito Santo, em 2016.

Você conhece algum trabalhador inserido em atividades informais? Conte para seus colegas qual é a atividade exercida.

Atividades

Organizando o conhecimento

1. De acordo com o que você estudou neste capítulo, em que regiões do mundo se localizam os países com maiores índices de pobreza? Do que são privadas as milhões de pessoas que vivem nesses países?

2. Leia a afirmação a seguir e responda no caderno à questão proposta, que relaciona os avanços tecnológicos ao problema do desemprego.

> Nas últimas décadas, tem sido cada vez menor o número de operários que trabalha nas linhas de montagem das indústrias automobilísticas.

- O que leva as empresas a substituir a mão de obra pela automação de suas linhas de produção?

Conectando ideias

3. Ao longo dos últimos anos, a sociedade brasileira tem enfrentado uma grave crise econômica com consequências diretas sobre o emprego e a renda da população. **Observe** as informações mostradas a seguir.

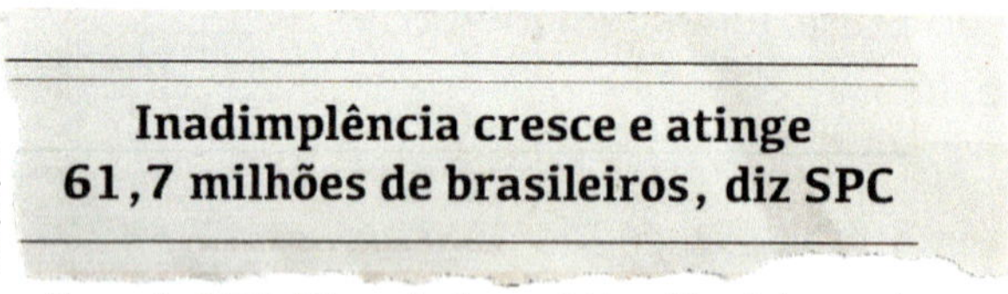
Inadimplência cresce e atinge 61,7 milhões de brasileiros, diz SPC

STILLFX/Shutterstock.com/ID/BR

Novarejo, 2018. Disponível em: <https://portalnovarejo.com.br/2018/03/inadimplencia-atinge-617-milhoes/>. Acesso em: 23 out. 2018.

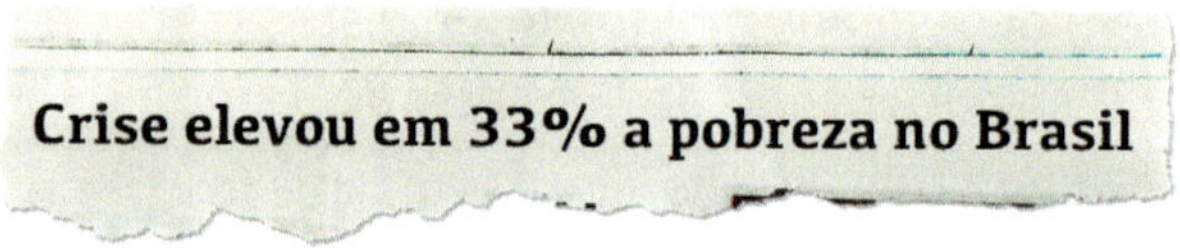
Crise elevou em 33% a pobreza no Brasil

STILLFX/Shutterstock.com/ID/BR

Folha de Pernambuco, 4 set. 2018. Disponível em: <https://www.folhape.com.br/economia/economia/economia/2018/09/04/NWS,80104,10,550,ECONOMIA,2373-CRISE-ELEVOU-POBREZA-BRASIL.aspx>. Acesso em: 23 out. 2018.

Evolução do desemprego no Brasil (2014 - 2018)

Ana Alexius

Fontes de pesquisa: Organização Internacional do Trabalho. Disponível em: <www.ilo.org/ilostat/faces/home/statisticaldata>. IBGE. Disponível em: <http://saladeimprensa.ibge.gov.br/noticias.html?view=noticia&id=1&idnoticia=3122&busca=1&t=pnad-continua-taxa-desocupacao-foi-9-0-quarto-trimestre-2015-media-ano>. Acessos em: 10 out. 2018.

a) De acordo com o gráfico, **descreva** a evolução da taxa de desemprego no Brasil.

b) **Relacione** o aumento do desemprego no país, com as informações destacadas nas manchetes.

c) **Converse** com os colegas sobre as dificuldades que os trabalhadores enfrentam quando estão desempregados.

4. As informações abaixo apresentam um panorama da condição socioeconômica da população mundial, em 2015, que contava com cerca de 7,4 bilhões de pessoas. **Observe-as** com atenção.

denk creative/Shutterstock.com/ID/BR

2,1 bilhões de pessoas não têm acesso à água encanada.

denk creative/Shutterstock.com/ID/BR

2,4 bilhões de pessoas não têm acesso a saneamento básico.

denk creative/Shutterstock.com/ID/BR

777 milhões de pessoas são subnutridas.

redAvocado/Shutterstock.com/ID/BR

De cada **1 000 crianças** nascidas, 42 morrem antes de completar cinco anos.

denk creative/Shutterstock.com/ID/BR

111 milhões de pessoas são portadoras do vírus da Aids, o HIV.

denk creative/Shutterstock.com/ID/BR

436 milhões de pessoas estão desempregadas.

denk creative/Shutterstock.com/ID/BR

1,2 bilhões de adultos são analfabetos.

Fontes de pesquisa: Pnud. *Relatório de desenvolvimento humano de 2016*. O trabalho como motor do desenvolvimento humano. Disponível em: <http://hdr.undp.org/sites/default/files/2016_human_development_report.pdf>. United Nations. Disponível em: <http://www.un.org/en/index.html>. Unicef. *Progress on Drinking Water, Sanitation and Hygiene 2017.* Disponível em: <https://data.unicef.org/wp-content/uploads/2017/07/JMP-2017-report-launch-version_0.pdf>. Acessos em: 10 out. 2018.

a) Agora, de acordo com as informações apresentadas acima, **escreva um texto** no caderno relacionando essas informações aos assuntos estudados até o momento, abordando as condições de vida de grande parte da população mundial. Depois, apresente seu texto para os colegas e verifique o que eles escreveram.

b) De acordo com o que você estudou até agora, **converse** com os colegas e o professor sobre a relação existente entre globalização e pobreza.

ACESSE O RECURSO DIGITAL

Verificando rota

- O espaço geográfico está permeado por fluxos de mercadorias, informações, capitais e pessoas, que formam redes complexas, espalhadas pela superfície do globo, que interligam diferentes locais.
- As cidades globais configuram-se como centros de poder e comando das decisões econômicas e financeiras mundiais.
- Os fluxos podem ser percebidos no lugar onde você mora. Os fluxos de informações, por exemplo, circulam por diferentes vias, como antenas de rádio e televisão, torres de celulares, cabos de transmissão e por rodovias ou portos e aeroportos próximos ao seu município.
- Entre as principais consequências da globalização estão o aumento da pobreza, do desemprego e das desigualdades socioeconômicas entre os países.

UNIDADE

3 Impactos ambientais e sustentabilidade

Capítulos desta unidade

- **Capítulo 7** - A ação humana e o meio ambiente
- **Capítulo 8** - O consumo e o meio ambiente
- **Capítulo 9** - A consciência ecológica

Pessoas usando máscaras contra poluição nas ruas de Harbin, China, em 2017.

Zhang shu/Imaginechina/AFP

Iniciando rota

1. Identifique qual problema ambiental está retratado na foto.
2. Como esse problema afeta a qualidade de vida das populações?
3. Você identifica problemas ambientais onde vive? Quais?

CAPÍTULO

7 A ação humana e o meio ambiente

Com o domínio de técnicas cada vez mais avançadas, o ritmo e a intensidade das atividades econômicas desenvolvidas pelo ser humano atingiram um nível sem precedentes na história da humanidade. No entanto, esse modelo de desenvolvimento econômico, voltado para a exploração cada vez mais intensa dos recursos naturais do planeta, vem provocando o agravamento e também o surgimento de novos problemas ambientais.

Casos de degradação ambiental, por exemplo, são noticiados com grande frequência nos mais diferentes meios de comunicação, seja aqueles que ocorrem no lugar onde vivemos ou em outras partes do nosso país ou do mundo.

Hidrocarbonetos: moléculas que apresentam em sua composição apenas Carbono (C) e Hidrogênio (H).

3 a 4 milhões de toneladas de hidrocarbonetos provenientes de naufrágios ou de vazamentos de petroleiros poluem o mar, entre centenas de outros produtos nocivos despejados pelos homens, como o mercúrio. [...]

13 milhões de hectares de florestas são destruídos todo ano pelos humanos. Como a floresta exerce papel importante na absorção do CO_2, esse desmatamento contribuiu fortemente para o efeito estufa e, assim, para o aquecimento do planeta.

80 mil é o número de pessoas que morrem todo ano na Europa de causas atribuíveis à poluição do ar em regiões urbanas. No Brasil, as mortes nas capitais mais poluídas chegam a 11 mil por ano.

Embora alguns problemas ambientais sejam intensos em algumas regiões, muitos desses impactos podem ser observados nas mais diversas partes do planeta. Se os desmatamentos são questões ambientais muito mais preocupantes em países que abrigam extensas florestas tropicais, como o Brasil, a poluição atmosférica atinge intensamente países como a China, que possui uma matriz energética apoiada principalmente na queima de carvão mineral.

Observe as informações a seguir que apresentam apenas alguns dos problemas ambientais de diferentes locais do nosso planeta, como a poluição do ar, a contaminação das águas, o desmatamento, o lançamento indiscriminado de resíduos, entre outros.

1 **Cite exemplos de problemas ambientais causados pelas atividades humanas.**

2 **Identifique atitudes que você tem tomado que contribuem para a ocorrência de problemas ambientais como desmatamento, poluição e aquecimento global. E as pessoas do lugar onde você vive?**

kotoffei/Shutterstock.com/ID/BR

240 mil toneladas por dia é a quantidade de lixo produzida no Brasil. Em torno de 88% do lixo doméstico brasileiro vai para aterros sanitários. Apenas 2% é reciclado!

Entre 4 °C e 6 °C: é a elevação da temperatura na superfície da Terra prevista daqui até o final do século XXI se as atividades humanas continuarem a provocar o aquecimento global no ritmo atual. As consequências disso são principalmente a desertificação e a redução das reservas de água potável no subsolo.

Elen Riot. *100 números para sonhar um mundo diferente*. Tradução de Marcos Bagno. São Paulo: Comboio de Corda, 2009. p. 6, 9, 26-27, 37.

Vivemos uma crise ambiental

Ao longo das últimas décadas, a exploração dos recursos naturais tem aumentado, e isso vem agravando a degradação do meio ambiente em diferentes regiões do planeta. À medida que esses problemas foram se intensificando no planeta, os seus efeitos passaram a ter consequências não apenas locais ou regionais, mas também em escala global.

De acordo com várias pesquisas, os gases tóxicos lançados na atmosfera pelos escapamentos dos veículos e pelas chaminés das fábricas, por exemplo, ao mesmo tempo que agravam a poluição do ar, contribuem para a intensificação do efeito estufa, fenômeno que pode interferir no clima do planeta. No entanto, para outros especialistas, as alterações no clima do planeta é um fenômeno natural e não consideram as alterações humanas a principal causa.

Para os estudos que aceitam a responsabilidade das atitudes humanas na natureza, as ações humanas têm gerado sérios impactos ao meio ambiente, afetando a dinâmica natural da Terra e os mecanismos que regulam e sustentam a vida no planeta. Nos últimos dois séculos, os problemas ambientais se agravaram de maneira tão alarmante que, segundo alguns estudiosos, estamos vivendo uma intensa **crise ambiental**. Entre os principais problemas ambientais de nossa época, destacam-se:

loskutnikov/Shutterstock.com/ID/BR

- a perda da biodiversidade (fauna e flora), provocada pela devastação dos grandes ecossistemas terrestres e aquáticos, que já ocasionou a extinção de espécies e ameaça a existência de muitas outras;

Nata-Art/Shutterstock.com/ID/BR

- o aumento da poluição atmosférica, provocado pela emissão excessiva de gases tóxicos pelas fábricas e escapamentos dos veículos automotores, movidos a combustíveis fósseis, intensificando o efeito estufa e ocasionando o aquecimento global;

AF studio/Shutterstock.com/ID/BR

- a poluição das águas por resíduos domésticos, industriais e também pelo derramamento de óleo dos navios e de vazamentos em plataformas de petróleo.

Leremy/Shutterstock.com/ID/BR

- a diminuição da camada de ozônio da atmosfera, que protege o planeta dos nocivos raios ultravioleta emitidos pelo Sol. Estudos indicam que esse problema pode ser provocado por um gás chamado clorofluorcarbono (CFC), utilizado na indústria química e em aparelhos de refrigeração como geladeiras, refrigeradores e condicionadores de ar;

Vladvm/Shutterstock.com/ID/BR

- o aumento da desertificação em locais que já apresentam clima árido ou semiárido, e provocado pelo uso inadequado dos solos e por técnicas de cultivo como as queimadas, que reduzem a fertilidade da terra, poluem a atmosfera e, consequentemente, afetam a dinâmica climática global;

Kapreski/Shutterstock.com/ID/BR

- o aquecimento global, que, de acordo com muitos cientistas, tem causado anomalias climáticas, como mudanças na distribuição e no regime das chuvas e aumento ou diminuição anormal das temperaturas, observadas em diversas regiões do planeta.

Vectori/Shutterstock.com/ID/BR

Romeo Ranaco/Reuters/Fotoarena

Nos centros urbanos de grande parte dos países subdesenvolvidos, é comum ver resíduos sólidos (lixo) e esgoto doméstico sem tratamento sendo despejados diretamente em rios, como registrado na foto, em Manila, Filipinas, em 2016.

Nas próximas páginas vamos estudar melhor alguns dos mais graves problemas ambientais provocados pela poluição do ar: a **chuva ácida**, que já afeta extensas regiões da superfície terrestre, a **diminuição da camada de ozônio**, que atinge principalmente a região antártica, e o **aquecimento global**, que tem consequências diretas sobre o clima de todo o planeta.

Desertificação: processo em que áreas férteis, principalmente em regiões de clima árido e são transformadas em desertos devido a variações climáticas e ações humanas, como degradação do solo, retirada da cobertura vegetal, exploração de recursos hídricos, entre outros.

A chuva ácida

Em regiões industrializadas e urbanizadas, de excessiva concentração de poluentes atmosféricos, pode ocorrer a formação da chuva ácida. Esse fenômeno é formado principalmente pela queima de combustíveis fósseis, como petróleo e carvão mineral, expelidos das chaminés das fábricas e dos escapamentos dos veículos motorizados. Ao entrar em contato com o vapor-d'água presente na atmosfera, esses gases formam substâncias ácidas que se precipitam na forma de chuvas atingindo a superfície terrestre.

Representação sem proporção de tamanho. Cores-fantasia.

Observe a ilustração que mostra como esse fenômeno é formado.

Chuva ácida

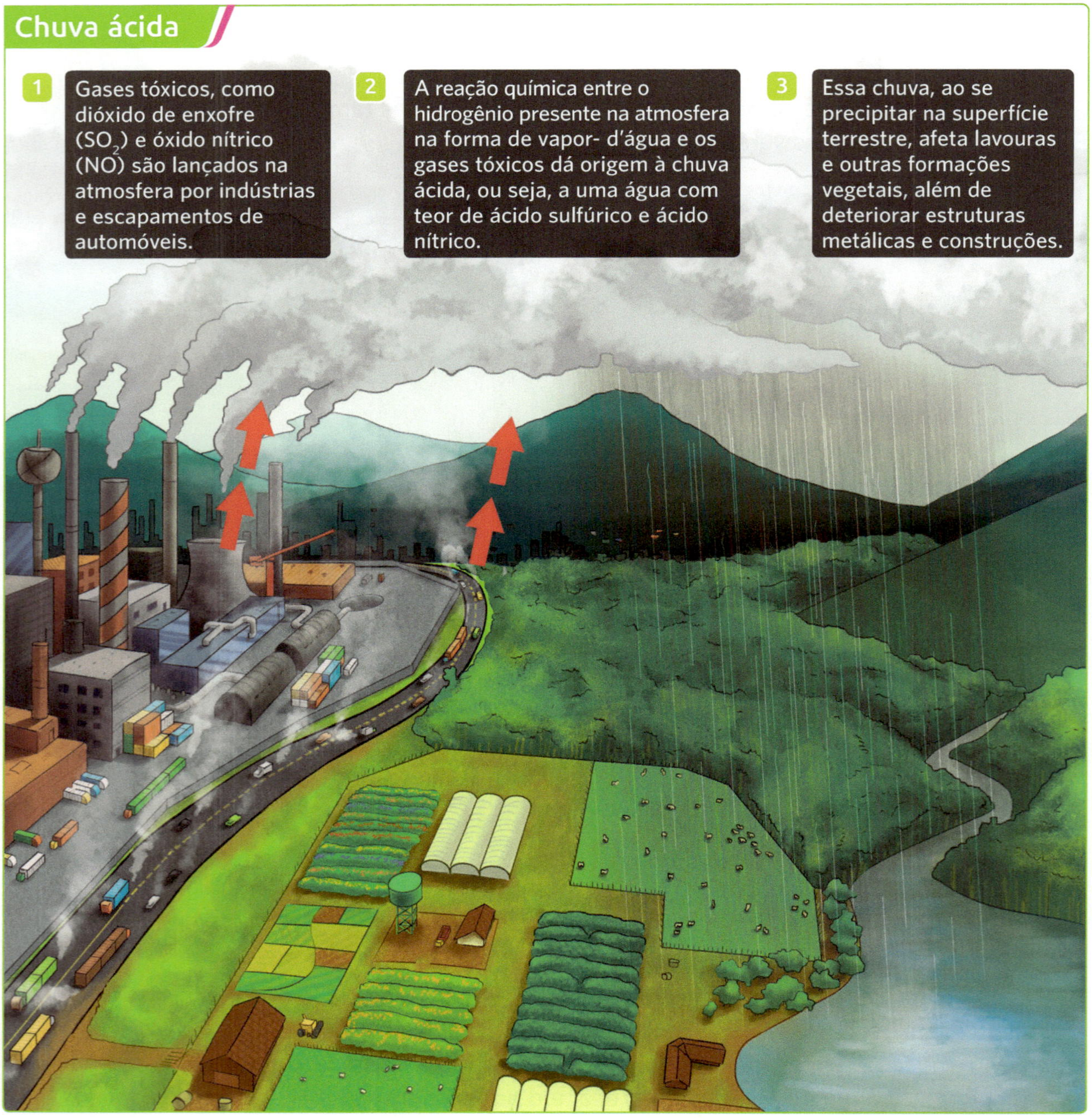

Somma Studio

Fonte de pesquisa: Frank Press et. al. *Para entender a Terra*. Porto Alegre: Artmed, 2006. p. 603.

A partir da análise da imagem mostrada na página **76**, e também do mapa e da foto apresentados nesta página, responda às questões abaixo.

1 Leia as informações apresentadas na imagem da página **76** e escreva quais são os principais gases responsáveis pela formação da chuva ácida.

2 Observe o mapa e descreva quais são as principais áreas afetadas pela chuva ácida no mundo.

3 Observe a foto e descreva as consequências que a chuva ácida provoca na paisagem.

Áreas de ocorrência da chuva ácida no mundo (2007-2012)

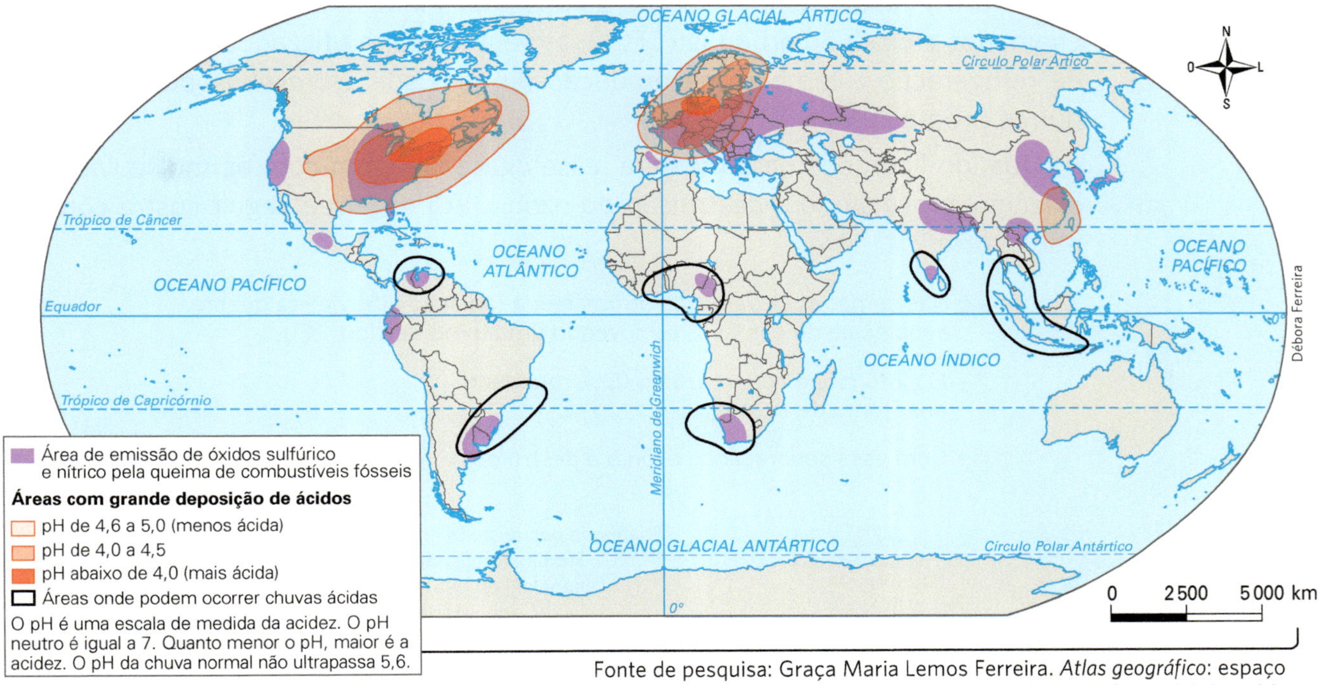

Fonte de pesquisa: Graça Maria Lemos Ferreira. *Atlas geográfico*: espaço mundial. 4. ed. São Paulo: Moderna, 2013. p. 30.

Nesta foto é possível observar a ação da chuva ácida a partir do estado de danificação da estátua localizada na entrada da igreja de Santa Cruz em Coimbra, Portugal, em 2017.

A diminuição da camada de ozônio

A maior parte do ozônio que há no planeta está concentrado em uma fina camada na estratosfera, localizada entre 15 e 35 quilômetros de altitude. Essa camada de ozônio funciona como uma espécie de filtro, capaz de bloquear os raios ultravioleta B (UV-B) emitidos pelo Sol, os quais são nocivos aos seres vivos.

Nas últimas décadas do século passado, os cientistas descobriram que essa camada de ozônio vem sendo destruída, ficando mais fina, com várias falhas ou "buracos", principalmente sobre a região antártica.

As pesquisas feitas indicaram que a destruição da camada de ozônio estava sendo provocada pela emissão de alguns gases industriais, principalmente os chamados clorofluorcarbonos (CFCs), até então muito utilizados em aparelhos de refrigeração e também na produção de aerossóis (*sprays*), isopores, entre outros produtos.

Quando liberados na atmosfera, esses gases reagem com as moléculas de oxigênio, provocando a destruição do ozônio. A imagem a seguir ilustra como isso ocorre.

1 Nas camadas elevadas da atmosfera, a radiação ultravioleta quebra a molécula do gás CFC, removendo um átomo de cloro (Cl).

2 O cloro reage com o ozônio (O_3), roubando um átomo de oxigênio.

3 Com essa separação, o ozônio é destruído.

Representação sem proporção de tamanho. Cores-fantasia.

Fontes de pesquisa: *Ultimate atlas of almost everything.* New York: Sterling Publishng Co, 1998. p. 35. Nasa. *Whats is Ozone?* Disponível em: <https://www.nasa.gov/pdf/752034main_Ozone_Hole_Poster.pdf>. Acesso em: 24 out. 2018.

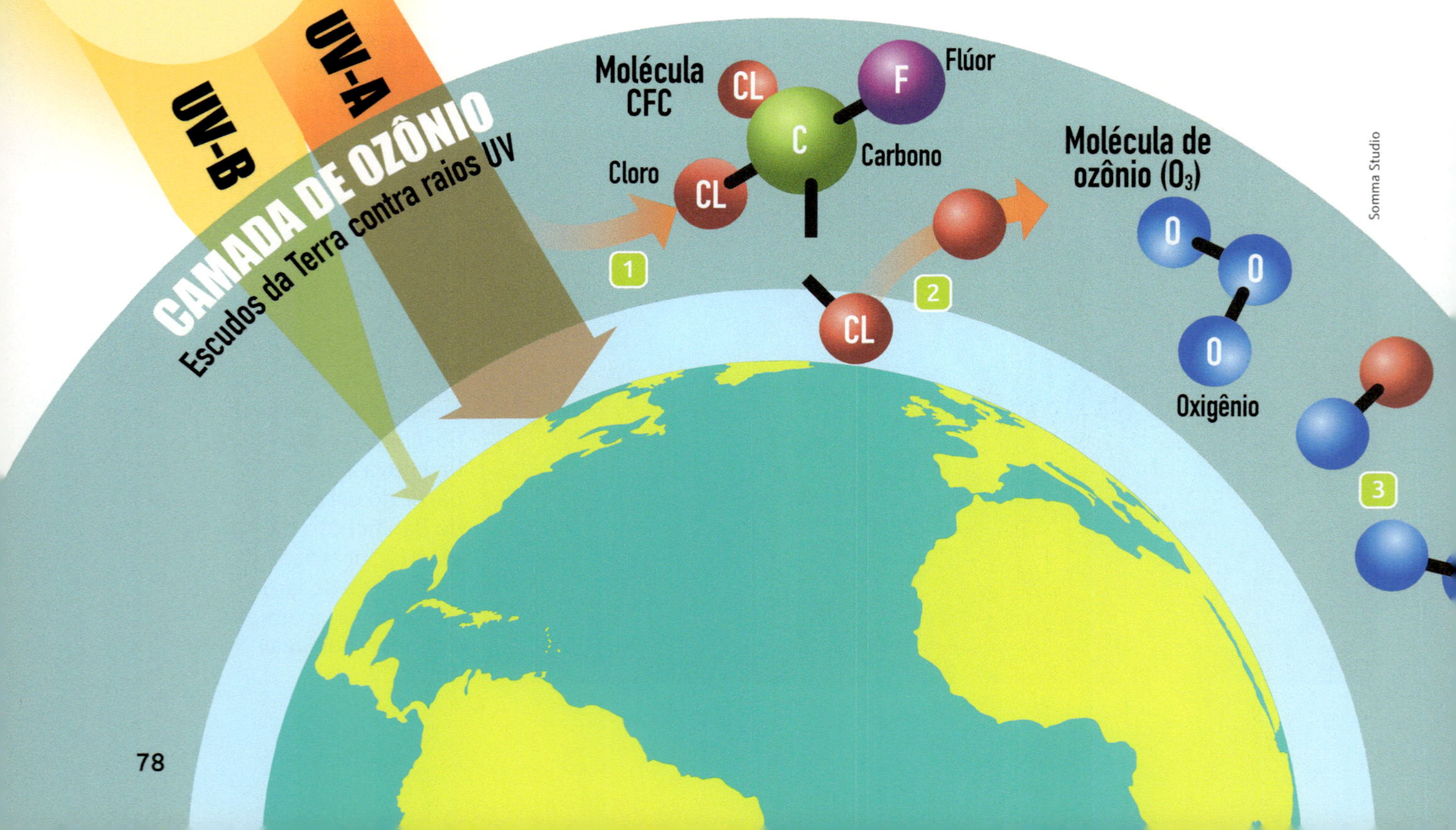

Mas, como explicar que a diminuição da camada de ozônio vem ocorrendo principalmente sobre a Antártica, uma região sem qualquer tipo de atividade potencialmente poluidora? A explicação está no fato de que grande parte dos gases poluentes gerados nos países industrializados do hemisfério Norte é levada por correntes de ventos até a Antártica.

Com o objetivo de combater esse problema ambiental, a maioria dos países assinaram acordos, assumindo compromissos de reduzir a produção de CFCs, substituindo-o pela utilização de outros gases inofensivos à camada de ozônio. Com isso, acredita-se que a camada de ozônio possa se recuperar ao longo das próximas décadas, voltando a proteger o planeta contra os efeitos nocivos da radiação ultravioleta, que provoca danos tanto nos ecossistemas naturais quanto aos seres humanos. No meio ambiente, a radiação ultravioleta afeta diretamente os fitoplânctons, que servem de alimento aos animais marinhos. Na saúde humana, os raios ultravioleta provocam doenças de pele, câncer, enfraquecimento do sistema imunológico e problemas visuais.

Fitoplâncton: conjunto de organismos aquáticos microscópicos que vivem flutuando na superfície da água e têm a capacidade de fazer fotossíntese.

A sequência de imagens abaixo representa a diminuição da camada de ozônio sobre a Antártica entre 1979 e 2018. Observe o aumento do azul-escuro que mostra as regiões onde essa camada apresenta falhas.

A 1979

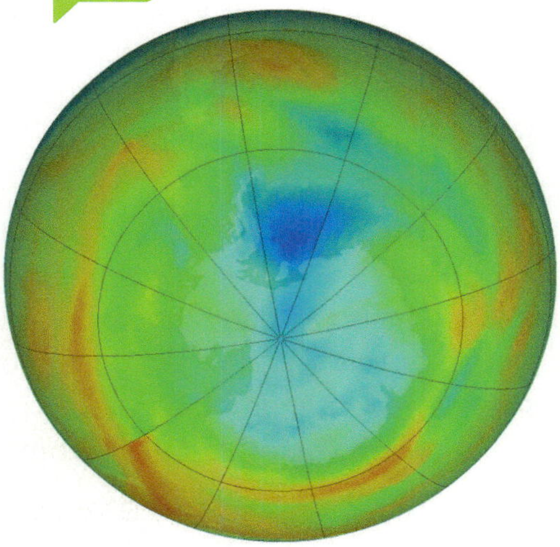

B 1989

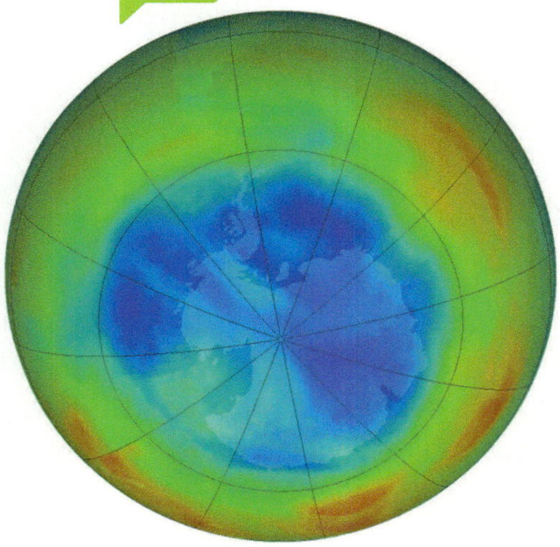

C 2008

D 2018

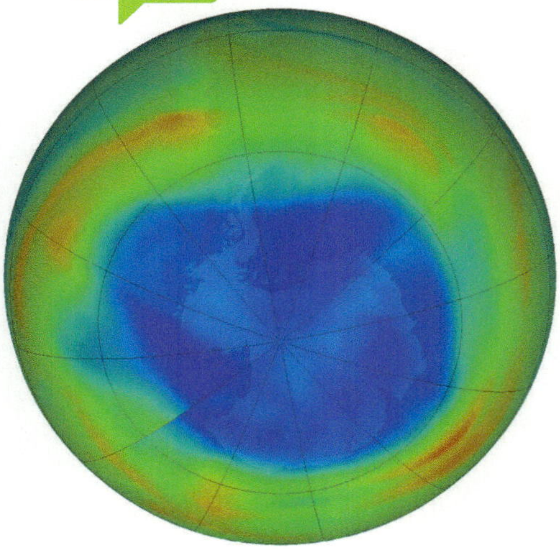

Fotos: NASA/O-ZONE Watch

O efeito estufa e o aquecimento global

O aquecimento do nosso planeta ocorre por causa da incidência da radiação solar, que atinge a superfície terrestre. A maior parte desse calor acaba sendo absorvida pela superfície, e o restante é refletido de volta, aquecendo a atmosfera, enquanto uma parte menor escapa para o espaço cósmico.

Desse modo, a atmosfera terrestre funciona como uma grande estufa natural, retendo parte do calor que a superfície reflete. É o chamado efeito estufa natural, fenômeno que garante o equilíbrio térmico do planeta, mantendo a temperatura média do globo em torno de 15 °C. Sem ele, o planeta seria muito mais frio, com temperatura média em torno de –18 °C. A imagem a seguir mostra como ocorre o efeito estufa natural.

Efeito estufa natural

O vapor-d'água, os gases e as partículas de poeira em suspensão na atmosfera funcionam como uma estufa natural. Eles retêm parte da radiação emitida pelo Sol e parte da radiação refletida pela superfície, aquecendo a atmosfera nas proximidades da superfície terrestre.

Representação sem proporção de tamanho. Cores-fantasia.

No entanto, a concentração excessiva de poluentes na atmosfera, sobretudo de gases provenientes das queimadas, das chaminés das fábricas e dos motores dos veículos, segundo estudiosos, vem intensificando a ação do efeito estufa. Ao se acumular na atmosfera, esses gases vão retendo mais calor, provocando a elevação da temperatura. É o chamado efeito estufa artificial, como mostra a imagem a seguir.

Ilustrações: Somma Studio

Efeito estufa artificial

Os gases, como dióxido de carbono, metano e CFCs, lançados em grandes quantidades na atmosfera têm maior capacidade de reter calor, mantendo os níveis de aquecimento da atmosfera e da superfície mais elevados. De acordo com alguns estudos, a poluição atmosférica gerada nos últimos séculos vem intensificando a ação do efeito estufa.

Fontes de pesquisa: Steve Parker et al. *Ultimate atlas of almost everything*. New York: Sterling Publishing Company, 2001. p. 31.
Earth. New York: Dorling Kindersley, 2007. p. 448.

O aquecimento global e suas consequências

O aquecimento global é um dos problemas ambientais mais preocupantes dos dias atuais. Isso porque o aumento da temperatura pode afetar o equilíbrio térmico do planeta, provocando alterações climáticas em todo o globo.

Para alguns cientistas, os indícios dessas mudanças já podem ser observados, por exemplo, no aumento da quantidade de chuvas e nas secas mais severas em várias partes do mundo, na ocorrência mais frequente de tempestades e furacões, assim como de nevascas e geadas fora de época.

Brais Seara/Shutterstock.com/ID/BR

Na foto acima, incêndio florestal em Maceda, Espanha, em 2017.

Com as mudanças climáticas, os grandes ecossistemas do planeta também poderão ser afetados. As florestas tropicais, por exemplo, podem se tornar mais secas e até mesmo desaparecer de certas regiões, enquanto as florestas temperadas correm o risco de serem devastadas pela seca e pelo calor.

Outra consequência do aquecimento global é o derretimento das geleiras polares, sobretudo na região Ártica, onde se verifica uma rápida diminuição da camada de gelo.

O derretimento das geleiras polares, por sua vez, pode aumentar o nível dos oceanos. Ao longo do século passado, o nível das águas oceânicas subiu cerca de 10 centímetros. Esse aumento pode parecer pouco, mas se o nível das águas continuar subindo, os oceanos poderão inundar as regiões costeiras mais baixas.

O gráfico abaixo mostra a variação do nível das águas oceânicas no século passado e as projeções de aumento desse nível no decorrer do século atual.

Aumento do nível médio dos oceanos (1990-2100*)

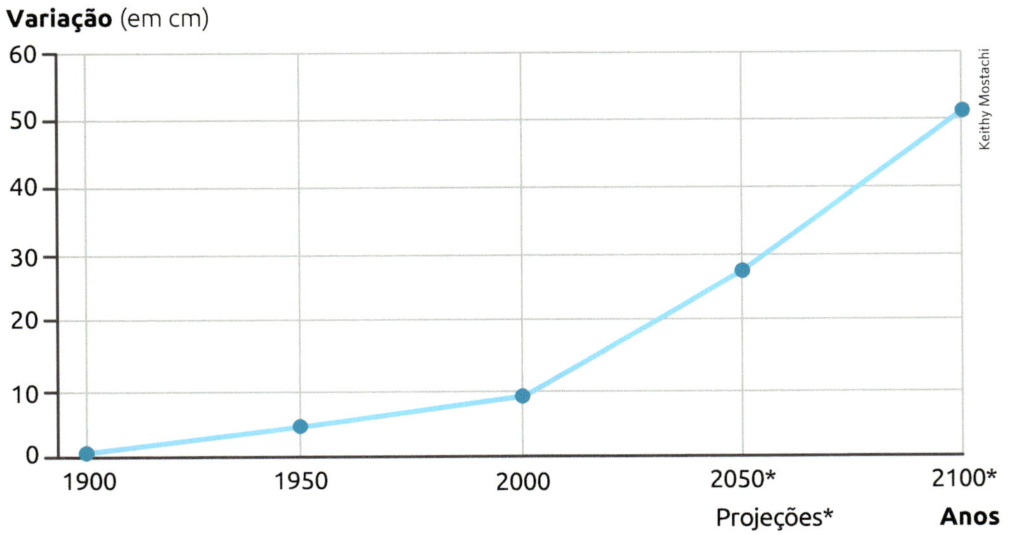

Fonte de pesquisa: IPCC. Disponível em: <www.ipcc.ch>. Acesso em: 19 out. 2018.

UNIDADE 3

A crise ambiental e a questão energética

A crise ambiental da época em que vivemos tem sido agravada pela utilização de fontes energéticas potencialmente poluidoras, sobretudo, pelo uso de combustíveis fósseis, como o petróleo, o carvão mineral e o gás natural.

ACESSE O RECURSO DIGITAL

A queima desses combustíveis em larga escala tem aumentado enormemente a concentração de poluentes atmosféricos, sobretudo dos gases que provocam alguns dos mais graves problemas ambientais que já estudamos nas páginas anteriores, como a formação de chuvas ácidas, a diminuição da camada de ozônio e o aquecimento global.

Veja o gráfico abaixo que mostra quais são as fontes energéticas mais utilizadas atualmente no mundo.

Matriz energética mundial (2016)

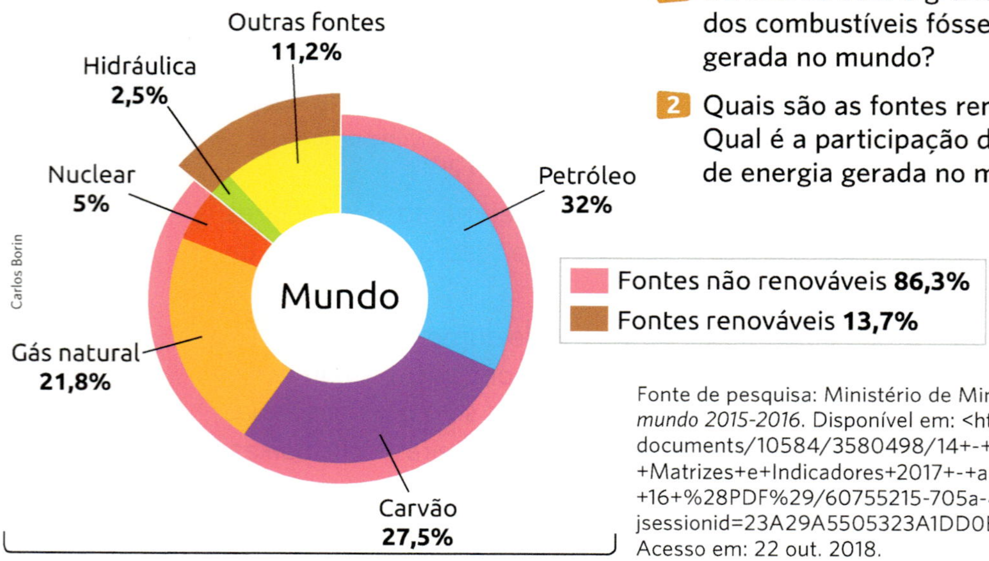

Fonte de pesquisa: Ministério de Minas e Energia. *Energia no mundo 2015-2016*. Disponível em: <http://www.mme.gov.br/documents/10584/3580498/14+-+Energia+no+Mundo+-+Matrizes+e+Indicadores+2017+-+anos+ref.+2015+-+16+%28PDF%29/60755215-705a-4e76-94ee-b27def639806;jsessionid=23A29A5505323A1DD0ED0E7D02E956E2.srv155>. Acesso em: 22 out. 2018.

1 De acordo com o gráfico, qual a participação dos combustíveis fósseis no total de energia gerada no mundo?

2 Quais são as fontes renováveis de energia? Qual é a participação dessas fontes no total de energia gerada no mundo?

A queima de combustíveis fósseis vem aumentando de maneira crescente desde o início da Revolução Industrial, ocorrida no século XVIII. A partir de então, o avanço da industrialização, dos meios de transportes e demais atividades econômicas tem se apoiado principalmente na utilização de combustíveis de origem fóssil (veja novamente no gráfico acima que essas fontes representam mais de 85% do total da energia consumida atualmente no mundo).

Como os combustíveis fósseis continuam sendo as fontes energéticas mais utilizadas no mundo, e provavelmente vão continuar sendo exploradas para sustentar o crescimento econômico em muitos países do mundo, podemos dizer que a sociedade contemporânea está diante de um grande desafio: como manter o crescimento econômico e o aumento do consumo de energia ao longo das próximas décadas e, ao mesmo tempo, diminuir a emissão dos poluentes atmosféricos provenientes do uso desses recursos?

Esse desafio pode ser enfrentado pela utilização de fontes renováveis e alternativas de energia, que geram baixo impacto ambiental, como a solar, a eólica, o biogás, a biomassa, a hidráulica, entre outras.

Fontes de energia alternativas ou renováveis

1 Solar

Energia gerada a partir da radiação solar captada por grandes painéis, que geram eletricidade por meio de reações químicas.

2 Eólica

Energia gerada a partir da força do vento, que, ao movimentar enormes hélices instaladas em grandes cata-ventos, produz energia elétrica.

3 Biogás

Energia gerada a partir de gases provenientes da decomposição de resíduos orgânicos, como lixo e esterco de animais.

4 Biomassa

Energia gerada a partir de materiais de origem orgânica, como bagaço da cana-de-açúcar, sementes oleaginosas, como as do girassol, soja, dendê, mamona, caroço de algodão, entre outras.

5 Geotérmica

Energia obtida em usinas que aproveitam a água superaquecida proveniente do interior da Terra para gerar eletricidade.

6 Maremotriz

Energia obtida em usinas que aproveitam variação diária das marés.

7 Hidráulica

Energia gerada pelo aproveitamento do fluxo das águas em uma usina.

Embora a utilização de fontes energéticas alternativas ainda represente uma pequena participação no consumo total de energia, vários países do mundo vêm aumentando seus investimentos na produção de fontes energéticas limpas, com o objetivo de diminuir sua dependência em relação aos combustíveis fósseis e, assim, contribuir para a implantação de um modelo de desenvolvimento sustentável.

No entanto, muitos outros países ainda se apoiam na utilização de energias consideradas sujas, como os combustíveis fósseis. Observe o gráfico abaixo que mostra a matriz energética de alguns países do mundo, inclusive o Brasil.

Matriz energética de alguns países (2015)

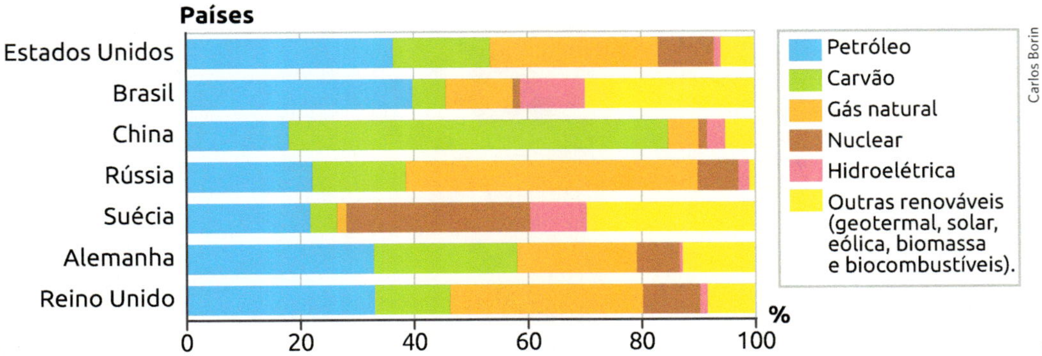

Fonte de pesquisa: Ministério de Minas e Energia. *Energia no mundo 2015 - 2016*. Disponível em: <http://www.mme.gov.br/documents/10584/3580498/14+-+Energia+no+Mundo+-+Matrizes+e+Indicadores+2017+-+anos+ref.+2015+-+16+%28PDF%29/60755215-705a-4e76-94ee-b27def639806;jsessionid=23A29A5505323A1DD0ED0E7D02E956E2.srv155>. Acesso em: 22 out. 2018.

Geografia em representações

Mapa-síntese

A destruição das florestas, a contaminação das águas, a poluição do ar, a desertificação dos solos e os acidentes nucleares são alguns exemplos da intensa degradação ambiental que vem ocorrendo na Terra e que pode ser observada em todo o planeta.

A intensidade desses problemas, no entanto, varia de uma região para outra. A devastação das florestas tropicais, por exemplo, tem ocorrido em países como Brasil e Venezuela (na América do Sul), Congo e Nigéria (na África) e Indonésia (na Ásia). A poluição atmosférica causada pela queima de combustíveis fósseis, por sua vez, é intensa em países mais industrializados e urbanizados, como Estados Unidos, Alemanha, China e Japão.

Observe como essas informações foram agrupadas e apresentadas no mapa a seguir. Esse tipo de mapa é chamado **mapa-síntese**, ele apresenta os principais problemas ambientais ocorridos em todo o planeta. Veja a seguir.

Acidente nuclear: contaminação por material radioativo, cujas propriedades podem causar grandes danos ao meio ambiente e ao ser humano.

Problemas ambientais no mundo (2013)

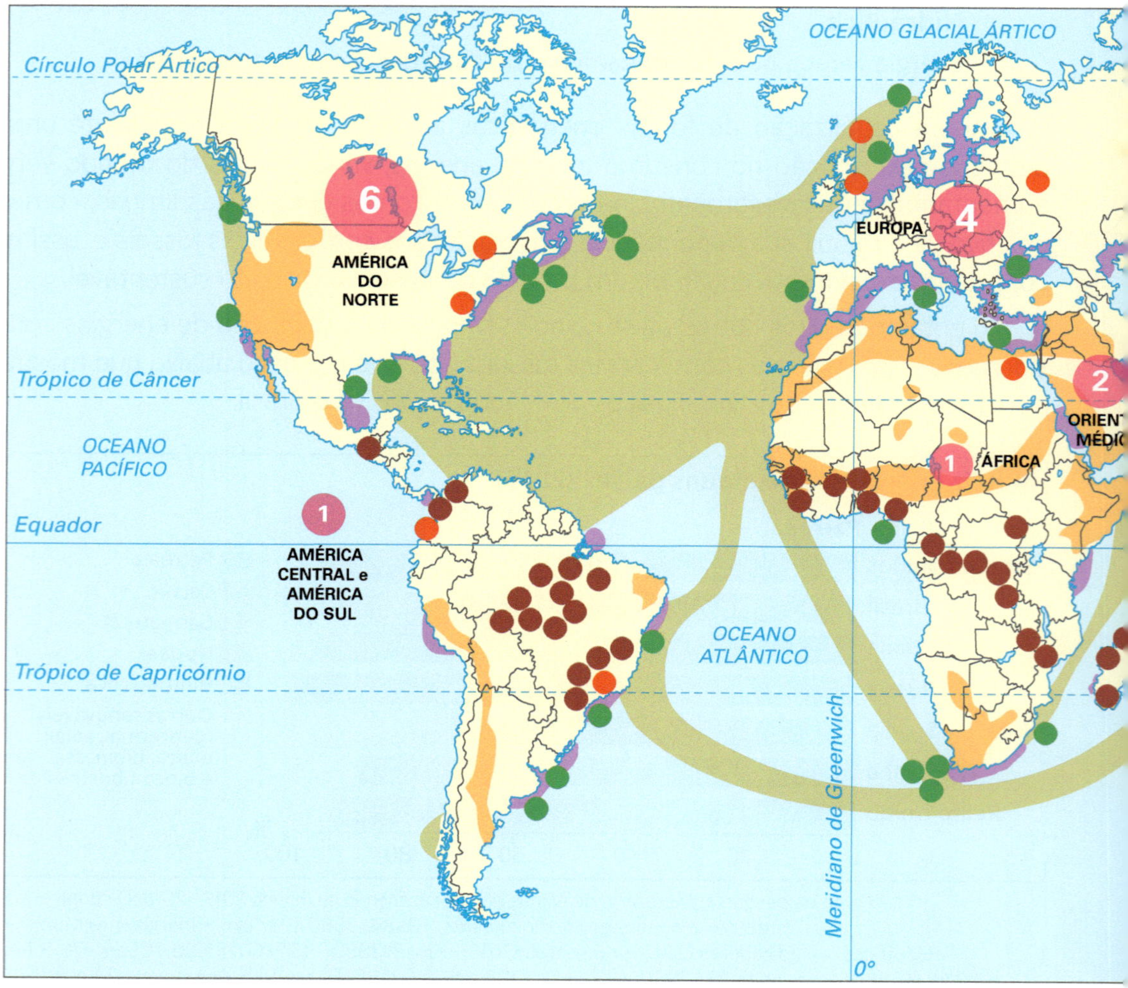

Além disso, ele agrupa conjuntos de informações que podem ser representadas por meio de cores, ícones (símbolos), setas, etc., para caracterizar cada porção do espaço de acordo com um tema específico.

1. De acordo com o mapa, responda às questões a seguir no caderno.
   a) De que maneira o mapa representa a emissão de CO_2?
   b) Qual cor no mapa representa a devastação florestal?
   c) O que a cor laranja representa no mapa?

2. Agora, com os colegas, interprete, analise e identifique no mapa:
   a) as áreas do planeta que mais contribuem para o lançamento de dióxido de carbono (CO_2) na atmosfera;
   b) as áreas do planeta que podem ser afetadas pela desertificação;
   c) onde estão localizadas as florestas com elevado grau de devastação;
   d) as áreas onde se verifica que as águas oceânicas estão poluídas;
   e) os lugares que foram atingidos, mais recentemente, por grandes acidentes nucleares ou químicos;
   f) os problemas ambientais que afetam o Brasil.

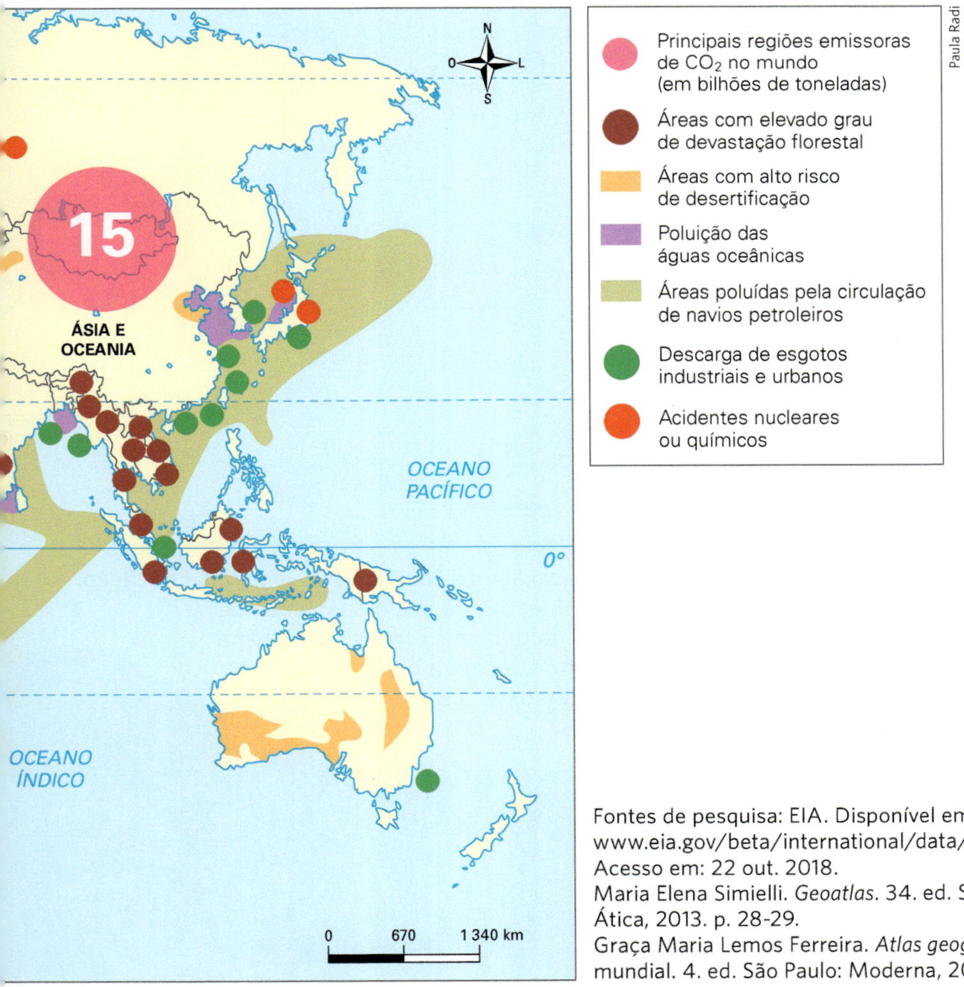

Fontes de pesquisa: EIA. Disponível em: <https://www.eia.gov/beta/international/data/browser/>. Acesso em: 22 out. 2018.
Maria Elena Simielli. *Geoatlas*. 34. ed. São Paulo: Ática, 2013. p. 28-29.
Graça Maria Lemos Ferreira. *Atlas geográfico*: espaço mundial. 4. ed. São Paulo: Moderna, 2013. p. 29.

Geografia e Ciências

As reservas da biosfera

As reservas da biosfera são áreas que abrigam importantes ecossistemas terrestres e marinhos que possuem uma grande biodiversidade, ou que estejam sofrendo ameaça de degradação, ou que devido à sua raridade, devam ser preservadas.

Ecossistemas consistem no conjunto de relações existentes entre os elementos físicos da natureza (água, clima, relevo, solo, etc.) e os seres vivos (animais e plantas) em determinada porção da superfície terrestre. As florestas, os desertos, as geleiras e os oceanos são exemplos de grandes ecossistemas.

Essas reservas são administradas conjuntamente pelos governos dos países, por ONGs e por centros de pesquisa. Nelas, são desenvolvidos projetos de preservação da natureza, de pesquisa científica, de educação ambiental e de manejo sustentável dos recursos naturais, visando beneficiar o desenvolvimento das atividades das populações locais.

Veja abaixo a localização das reservas da biosfera na superfície terrestre.

Reservas da biosfera (2018)

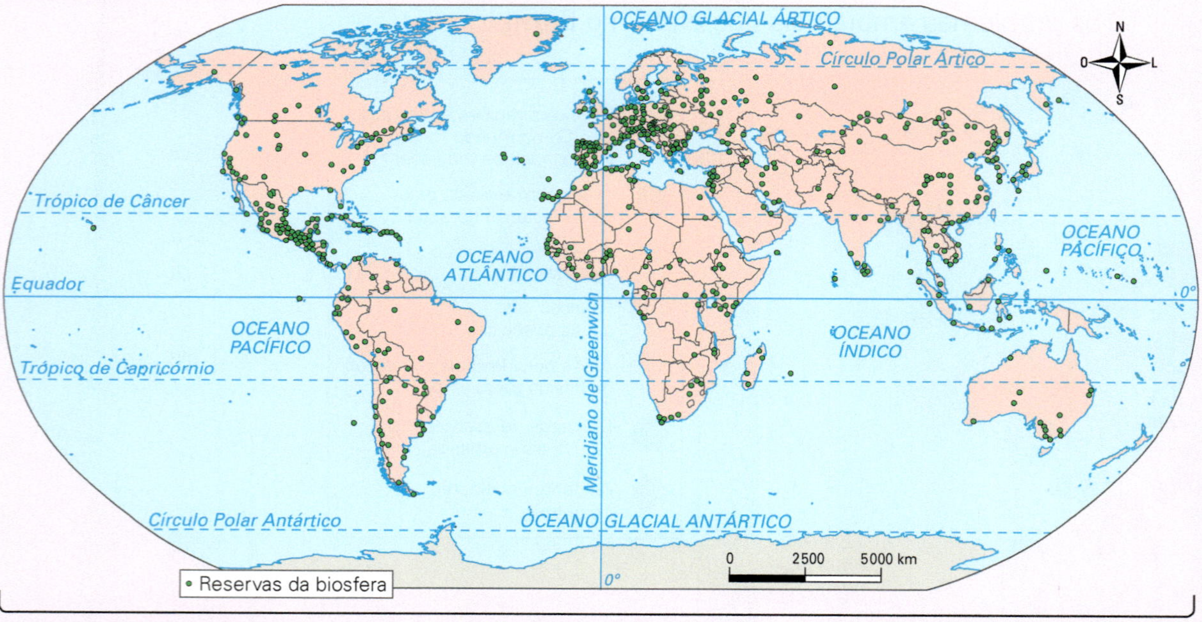

Débora Ferreira

Fonte de pesquisa: Unesco. Disponível em: <http://unesdoc.unesco.org/images/0025/002596/259695m.pdf>. Acesso em: 22 out. 2018.

Criadas pela Organização das Nações Unidas para a Educação, Ciência e Cultura (Unesco), no início da década de 1970, as reservas têm como principal objetivo conciliar a conservação da natureza com a exploração sustentável dos recursos naturais.

Luciana Whitaker/Pulsar Imagens

As reservas da biosfera no Brasil

Em 1992, foi criada a primeira reserva da biosfera no Brasil na área ocupada pelos remanescentes de Mata Atlântica, com o intuito de salvar o que restava dessa formação vegetal. Daí em diante, mais seis reservas foram criadas.

Atualmente, o Programa Internacional Homem e a Biosfera (MaB), da Unesco, identifica sete reservas da biosfera no Brasil. Observe no mapa ao lado quais são e a localização dessas reservas no território brasileiro.

Reservas da biosfera no Brasil (2016)

Débora Ferreira

Fonte de pesquisa: Unesco. Disponível em: <www.unesco.org/mabdb/br/brdir/latin-am/Brazilmap.htm>. Acesso em: 31 out. 2018.

Agora, vamos conhecer algumas características de cada uma das reservas da biosfera no Brasil. Com a orientação do professor, reúna-se com os colegas para realizar uma pesquisa.

› Cada grupo deve escolher uma reserva da biosfera do nosso país e pesquisar a diversidade de animais e plantas existente nessa reserva.

› A pesquisa também deve abordar como a sociedade vem se relacionando com o ecossistema da reserva, por exemplo: ele está sendo preservado ou desrespeitado?

› Após finalizar a pesquisa, produzam um cartaz apresentando as principais informações pesquisadas e também imagens das reservas.

› Ao término de todas as apresentações, montem um mural com o tema "Reservas da biosfera no Brasil" e exponham os cartazes na escola.

Trecho de área de Mata Atlântica preservada, em Morretes, Paraná, em 2015.

Atividades

Organizando o conhecimento

1. Qual problema ambiental estudado neste capítulo mais chamou a sua atenção? Por quê?

2. De acordo com o que você estudou, como a poluição tem intensificado a ação do efeito estufa natural? Qual é o nome dado a esse fenômeno?

3. Explique o que são reservas da biosfera.

Conectando ideias

4. **Leia** e **interprete** o texto a seguir. Depois, **responda** às questões no caderno.

> Há três meses, setecentos cientistas de mais de trinta países reuniram-se em Hilton Head, na Carolina do Sul, Estados Unidos, para discutir um problema que está literalmente caindo sobre a cabeça de todos: a chuva. Não bastasse provocar um rombo na camada de ozônio da alta atmosfera e ameaçar o planeta de superaquecimento, a poluição, nas suas diversas modalidades. Também envenena a chuva – algo tão benfazejo e essencial à vida como o próprio ar. Em consequência, 10 mil lagos na Suécia estão praticamente mortos. Na Noruega, outros 2 mil perderam seus peixes. Na Alemanha Ocidental, 35 por cento das florestas estão doentes. O Taj Mahal, um dos mais belos monumentos hindus, está perdendo sua imaculada cor branca. E na Península de Yucatán, ao sul do México, a chuva está rapidamente destruindo obras da civilização maia, que floresceu ali pelo menos 1500 anos antes da chegada do homem branco.
>
> No Brasil, a poluição da chuva quase não é estudada. Isso não quer dizer que os aguaceiros que aqui desabam sejam sempre limpos. Há quatro anos, pesquisadores da Universidade Federal Fluminense constataram que a vegetação da Floresta da Tijuca, no Rio de Janeiro, estava sendo afetada pela sujeira da chuva. [...]
>
> Além de poluir rios e lagos e acabar com a flora e a fauna aquática, a chuva ácida se infiltra no solo liberando certos metais potencialmente tóxicos, como alumínio, chumbo e cádmio. Estes podem se introduzir na cadeia alimentar através de plantas e acabar prejudicando a saúde do homem. [...]
>
> Martha San Juan França. Castigo do céu. *Superinteressante*, 31 out. 2016. Disponível em: <https://super.abril.com.br/ideias/castigo-do-ceu/>. Acesso em: 9 nov. 2018.

a) O texto acima se refere a qual problema ambiental?

b) Por que esse fenômeno tem ocorrido em nosso planeta?

c) Quais são as principais consequências da chuva ácida?

5. **Observe** o mapa abaixo e **compare-o** com o mapa da página **77**. Depois, **responda** às questões no caderno.

Regiões industriais do mundo (2011)

Fonte de pesquisa: Graça Maria Lemos Ferreira. *Atlas geográfico*: espaço mundial. 4. ed. São Paulo: Moderna, 2013. p. 50.

a) Com base nos dois mapas, **identifique** e **anote** no caderno as áreas mais afetadas pela chuva ácida no mundo e as áreas de alto grau de industrialização do planeta.

b) Ao **comparar as informações** dos mapas, podemos dizer que existe relação entre a distribuição dos fenômenos representados? **Explique**.

6. Diante dos vários problemas ambientais que a Terra vem sofrendo, é preciso que nossas atitudes, mesmo que individuais, estejam voltadas para a conservação do nosso planeta. Veja a seguir alguns exemplos de atitudes que podemos tomar.

Algumas atitudes que contribuem para a conservação do planeta
Procure manter-se informado sobre notícias recentes relacionadas ao meio ambiente.
Converse com sua família ou grupos de amigos e identifique atitudes que podem ser adotadas para economizar água, como evitar banhos demorados, consertar torneiras com gotejamento, etc.
Verifique o que você pode fazer para ajudar a reduzir o consumo de energia elétrica em sua casa.
Quando possível, não utilize o carro e prefira caminhar ou utilizar bicicleta.
Cuide da natureza preservando animais e vegetais.
Plante uma árvore em local adequado, pois ela pode ser o abrigo de aves que vivem por perto.

Com base nas informações acima, reúna-se com dois colegas e **desenvolvam uma campanha** para divulgar essas atitudes, de modo que conscientizem as pessoas a contribuírem para a conservação do nosso planeta. Para isso, **produzam cartazes** com frases e imagens e os espalhem pela escola.

CAPÍTULO

8 O consumo e o meio ambiente

Em muitos países, o crescimento desenfreado do consumo nos últimos 50 anos vem pressionando o ambiente com a intensa exploração de recursos naturais. As informações apresentadas a seguir mostram exemplos de como essa exploração vem aumentando intensamente nas últimas décadas.

De 1900 a 2010 a captação de água no mundo aumentou aproximadamente 630%.

O consumo de petróleo, de 1965 aos dias atuais, e a emissão de CO_2 quase triplicaram nas últimas cinco décadas.

A cada ano uma área de floresta maior que o território da Costa Rica desaparece.

A pesca marinha aumentou quase duas vezes nos últimos 50 anos.

Ilustrações: Estúdio Meraki

Fontes de pesquisa: The World Bank. *DataBank*. Disponível em: <http://databank.worldbank.org>. FAO. Disponível em: <http://www.fao.org/home/en/>. BP. *Statistical Review of World Energy*. Disponível em: <https://www.bp.com/en/global/corporate/energy-economics/statistical-review-of-world-energy.html>. Acesso em: 20 nov. 2018.

Além disso, se a exploração dos recursos naturais continuar aumentando em ritmo tão intenso, sobretudo em razão da expansão do consumo, a população poderá enfrentar uma grave crise ambiental, decorrente da escassez e do esgotamento de determinados recursos naturais.

As reservas de petróleo e carvão mineral, assim como de outros recursos naturais não renováveis, tendem a se esgotar à medida que vão sendo exploradas. Alguns recursos considerados inesgotáveis também podem se tornar escassos, como a água potável, por exemplo, que está cada vez mais reduzida em muitas regiões do planeta, principalmente por causa da poluição e da superexploração das fontes hídricas.

Recurso natural não renovável: elemento encontrado na natureza em quantidades limitadas. A exploração intensa desse recurso pode levá-lo ao esgotamento, pois sua formação é resultado de processos que levam milhões de anos para serem concluídos.

Como vimos, o aumento crescente do consumo no mundo é uma das principais causas da crise ambiental na atualidade. No entanto, devemos salientar que o nível de consumo entre os países ocorre de maneira bastante desigual.

O consumo em maior escala ocorre, principalmente, nos países ricos e industrializados, onde o poder aquisitivo da população é maior, o que permite o acesso a grande quantidade e variedade de bens e serviços. Segundo dados do Banco Mundial, em 2016, por exemplo, enquanto a população dos Estados Unidos e da Alemanha usufruía de uma renda *per capita* anual superior a 40 mil dólares, os habitantes do Haiti (na América Central), da Etiópia (na África) e do Nepal (na Ásia) sobreviviam com menos de 800 dólares por ano.

Renda *per capita*: o mesmo que renda por habitante. O valor dessa renda é obtido da divisão da renda total gerada em um país pelo seu número de habitantes.

Para se ter uma ideia do consumo desigual entre os países do mundo, apesar de a população dos países ricos representar aproximadamente 17% do total mundial, ela responde pelo consumo de 53% de toda a energia produzida no mundo. Já os demais países, entre eles os mais pobres, que concentram aproximadamente 53% da população do planeta, consomem 47% da energia produzida. Na tabela a seguir são apresentadas algumas informações que revelam as grandes diferenças de consumo entre alguns países do mundo. Observe e compare-as.

Consumo de petróleo, água, calorias e eletricidade em países selecionados

Países	Petróleo (consumo médio *per capita* em litros/dia) 2017	Água (consumo médio *per capita* em m³/ano) 2012	Calorias (consumo médio *per capita* em calorias/dia) 2013	Eletricidade (consumo médio *per capita* em kwh) 2014
Canadá	10,5	1113	3494	15546
Estados Unidos	9,7	1543	3682	12984
Austrália	7,1	699	3276	10059
Japão	4,9	641	2726	7820
Alemanha	4,7	411	3499	7035
Brasil	2,2	370	3263	2601
Argélia	1,5	225	3296	1356
Peru	1,2	453	2700	1308
Índia	0,5	602	2459	806
Bangladesh	0,1	231	2450	310

Fontes de pesquisa: BP. *Statistical Review of World Energy 2018*. Disponível em: <https://www.bp.com/content/dam/bp/en/corporate/pdf/energy-economics/statistical-review/bp-stats-review-2018-full-report.pdf>. FAO. Disponível em: <http://www.fao.org/>. The World Bank. *World Development Indicators*. Disponível em: <https://data.worldbank.org/indicator/EG.USE.PCAP.KG.OE>. Acessos em: 8 nov. 2018.

1 De acordo com a tabela, quais as diferenças de consumo entre esses países?

2 Como podemos caracterizar o consumo da população brasileira se compararmos com o consumo da população do Japão e de Bangladesh?

Consumismo

A crescente expansão do consumo é uma característica marcante da sociedade contemporânea e globalizada. A todo momento, assistimos ao lançamento de uma infinidade de produtos e serviços destinados a atender às mais diversas necessidades que, muitas vezes, são criadas para incentivar o consumo.

Na realidade, por um lado, todas as pessoas precisam consumir para sobreviver. Roupas, calçados, alimentos, remédios, moradias, escolas e hospitais são necessários à nossa subsistência. Consumir esses produtos e serviços, além de ser uma necessidade básica, é, sobretudo, um direito que deve ser garantido a todos os cidadãos para que possam viver de maneira digna.

Por outro lado, as pessoas também são estimuladas a consumir desnecessariamente, comprando muito além do que realmente precisam. A todo instante, somos "bombardeados" por uma grande quantidade de propagandas e anúncios publicitários, por meio dos comerciais de televisão e de rádio, das páginas dos jornais e revistas, dos *outdoors* expostos nas ruas e das promoções anunciadas nas vitrines das lojas.

Radu Bercan/Shutterstock.com/ID/BR

Muitas vezes, estimulados por anúncios publicitários, adquirimos produtos sem realmente necessitar deles. Na foto, pessoas em *shopping center* em Bucareste, Romênia, em 2015.

Aprenda mais

Como consumir sem descuidar do meio ambiente é um livro que traz 50 dicas práticas e criativas que vão te ajudar a adotar atitudes em relação ao consumo e ao meio ambiente. Nele você encontrará sugestões de como consumir sem desperdiçar e escolher produtos que causam menos impacto na natureza.

Siân Berry. *Como consumir sem descuidar do meio ambiente*. Tradução de Candombá. São Paulo: Publifolha, 2009.

A propaganda e o consumismo

A grande quantidade de anúncios publicitários que observamos diariamente tem sido um dos mais importantes instrumentos de incentivo ao consumo e ao consumismo.

De modo geral, o consumismo caracteriza-se pelo desejo de comprar de maneira exagerada, ou seja, pela aquisição de produtos sem que haja necessidade no momento.

Muitas vezes, não estamos realmente precisando de uma roupa nova ou de um calçado, mas somos estimulados a comprá-los ao vermos uma propaganda que anuncia promoções e descontos aparentemente vantajosos. Em outras situações, a compra também é facilitada pela abertura de crediários que dividem o pagamento em várias prestações.

Com a orientação do professor, reúna-se com três colegas e procurem se lembrar de algumas propagandas que estão sendo veiculadas na televisão, no rádio e também nas páginas de jornais e revistas. Em seguida, respondam no caderno as seguintes questões:

- Quais desses anúncios publicitários mais chamaram a atenção? Por quê?
- Quais são os produtos apresentados nesses anúncios? Quais deles são dirigidos preferencialmente às crianças, aos jovens e aos adultos?
- Vocês sentiram vontade de comprar algum desses produtos? Quais e por quê?
- Era necessário comprá-lo? Por quê?

Sentavio/Shutterstock.com/ID/BR

O consumo consciente

Você já observou que as propagandas geralmente utilizam imagens de pessoas bonitas expressando sentimentos de alegria e prazer ao consumir o produto anunciado?

As propagandas têm como objetivo despertar no consumidor o desejo por determinado produto. Por isso, elas costumam recorrer à nossa emoção, associando imagens positivas aos objetos que estão divulgando. Sendo assim, é muito importante que tenhamos discernimento no ato de observar uma propaganda e comprar algo de que necessitamos. Ter discernimento significa avaliarmos uma situação com bom senso, ou seja, com clareza para conseguir tomar a atitude correta e necessária.

Sabe quando você acredita que precisa muito de um tênis que viu em uma propaganda na televisão, corre na loja para comprar e, no final, ele acaba sendo deixado de lado? As propagandas sempre vão tentar criar em nós a necessidade de adquirir um produto. É importante que essa consciência oriente nossos hábitos de consumo.

Avaliar uma propaganda com discernimento é refletir sobre sua mensagem e decidir se realmente necessitamos consumir o produto alvo do anúncio. Quando fazemos isso nos tornamos consumidores críticos e conscientes.

1 **A imagem abaixo retrata uma propaganda recorrendo emocionalmente para que o produto seja consumido. Com os colegas da sala de aula, identifiquem algumas propagandas atuais que façam esse tipo de apelo.**

2 **Você já se deparou com uma situação em que precisou usar o discernimento para comprar ou não algum produto? Comente com seus colegas como foi essa experiência.**

África Studio/ Shutterstock.com/ID/BR

Atitudes do consumidor consciente

Para que possamos atuar como consumidores críticos e conscientes, todas as vezes que compramos um produto ou adquirimos um serviço, devemos adotar algumas atitudes importantes. Veja algumas delas a seguir.

- Estar atento à composição dos alimentos para ter uma alimentação saudável. Observe, por exemplo, se o alimento contém conservantes, corantes e aditivos. Essas informações podem ser encontradas na embalagem dos produtos.

José Vitor Erloza/ASC Imagens

Valentin Agapov/Shutterstock/ID/BR

- Estar consciente dos motivos que impulsionam a compra. Para isso, analise se os produtos adquiridos foram escolhidos por necessidade, desejo ou publicidade. Às vezes, o valor unitário do produto é o mesmo que o da suposta promoção.

As marcas apresentadas são utilizadas para fins estritamente didáticos, portanto não representam divulgação de qualquer tipo de produto ou empresa por parte da autora e da editora.

- Demonstrar que existe relação entre o que se compra e o que se consome. Adotar postura crítica com relação a produtos que possam contaminar o meio ambiente. Para isso, dê preferência ao uso de produtos que não prejudiquem a natureza, como o excesso de embalagens.

José Vitor Erloza/ASC Imagens

- Adotar atitude crítica diante da publicidade, analisando as vantagens e as desvantagens de adquirir o produto anunciado. Para isso, avalie se a propaganda é enganosa e fique atento à data de validade do produto. Às vezes, os estabelecimentos diminuem o preço de produtos que estão perto do vencimento.

Fonte de pesquisa: Maria Cecília de A. V. G. Thomazelli. Educação para o consumo. *Guia para o professor*. São Paulo: Procon, 1998. Disponível em: <http://data.capeladoalto.sp.gov.br/file/2013/01/31/E120441-F00020-A169.pdf>. Acesso em: 5 out. 2018.

1 De acordo com as atitudes apresentadas, você se considera um consumidor crítico e consciente? Comente com os colegas.

2 Com a orientação do professor, reúna-se com três colegas e pesquisem informações sobre as consequências ambientais e econômicas, provocadas pelos resíduos gerados pelo excesso de consumo, para nossa sociedade e para as gerações futuras. Pensem a respeito e montem um cartaz com sugestões do que pode ser feito para melhorar esse cenário.

Pegada ecológica

A revisão dos nossos hábitos de consumo é cada vez mais urgente. Os problemas ambientais enfrentados atualmente indicam que já sofremos as consequências desse modo de vida baseado no consumo desenfreado.

Como forma de quantificar o consumo humano e relacioná-lo aos recursos naturais da Terra, os pesquisadores canadenses William Rees e Mathis Wackernagel criaram, em 1990, o termo **pegada ecológica**.

De modo resumido, esse conceito indica quantos hectares produtivos na superfície terrestre seriam necessários para recompor os recursos gastos por um indivíduo, considerando seu padrão de consumo.

Observe no esquema a seguir qual era o tamanho, em média, da pegada ecológica da humanidade e dos habitantes de alguns países do mundo no ano de 2014. Confira também algumas atitudes que podemos tomar para diminuí-la.

Como reduzir a pegada ecológica?

Bárbara Sarzi

Atualmente, a humanidade tem consumido 30% a mais dos recursos naturais do que a Terra pode oferecer. Se os padrões de consumo continuarem crescendo, em 2030 a demanda atingirá os 100%, e então precisaremos de dois planetas para sustentar o mundo, o que não é possível.

É possível diminuir a pegada ecológica? Mais que uma possibilidade, reduzir os padrões de consumo é uma necessidade! Para isso, é preciso que haja conscientização e engajamento das pessoas, dos governos e das empresas.

Aprenda mais

Faça um teste sobre sua própria pegada ecológica. Veja a publicação *Pegada ecológica: qual é a sua?*, disponível no *site* do Inpe (Instituto Nacional de Pesquisas Espaciais):

Disponível em: <http://linkte.me/s9sjz>. Acesso em: 3 nov. 2018.

1. O que é possível concluir ao observar o esquema da pegada ecológica da humanidade?
2. Existe possibilidade de reverter esse cenário? Se sim, qual a solução?
3. O que as diferenças entre as pegadas ecológicas dos três países indicam sobre o padrão de consumo de suas populações?
4. Agora, você e seus colegas vão avaliar o consumo de vocês na escola durante uma ou duas semanas. Procurem observar o que consomem em sala de aula, no intervalo entre as aulas e nas outras dependências da escola. Depois, baseados nessas observações e em grupos de até quatro alunos, elaborem uma lista de atitudes que podem ser tomadas para minimizar o impacto gerado. Se possível, divulguem suas conclusões para a comunidade escolar.

Atividades

Organizando o conhecimento

1. Explique por que o aumento crescente do consumo no mundo pode ser apontado como um dos principais fatores responsáveis pela crise ambiental que presenciamos hoje em dia.

2. De acordo com o que você estudou neste capítulo, o consumismo está relacionado ao que você quer ou ao que você precisa? Justifique sua resposta.

3. Imagine que você precise convencer alguém a deixar de ser consumista. Com base no que foi abordado neste capítulo, elabore um texto expondo os principais motivos pelos quais essa pessoa deve mudar sua atitude.

4. Leia a afirmação a seguir.

> A imensa quantidade de anúncios publicitários que observamos diariamente tem sido um dos mais importantes instrumentos de incentivo ao consumo e ao consumismo.

- Explique o significado dessa afirmação.

Conectando ideias

5. As propagandas publicitárias geralmente utilizam imagens que anunciam um produto supervalorizando qualidades que, muitas vezes, ele não possui. Um exemplo disso está retratado nas fotos a seguir. **Observe-as** e **responda** às questões abaixo.

rvlsoft/Shutterstock.com/ID/BR

Foto de um lanche anunciado.

Nor Gal/Shutterstock.com/ID/BR

Foto do mesmo lanche na realidade.

a) De que forma a propaganda revela que o consumidor está sendo enganado?

b) Em sua opinião, qual é a ideia que as fotos transmitem? **Verifique** a opinião dos colegas e, juntos, **conversem** sobre isso.

c) Você já se sentiu enganado por alguma propaganda? Por quê?

6. **Leia** o texto a seguir.

A riqueza do e-lixo

O consumo de aparelhos eletrônicos com elevada tecnologia vem aumentando mundialmente. Entre outras razões, isso acontece porque vivemos um período no qual a inovação tecnológica está aliada ao consumismo. As pessoas são incentivadas pela indústria a adquirirem aparelhos de última geração, descartando aquilo que se considera "ultrapassado". Dessa forma, produtos eletrônicos em perfeito funcionamento são descartados em grande escala, comprometendo o meio ambiente.

Os eletroeletrônicos descartados são comumente chamados de **e-lixo**. Essa categoria engloba diversos produtos, de eletrodomésticos de grande porte (geladeiras, máquinas de lavar e aparelhos de ar-condicionado) a peças pequenas e portáteis (celulares, lâmpadas fluorescentes e tocadores de MP3). Nesses equipamentos podem ser encontradas matérias-primas preciosas, como ouro, prata, paládio, cobre, alumínio, platina e aço. Isso torna o e-lixo uma verdadeira fonte de riqueza, que poderia ser mais comumente explorada por meio da reciclagem desses metais. Além disso, a reciclagem do lixo eletrônico diminui os prejuízos que esse tipo de resíduo pode causar ao meio ambiente.

Texto da autora.

OVKNHR/Shutterstock.com/ID/BR

Na foto, pessoa realiza processo de reciclagem de lixo eletrônico, na Turquia, em 2015.

a) Você já havia pensado sobre o destino do e-lixo que produzimos? Em sua opinião, esse assunto é importante? Por quê?

b) Você ou alguém que você conhece já substituiu algum aparelho em pleno funcionamento ao surgir outro mais novo no mercado? Por que isso acontece? **Converse** com os colegas e conheça a opinião deles.

c) Em sua opinião, quem deveria ser o responsável pela destinação adequada e pela reciclagem do e-lixo? Por quê?

CAPÍTULO

9

A consciência ecológica

Conforme estudamos no início desta unidade, a sociedade vem provocando uma série de impactos ao meio ambiente, o que tem levado a humanidade a enfrentar uma grave crise ambiental. De maneira geral, podemos dizer que a crise ambiental contemporânea começou a se agravar a partir do século XVIII, com o desenvolvimento da atividade industrial pelo mundo.

Os problemas ambientais decorrentes da atividade industrial, como o despejo de resíduos industriais em rios e a emissão de CO_2 na atmosfera, foram se disseminando pelo mundo conforme os países se industrializavam.

No entanto, a preocupação com a natureza em razão dos malefícios causados pela poluição ambiental, ou seja, o desenvolvimento de uma consciência ambiental ocorreu apenas no século XX, quando os grandes desastres ambientais tornaram-se mais frequentes.

Diante do agravamento desses problemas, a sociedade tem se organizado para discutir e exigir ações em torno das causas que envolvem a conservação do planeta, como veremos a seguir.

1 **Em favor de qual causa o grupo de pessoas retratado abaixo está se mobilizando?**

2 **Você considera importante a ação organizada por essas pessoas? Exponha o seu ponto de vista e verifique a opinião dos colegas.**

Edson Grandisoli/Pulsar Imagens

Mobilização contra a poluição atmosférica, na cidade de São Paulo, capital do estado, em 2015.

Organizações não governamentais

ACESSE O RECURSO DIGITAL

À medida que os problemas ambientais foram se agravando e também sendo divulgados pelos meios de comunicação, a sociedade foi tomando conhecimento e se conscientizando de que estava vivendo uma crise ambiental.

Muitas pessoas passaram a se preocupar mais com a conservação do planeta e, entre as décadas de 1960 e 1970, começaram a surgir os primeiros movimentos em defesa do meio ambiente.

Desde então, um número crescente de pessoas vem participando de movimentos ambientalistas ou ecológicos que atuam em favor das mais variadas causas, como a conservação das florestas, a proteção da vida silvestre, o combate às mais diversas formas de poluição, etc.

Os movimentos ambientalistas atuam, geralmente, por meio de organizações não governamentais (ONGs). As ONGs são entidades sem fins lucrativos, formadas por representantes da sociedade civil, com autonomia e independência política em relação aos governos. As imagens a seguir mostram algumas das principais ONGs ambientais que atuam no Brasil e no mundo.

SOS Mata Atlântica. Fac-símile: ID/BR

Sete Vidas. fac-símile: ID/BR

Instituto Baleia Jubarte. Fac-símile: ID/BR

Greenpeace. Fac-símile: ID/BR

Além de atuarem diretamente na conservação da natureza, as ONGs vêm desempenhando um papel muito importante em nossa sociedade, sobretudo na disseminação da consciência ecológica. É por meio dessa consciência que governos de muitos países têm sido forçados a criar leis ambientais severas para garantir a proteção da natureza, aumentando a fiscalização e punindo com rigor os crimes praticados contra o meio ambiente.

Pressionados para que respeitem as legislações ambientais vigentes, muitas empresas também já estão assumindo um compromisso no que diz respeito à conservação da natureza.

O desenvolvimento sustentável

Como vimos nas páginas anteriores, a disseminação da consciência ecológica pelo mundo e a pressão política exercida pela opinião pública em favor da conservação da natureza levaram os governos de muitos países a assumirem um compromisso cada vez maior em relação às questões ambientais.

Desse modo, a discussão dos problemas relacionados ao meio ambiente passou a fazer parte da agenda política mundial, tornando-se alvo de preocupação de governos e organismos internacionais.

Entre um conjunto de propostas de ações que deveriam ser colocadas em prática para amenizar os impactos ambientais em nível global, destaca-se um ambicioso programa cujas metas levariam à implantação do chamado **desenvolvimento sustentável**. Esse modelo de desenvolvimento econômico deveria atender às necessidades da sociedade atual, sem colocar em risco a sobrevivência das futuras gerações.

A implantação de um modelo de desenvolvimento sustentável em escala planetária exigirá mudanças profundas em toda a humanidade, assim como deverá estabelecer novas relações nos campos político e social.

Para tanto, será preciso que todos os governos promovam ações concretas, adequando as legislações vigentes, fiscalizando e punindo com maior rigor as agressões e os crimes cometidos contra a natureza, promovendo campanhas para incentivar e disseminar a consciência ecológica, entre outras atitudes.

Também será preciso substituir as tecnologias "sujas", que causam grandes danos ao meio ambiente, pelas tecnologias "limpas", compatíveis com a conservação da natureza. Um exemplo disso é o desenvolvimento de fontes alternativas de energia que substituam a utilização, em grande escala, dos combustíveis fósseis (carvão e petróleo), cuja queima responde por grande parte da poluição atmosférica.

Denis Zhitnik/Shutterstock.com/ID/BR

Painéis solares utilizados para geração de energia limpa, em Sevilha, Espanha, em 2017.

Sustentabilidade e a participação do cidadão

O desenvolvimento sustentável também depende diretamente da participação ativa e consciente de todos os cidadãos. Essa atuação pode ocorrer por meio de ações que exijam das autoridades competentes a solução dos problemas ambientais, de denúncias a agressões e crimes cometidos contra o meio ambiente, da divulgação da importância da consciência ecológica e da adoção de atitudes compatíveis com a conservação dos recursos naturais.

Veja, a seguir, algumas atitudes que todas as pessoas podem tomar no dia a dia para contribuir com a busca pelo desenvolvimento sustentável.

Participar de campanhas de coleta seletiva e reciclagem de resíduos sólidos (lixo). Se não houver esse tipo de serviço no lugar onde vive, a pessoa deve solicitar sua implantação à prefeitura. Por exemplo, se for descartado em local inadequado, um copo plástico leva até 50 anos para se decompor naturalmente, uma tampa de garrafa leva 150 anos e um pneu leva 600 anos.

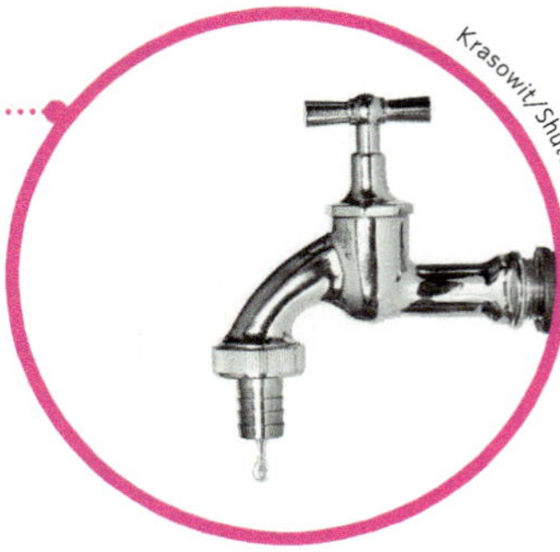

Reduzir o consumo desnecessário de água nos hábitos e tarefas cotidianos, assim como evitar o desperdício fechando bem as torneiras. Por exemplo, uma torneira gotejando consome aproximadamente 46 litros de água por dia, e um pequeno vazamento pode desperdiçar até 3 mil litros por mês. Limpar as calçadas com vassoura, em vez de lavá-las com a mangueira, significa uma economia de até 300 litros de água.

Economizar energia elétrica aproveitando a iluminação natural durante o dia e acender as luzes apenas quando necessário. Procurar utilizar lâmpadas com maior eficiência energética, como as fluorescentes ou *Light Emitting Diode* (LED), que em português significa Diodo Emissor de Luz. Elas representam, respectivamente, uma economia de aproximadamente 80% e 90% em relação às lâmpadas comuns.

Denunciar os crimes cometidos contra a natureza aos órgãos responsáveis, exigindo o cumprimento da lei e a punição dos infratores. A denúncia pode ser feita pessoalmente ou por meio de correspondências.

Você contribui para a construção de uma sociedade sustentável praticando ações como essas? Converse com os colegas sobre a importância dessas atitudes e como elas podem ser colocadas em prática também na escola.

As conferências temáticas sobre o meio ambiente

ONU. Fac-símile: ID/BR

Emblema da ONU.

A partir da década de 1970, a Organização das Nações Unidas (ONU) começou a promover reuniões, encontros internacionais e conferências temáticas para tratar de questões como meio ambiente, pobreza, fome, etc. Esses eventos contam com a participação de líderes e representantes de governos do mundo todo, além de ONGs.

No caso das conferências ambientais, são estabelecidas propostas e ações a fim de superar a crescente degradação do meio ambiente.

1972

Nesse ano, ocorreu a Primeira Conferência das Nações Unidas para o Meio Ambiente, na cidade de Estocolmo, Suécia. Nessa conferência, os participantes debateram questões como: o crescimento da população mundial, a poluição atmosférica (a chuva ácida e o controle da poluição do ar) e o uso de recursos naturais.

Unep/ONU. Fac-símile: ID/BR

1992

Vinte anos mais tarde, a ONU organizou a Segunda Conferência Mundial. Realizada na cidade do Rio de Janeiro, essa conferência ficou conhecida como Rio-92 ou Eco-92 e contou com a participação de representantes de 175 países. Nesse encontro, foram debatidas formas de conciliar o desenvolvimento social e econômico com a conservação e proteção do meio ambiente, e foram aprovadas duas convenções: a Convenção da Biodiversidade, com o objetivo de conservar a biodiversidade e utilizar seus recursos de forma sustentável, e a Convenção sobre Mudanças Climáticas, que fundamentou o Protocolo de Kyoto, estabelecendo metas para redução de emissão de gases do efeito estufa.

Rio-92/ONU. Fac-símile: ID/BR

A implantação de um modelo de desenvolvimento sustentável em escala planetária tem ocupado papel central na pauta de discussões da ONU. Na agenda de 2030, que define as metas e os planos de ação para alcançar os chamados Objetivos de Desenvolvimento do Milênio (ODM), vários desses objetivos estão voltados para a temática ambiental. Veja alguns deles a seguir.

- Água potável e saneamento: assegurar a disponibilidade e gestão sustentável da água e saneamento para todas e todos.
- Energia limpa e acessível: assegurar o acesso confiável, sustentável, moderno e a preço acessível a energia para todos.
- Consumo e produção responsáveis: assegurar padrões de produção e de consumo sustentáveis.
- Vida na água: conservação e uso sustentável dos oceanos, dos mares e dos recursos marinhos para o desenvolvimento sustentável.
- Vida na terra: proteger, recuperar e promover o uso sustentável dos ecossistemas terrestres, gerir de forma sustentável as florestas, combater a desertificação, deter e reverter a degradação da terra e deter a perda de biodiversidade.
- Ação contra a mudança global do clima: tomar medidas urgentes para combater a mudança do clima e seus impactos.

2002

Uma década após a Conferência Rio-92, a ONU realizou outro grande encontro, na cidade de Johanesburgo, na África do Sul, conhecido como Rio+10. Os participantes reuniram-se para realizar um balanço geral das ações propostas na última conferência, com a pretensão de rever as metas estabelecidas em 1992 e trabalhar para executar o que já estava em andamento.

WSSD/ONU. Fac-símile: ID/BR

2012

Em 2012, realizou-se a Conferência Rio+20, novamente na cidade do Rio de Janeiro, que contou com a participação de aproximadamente 90 países. O objetivo desse encontro foi dar continuidade às propostas da Eco-92 e também definir os rumos do desenvolvimento sustentável nas próximas décadas, discutindo temas como segurança alimentar, economia verde, acesso à água e uso de energia.

Rio+20/ONU. Fac-símile: ID/BR

Problemas ambientais: responsabilidade de todos os governos

Os países economicamente desenvolvidos são os principais responsáveis pelos problemas ambientais na atualidade. Apesar de possuírem apenas 17% da população mundial, ou cerca de 1,2 bilhão de pessoas, esses países são os maiores consumidores dos recursos naturais do planeta, utilizados para abastecer seus amplos parques industriais e para suprir o elevado nível de consumo da população. Consequentemente, esses países, ricos e industrializados, são responsáveis por grande parte dos lançamentos de gases tóxicos na atmosfera terrestre e do lixo industrial que polui e contamina o meio ambiente, entre outros problemas (foto **A**).

No entanto, os problemas ambientais não ficam restritos apenas a esses países. Brasil, China e Índia, por exemplo, também respondem por inúmeras agressões ao meio ambiente. Entre essas agressões, realizadas em diversas áreas do planeta, podemos citar: devastação de ecossistemas (derrubada ou queimada de florestas); utilização excessiva de agrotóxicos; erosão dos solos; assoreamento dos rios; poluição atmosférica e das águas, entre outras (foto **B**).

Assoreamento: processo de acumulação de sedimentos que provoca a obstrução do curso de um rio ou lago, diminuindo a sua profundidade e reduzindo sua vazão.

Intensa poluição atmosférica em região altamente industrializada de Seattle, Estados Unidos, em 2018.

RaksyBH/Shutterstock.com/ID/BR

Trecho de rio extremamente poluído devido ao despejo de resíduos sólidos (lixo) e esgoto em Manila, Filipinas, em 2018.

phumtawee jitphusav/Shutterstock.com/ID/BR

Cartum

Os temas abordados nesta unidade deixam claro que nosso atual modo de vida tem prejudicado o meio ambiente e gerado consequências negativas. Por isso, precisamos nos conscientizar de que não estamos cuidando de nosso planeta.

O cartum que você vai ler foi produzido pelo cartunista Ubiratan Nazareno Borges Porto e aborda a temática ecológica por meio de uma linguagem humorística, chamando a atenção das pessoas para a questão ambiental em nosso planeta.

O **cartum** é um gênero veiculado em jornais, revistas e *sites*, e apresenta uma ilustração humorística, por meio da qual o cartunista critica algum aspecto da sociedade, propondo, assim, uma reflexão ao leitor. Esse gênero pode ou não apresentar linguagem verbal.

Observe o cartum a seguir, cuja leitura tem por objetivo conhecer a crítica do autor sobre essas questões, levando-nos a refletir sobre elas.

No cartum são retratados dois tipos de poluição. Identifique os recursos visuais empregados para se referir a cada um deles.

1. Qual é a crítica mostrada no cartum? O que o levou a essa conclusão?

2. Explique por que o peixe pede ao menino uma garrafa de água mineral.

3. Depois de refletir sobre as questões ambientais, você se sente motivado a mudar alguns de seus hábitos cotidianos para contribuir com a conservação do meio ambiente? Por quê? Em caso afirmativo, compartilhe com os colegas algumas dessas possíveis mudanças e busque conhecê-las.

Biratan/Acervo do artista

Ubiratan Nazareno Borges Porto. Peixinho na água poluída. *Biratan Cartoon*, 20 nov. 2012. Disponível em: <http://biratancartoon.blogspot.com/2012/11/publicacao-em-editora-didatica.html>. Acesso em: 8 nov. 2018.

4. Crie um cartum que trate de um problema ambiental existente em nosso planeta, seja em escala local, regional ou global. Depois de pronto, apresente aos colegas e confira os cartuns elaborados por eles. Para finalizar, montem uma exposição no mural da escola.

Atividades

Organizando o conhecimento

1. Que medidas podemos tomar para a construção de uma sociedade sustentável?

2. Com base no que você estudou, explique a relação entre a crise ambiental contemporânea e o despertar da consciência ecológica.

3. Imagine que você fizesse parte de um movimento ambientalista e por isso deveria instituir uma ONG. Em favor de qual causa ambiental sua ONG atuaria e por quê?

4. Em seu caderno, faça uma síntese dos principais aspectos sobre o meio ambiente debatidos em cada uma das conferências temáticas da ONU.

Conectando ideias

5. A imagem abaixo apresenta o cartaz de uma campanha ecológica promovida pela Fundação SOS Mata Atlântica. **Observe-a** com atenção.

SOS Mata Atlântica/Acervo da instituição

Campanha ecológica da Fundação SOS Mata Atlântica, 2001.

a) Qual mensagem a Fundação SOS Mata Atlântica procurou transmitir nessa campanha?

b) Em sua **opinião**, os movimentos ambientalistas existentes atualmente contribuem para o fortalecimento da consciência ecológica? **Justifique** sua resposta.

6. Observe a imagem abaixo, de campanha ecológica em defesa da preservação da camada de ozônio do planeta, promovida pelo ministério do Meio Ambiente, em 2014.

ACESSE O RECURSO DIGITAL

a) Qual é a mensagem transmitida pela imagem desse cartaz?

b) Agora, com dois colegas, imagine que vocês foram escolhidos para criar o símbolo de uma campanha de conscientização ecológica sobre algum dos problemas ambientais que estudamos neste capítulo. Criem, além do símbolo, um *slogan* para a campanha e **montem um cartaz** para divulgá-la. Se possível, complementem o trabalho acrescentando informações sobre o problema ambiental escolhido. Essas informações podem ser pesquisadas em livros, jornais, revistas ou na internet.

Slogan: expressão objetiva e simples de uma mensagem que, geralmente, é facilmente lembrada.

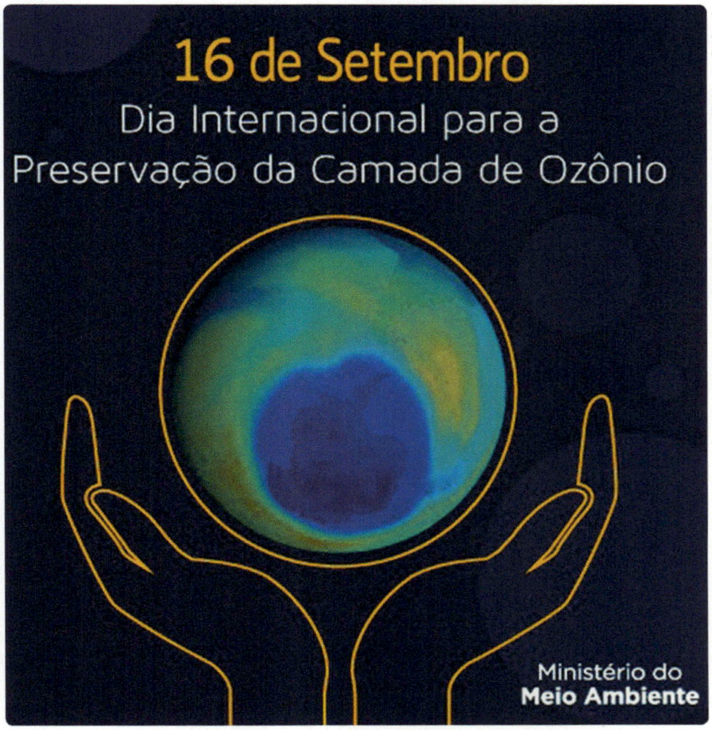

Ministério do Meio Ambiente/Governo Federal

BRASIL. *Ministério do Meio Ambiente*. Disponível em: <http://simat.mma.gov.br/acomweb/media/fotos/ac_487.jpg>. Acesso em: 7 nov. 2018.

UNIDADE 3

Verificando rota

- O aprimoramento das técnicas possibilitou ampliar o ritmo e a intensidade das intervenções humanas no ambiente.
- Os problemas ambientais decorrentes das atividades humanas foram se agravando nos últimos dois séculos, trazendo sérias consequências para o nosso planeta.
- O aumento de desmatamentos e queimadas das florestas, a contaminação dos recursos hídricos e a poluição da atmosfera estão entre as atividades que caracterizam a crise ambiental da época atual.
- Muitos dos problemas ambientais da atualidade estão ligados diretamente à intensa exploração dos recursos naturais, impulsionados pela expansão crescente do consumismo.
- Os anúncios publicitários têm constituído um importante instrumento de incentivo ao consumo.
- O agravamento das questões ambientais chegou a um nível tão alto que despertou a consciência ecológica, levando a sociedade a pensar sobre outro modo de se relacionar com o meio ambiente: é preciso um modelo de desenvolvimento que seja capaz de, ao mesmo tempo, garantir a sobrevivência humana e a conservação ambiental, ou seja, um desenvolvimento sustentável.
- Muitos movimentos ambientalistas atuam por meio de organizações não governamentais (ONGs).

UNIDADE

4

Europa: aspectos naturais e população

Capítulos desta unidade

- **Capítulo 10** - Aspectos naturais da Europa
- **Capítulo 11** - A população da Europa

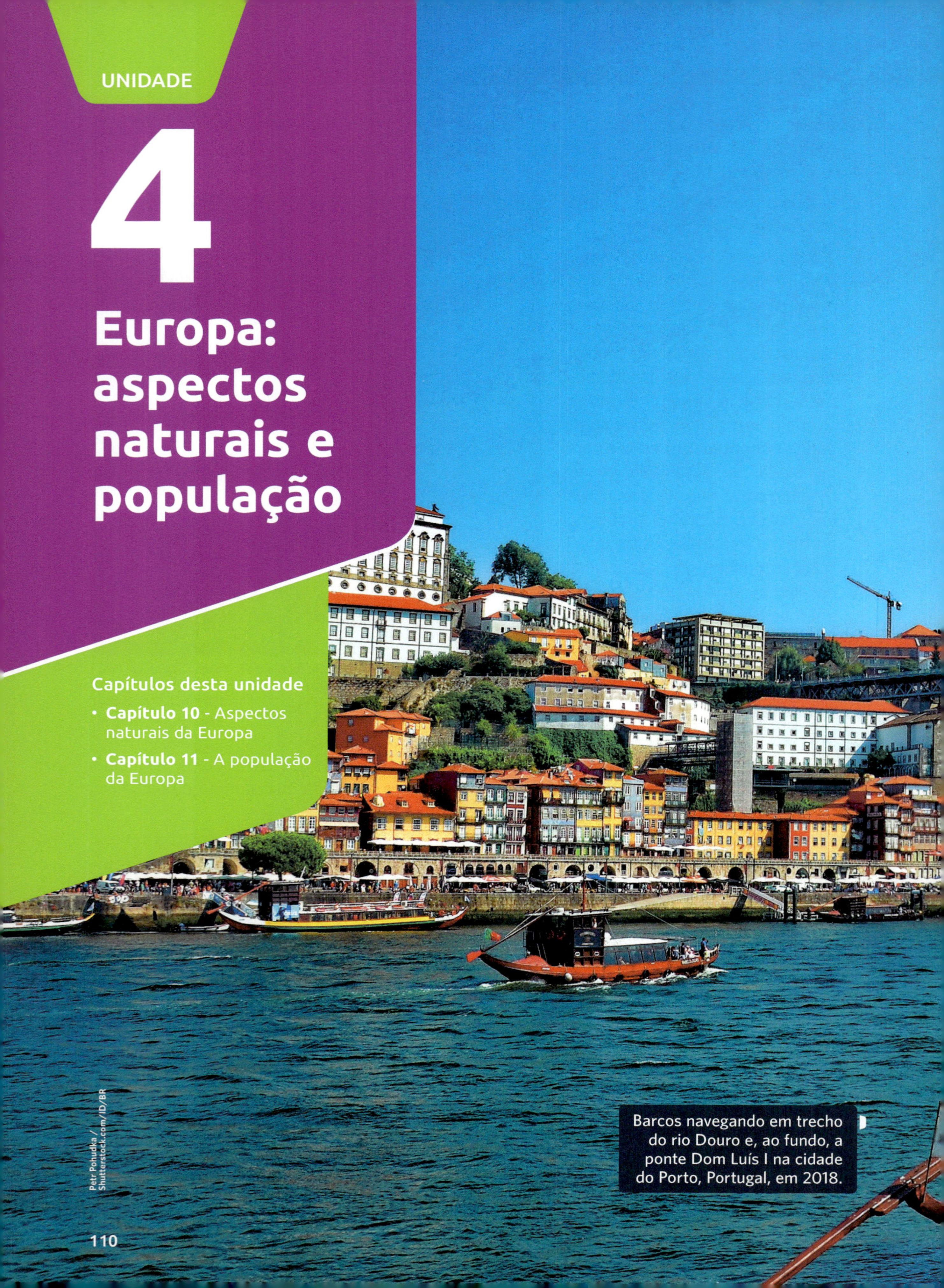

Barcos navegando em trecho do rio Douro e, ao fundo, a ponte Dom Luís I na cidade do Porto, Portugal, em 2018.

Petr Pohudka / Shutterstock.com/ID/BR

Iniciando rota

1. O que você sabe sobre o continente europeu na atualidade?
2. Você se recorda do nome de alguns países europeus? Cite-os.

CAPÍTULO

10 Aspectos naturais da Europa

A Europa é o segundo menor continente do planeta, com aproximadamente 10,3 milhões de km^2. Do ponto de vista geológico, ela é um prolongamento da Ásia e, juntos, esses dois continentes formam um grande e único bloco de terras denominado **Eurásia**.

A Europa está localizada no hemisfério Norte e estende-se do oceano Atlântico, a oeste, aos montes Urais, uma cadeia de montanhas com cerca de 2 mil quilômetros de extensão, a leste. Esses montes atravessam as terras da Europa na direção norte-sul e marcam o limite territorial entre a Europa e a Ásia, dividindo o território da Rússia entre os dois continentes (veja o mapa na página seguinte). Ao norte, o continente europeu tem como limite o oceano glacial Ártico e, ao sul, o mar Mediterrâneo, como é possível observar no mapa abaixo.

Divisão política atual da Europa

Paula Radi

- **1 - ANDORRA** - Andorra
- **2 - BÓSNIA-HERZEGOVINA** - Sarajevo
- **3 - ESLOVÊNIA** - Liubliana
- **4 - LIECHTENSTEIN** - Vaduz
- **5 - LUXEMBURGO** - Luxemburgo
- **6 - MACEDÔNIA** - Skopje
- **7 - MÔNACO** - Mônaco
- **8 - MONTENEGRO** - Podgorica
- **9 - SAN MARINO** - San Marino
- **10 - CROÁCIA** - Zagreb
- **11 - ESLOVÁQUIA** - Bratislava
- **12 - REPÚBLICA TCHECA** - Praga
- **13 - BÉLGICA** - Bruxelas

Fonte de pesquisa: *Atlas geográfico escolar*. 7. ed. Rio de Janeiro: IBGE, 2016. p. 43.

Embora marquem limite entre os continentes europeu e asiático, os montes Urais encontram-se totalmente na parte europeia do território da Rússia. Na foto, vista dos montes Urais, em 2017.

Dmitrii Melnikov/Alamy/Fotoarena

Relevo e hidrografia

Apesar da sua pequena extensão, a Europa apresenta paisagens com grande diversidade de aspectos naturais, como as altitudes e as formas variadas de seu relevo, de distintas idades geológicas, e uma densa rede hidrográfica. Veja o mapa a seguir.

Relevo e hidrografia da Europa

Paula Radi

Fonte de pesquisa: *Atlas geográfico escolar*. 7. ed. Rio de Janeiro: IBGE, 2016. p. 42.

Ao observar esse mapa, percebemos que no continente europeu são encontradas três principais formas de relevo:

- planícies: são as que mais se destacam, sobretudo nas áreas central e leste do continente. De modo geral, elas possuem grande importância para o desenvolvimento da atividade agrícola, pois seus solos são muito férteis. Entre as principais planícies destacam-se a Sarmática e a Germano-Polonesa.
- planaltos: são terrenos antigos já bastante desgastados pela erosão, e por isso apresentam altitudes relativamente baixas. Entre as áreas de planaltos destacam-se o Maciço Central Francês, o Planalto Central Russo e o Planalto do Volga. Muitos planaltos europeus sobressaem-se devido às abundantes reservas de carvão mineral e de outros recursos minerais, como o ferro, cuja ocorrência favoreceu o desenvolvimento da atividade industrial no continente.
- montanhas: são formas de relevo de origem geológica mais recente que as demais formas de relevo europeias. Originadas no período Terciário (de 70 a 2 milhões de anos atrás), essas regiões são caracterizadas por elevadas altitudes e constantes movimentos tectônicos, como terremotos e erupções vulcânicas.

> De acordo com o mapa acima, onde estão localizadas as áreas de relevo mais elevado no continente europeu?

Rede hidrográfica

De modo geral, a rede hidrográfica da Europa encontra-se bem distribuída pelo continente. Devido a isso, grande parte de suas águas é aproveitada para diversas finalidades, entre elas:

- o abastecimento de áreas urbanas e de parques industriais;
- a irrigação de áreas agrícolas;
- a geração de energia hidrelétrica;
- a utilização como via de transporte de mercadorias e pessoas, realizando, assim, a interligação entre diferentes regiões.

Vários rios europeus, como o Reno, o Danúbio, o Pó e o Ródano nascem do degelo de neve que se acumula nos picos das cordilheiras.

Com aproximadamente 2850 km de extensão, o rio Danúbio atravessa cerca de nove países na Europa. Em razão de sua grande extensão, ele é muito utilizado como via de transporte para o escoamento de produtos da região central do continente até o mar Negro, onde está localizada a sua foz.

Já na bacia do rio Reno, encontramos algumas das mais importantes cidades europeias, como Basileia, na Suíça; Estrasburgo, na França; Kehl, Colônia e Bonn, na Alemanha; Roterdã, na Holanda; além de áreas agrícolas e industriais, como o maior parque industrial da Europa, o Vale do Ruhr, na Alemanha.

Com cerca de 1230 km de extensão, o Reno forma uma importante hidrovia para o transporte regional de produtos industrializados e agropecuários. Grande parte das cargas transportadas por suas águas é levada até o mar do Norte, onde está localizado o porto de Roterdã, o mais importante da Europa.

VanderWolf-Images/iStock Photo/Getty Images

O porto de Roterdã, retratado nesta foto, em 2017, se prolonga por uma extensa planície com mais de 40 km pela foz do Reno. Além dos terminais de carga, a zona do porto concentra um grande parque industrial, com refinarias de petróleo, canteiros de construção naval e indústrias químicas e alimentícias.

A poluição e a questão hídrica na Europa

Os recursos hídricos distribuídos pelo território europeu, incluindo principalmente seus cursos fluviais e lençóis subterrâneos, têm sido explorados de maneira cada vez mais intensa. Ao longo dos últimos dois séculos, com o crescimento populacional e a expansão das atividades econômicas, impulsionadas sobretudo pelo desenvolvimento da atividade industrial, aumentou enormemente a pressão sobre os recursos hídricos do continente.

Diante disso, a disponibilidade de água vem se tornando uma grande ameaça em muitos países europeus. Em certas áreas, a superexploração das reservas hídricas de água doce já chegaram ao limite, não sendo mais capazes de atender ao aumento da demanda.

Além do aumento do consumo, a situação dessas reservas também tem sido agravada pelo aumento da poluição e degradação de muitos rios e lagos. Muitos dos importantes rios que correm no continente estão seriamente contaminados pelo lançamento de poluentes industriais, rejeitos de mineração, químicos agrícolas, assim como esgotos domésticos.

Na foto, trecho do rio Danúbio coberto por poluição em Budapeste, Hungria, em 2017.

As águas do rio Reno, por exemplo, que já foi considerado um dos mais poluídos da Europa, têm sido recuperadas por um amplo e oneroso programa de despoluição realizado pelos governos dos países drenados pelo curso de suas águas, como Alemanha, França e Suíça. O governo britânico, por sua vez, também vem investindo maciçamente na despoluição do Tâmisa, rio que atravessa a cidade de Londres, capital da Inglaterra. Com a despoluição, peixes e crustáceos voltaram ao Tâmisa, cujas águas já estavam praticamente sem vida.

Na foto, trecho do rio Tâmisa em Buckinghamshire, Inglaterra, em 2017.

Clima e formações vegetais

Como já estudamos, o clima é um dos fatores que mais exerce influência sobre o desenvolvimento da cobertura vegetal de uma região. Isso significa que ele pode favorecer ou inibir o desenvolvimento das formações vegetais.

Por apresentar grande parte de seu território localizado em áreas da zona temperada, entre o trópico de Câncer e o círculo polar Ártico, na Europa predomina o clima temperado, com formações vegetais que melhor se adaptam a esse tipo de clima: as florestas temperada e subtropical.

Veja, nos mapas a seguir, os diferentes tipos de clima e formações vegetais presentes no continente europeu.

Climas da Europa

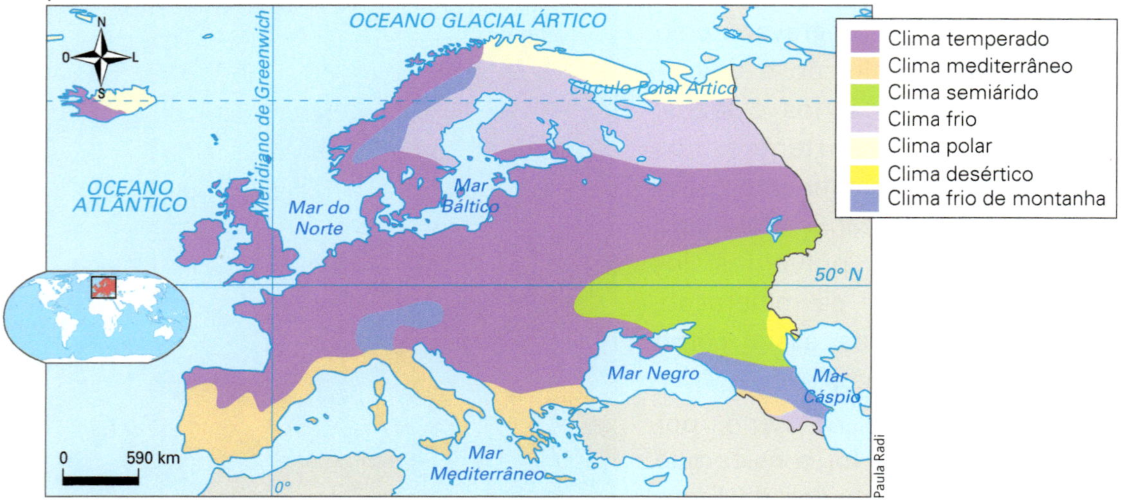

Fonte de pesquisa: Graça Maria Lemos Ferreira. *Atlas geográfico:* espaço mundial. 4. ed. São Paulo: Moderna, 2013. p. 22.

Vegetação original da Europa

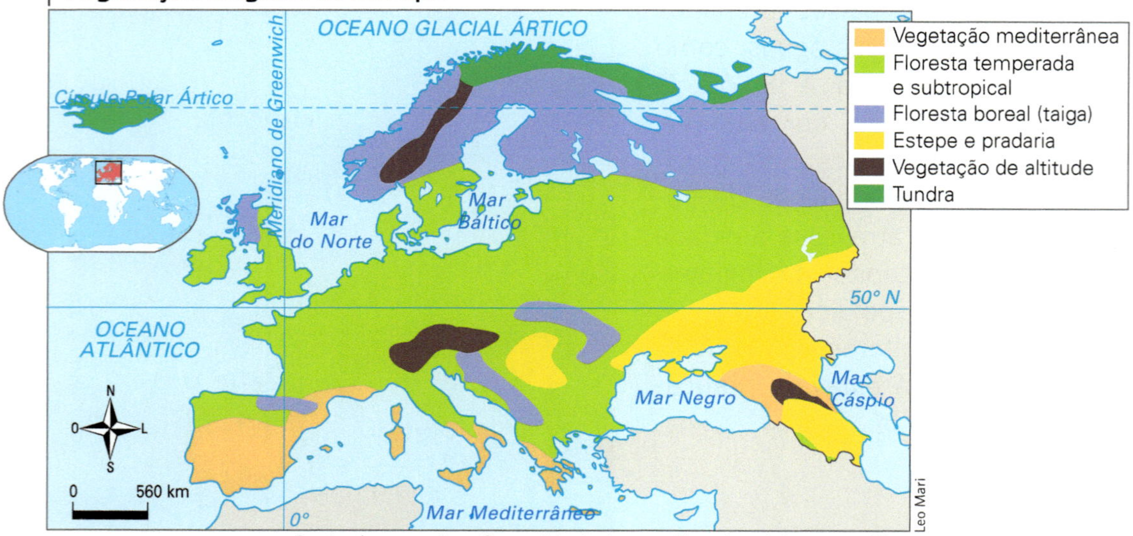

Fonte de pesquisa: Graça Maria Lemos Ferreira. *Atlas geográfico*: espaço mundial. 4. ed. São Paulo: Moderna, 2013. p. 24.

Clima temperado

O clima temperado predomina em grande parte do território europeu e se caracteriza por apresentar as quatro estações do ano bem definidas, com verão de temperaturas elevadas (média de 25 °C) e altos índices pluviométricos, e inverno muito frio, com temperaturas frequentemente abaixo de 0 °C.

Próximo à área do litoral, o clima temperado, denominado **temperado oceânico**, apresenta características diferentes do que ocorre no interior do continente, onde é chamado de **temperado continental**.

No litoral, sobretudo na porção oeste da Europa, devido à influência da maritimidade, a amplitude térmica torna-se bem menor que a registrada no interior do continente. Isso ocorre porque massas de ar úmidas e correntes marítimas quentes atingem o litoral europeu, provocando um maior volume de chuvas ao longo do ano e tornando o inverno e o verão mais amenos, com uma média anual de 15 °C.

O contrário acontece no interior do continente, onde predomina o clima temperado continental, com temperatura média de aproximadamente 10 °C. Nessa região, devido à grande distância da umidade das massas de ar das águas oceânicas, o clima torna-se mais seco, e, além disso, a amplitude térmica anual é maior.

As florestas temperadas, predominantes nas áreas de clima temperado, são compostas principalmente de árvores caducifólias, ou seja, que perdem suas folhas durante o outono.

Esmael81/Shutterstock.com/ID/BR

Paisagem de floresta temperada na Suécia, em 2018.

A maritimidade e os climas no litoral europeu

Os oceanos e mares se aquecem e se resfriam mais lentamente que as terras emersas dos continentes. Isso favorece a ocorrência de temperaturas mais amenas nas regiões litorâneas, pois o calor liberado lentamente pelas massas de água mantém o litoral aquecido. Esse efeito que os oceanos e mares provocam nas áreas litorâneas é denominado **efeito da maritimidade**.

Como as áreas litorâneas sofrem influência da maritimidade, a temperatura das regiões costeiras tende a ser mais quente do que a das áreas mais afastadas do litoral. É o que ocorre, por exemplo, nas áreas costeiras de países como a França e a Espanha, onde o inverno é menos rigoroso e os verões são mais quentes que a média dos demais países da Europa.

Clima semiárido

No interior do continente europeu, sobretudo na região sudeste, onde predomina o clima semiárido, são registrados baixos volumes pluviométricos, chegando a cerca de 750 mm no decorrer do ano. Nessa área, devido à elevada amplitude térmica anual, os verões costumam ser de temperaturas elevadas e os invernos rigorosos com temperaturas mais baixas. Em razão da baixa umidade, típica do clima semiárido, as pradarias e as estepes, compostas principalmente de gramíneas e plantas herbáceas, são as formações vegetais que mais se destacam. Elas se desenvolvem principalmente na primavera, devido ao derretimento do gelo e à maior umidade do solo.

blickwinkel/Alamy/Fotoarena

Vegetação de estepe, Moldávia, em 2016.

Clima frio e clima polar

Nas regiões com maiores latitudes, a incidência da radiação solar é menor, e com isso os climas tendem a ser mais frios, como é o caso do clima frio e do clima polar, predominantes no norte da Rússia, da Finlândia e da Noruega.

Nas áreas de clima frio, desenvolve-se a floresta boreal (também conhecida como taiga). Ela é constituída especialmente por coníferas, o que atribui um aspecto homogêneo à vegetação.

Nas regiões de clima polar, durante praticamente o ano todo, as temperaturas são muito baixas, inferiores a 0 °C. Nelas, a vegetação predominante, adaptada ao inverno rigoroso, é a tundra, que é composta de gramíneas, liquens e musgos. Devido às baixas temperaturas, o solo da floresta torna-se congelado permanentemente e é chamado de *permafrost*.

Sergey Kamshylin/Shutterstock.com/ID/BR

Vegetação de tundra em Oslo, Noruega, em 2018.

Clima mediterrâneo

O clima mediterrâneo, predominante no sul do continente europeu, nas terras banhadas pelo mar Mediterrâneo, recebe influência das massas de ar tropicais, vindas do norte da África. Essas massas de ar são quentes e secas, pois se formam sobre o deserto do Saara, e influenciam as características climáticas da região, fazendo o clima mediterrâneo apresentar verões quentes (com média de 30 °C) e secos. Durante o inverno, a região é influenciada pelas águas oceânicas, por isso essa estação torna-se mais úmida e com temperaturas amenas (com média de 15 °C).

A vegetação mediterrânea que se desenvolve nessa região do continente é formada, principalmente, por árvores de pequeno porte e arbustos dispersos, adaptados aos longos períodos de seca.

Por estar localizada em uma área de ocupação muito intensa e antiga, essa formação vegetal vem sendo amplamente desmatada.

Mario Galati/Alamy/Fotoarena

Vegetação mediterrânea no sul da Espanha, em 2017.

Clima frio de montanha

As áreas de cadeias montanhosas, como os Alpes e os Pireneus, apresentam clima frio de montanha. Nessas áreas, devido à elevada altitude, a temperatura permanece baixa, geralmente abaixo de 0 °C, durante praticamente o ano todo. A vegetação existente em áreas com esse clima geralmente é formada por gramíneas, liquens e musgos, ou seja, por uma vegetação adaptada ao frio intenso.

geogphoto/Alamy/Fotoarena

Paisagem de vegetação de altitude, típica do clima frio, no Parque Nacional de Ecrins, França, em 2018.

Os pôlderes holandeses

Quando pensamos no uso da tecnologia aplicada ao melhor aproveitamento do espaço geográfico pelo ser humano, certamente, a Holanda é um ótimo exemplo.

Oficialmente, a Holanda se chama Reino dos Países Baixos. Esse nome faz referência a uma de suas principais características: trata-se de um país com cerca de um quarto de seu território localizado abaixo do nível do mar.

Devido ao crescimento urbano e à necessidade cada vez maior de áreas agricultáveis, foi necessário desenvolver tecnologias que expandissem as áreas para utilização humana. Uma alternativa encontrada foi a construção de pôlderes, que são terrenos construídos artificialmente e localizados abaixo do nível do mar. A partir da construção de diques e canais, esses terrenos tornaram-se emersos e passaram a ser utilizados para diversas finalidades.

Observe, a seguir, uma representação de um pôlder.

Fonte de pesquisa: *Atlas geográfico escolar*. 7. ed. Rio de Janeiro: IBGE, 2016. p. 43.

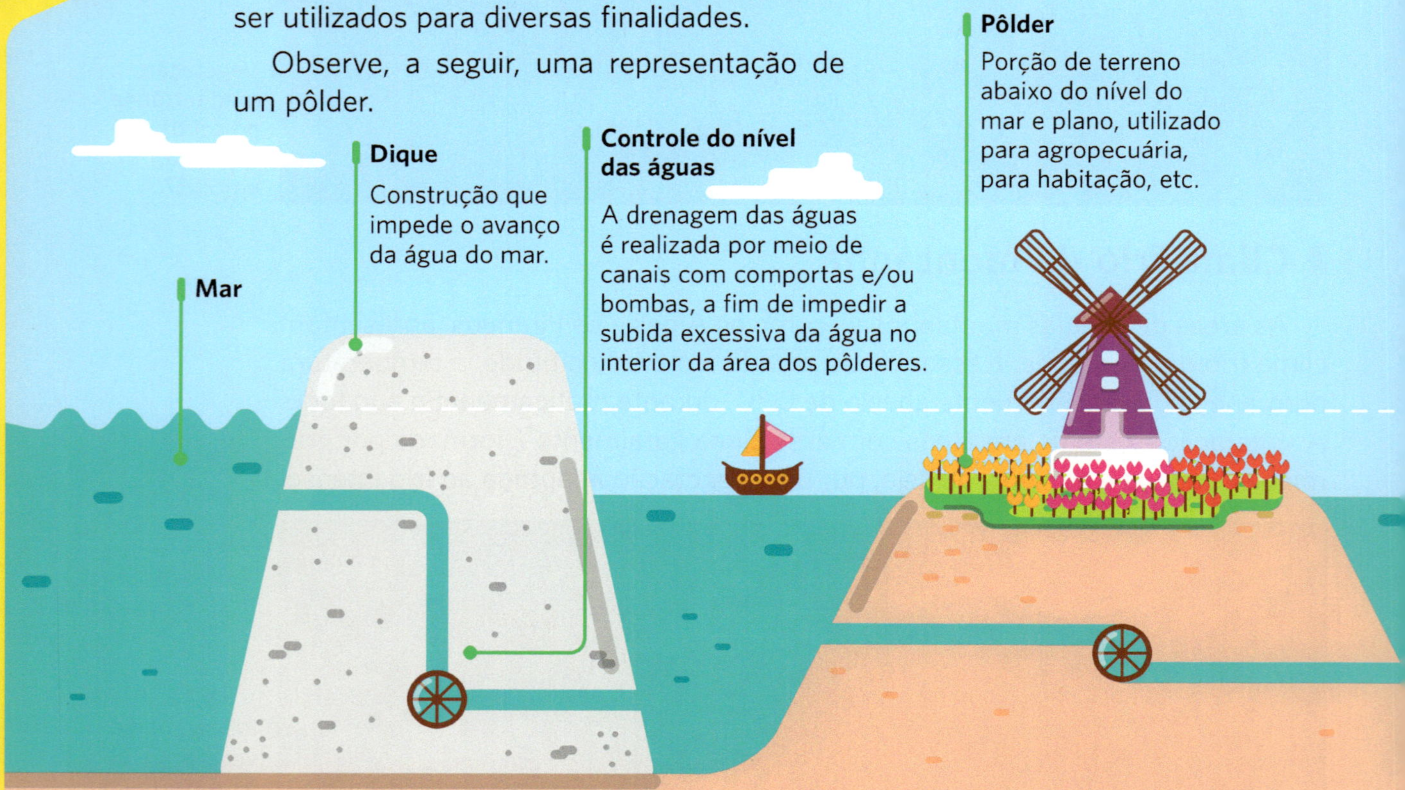

1. Você já conhecia esse tipo de tecnologia? Comente com os colegas.

2. A tecnologia e o conhecimento aplicados na construção dos pôlderes, na Holanda, começaram a ser utilizados há muito tempo, desde aproximadamente o século XI, e até hoje há estudos e pesquisas sendo realizados de modo a aperfeiçoar esse sistema.

   Em sua opinião, o investimento em pesquisa e tecnologia é importante para um país? Por quê? Converse com os colegas e conheça a opinião deles.

3. Na Holanda, a tecnologia utilizada no desenvolvimento dos pôlderes permitiu que áreas antes alagadas passassem a ser produtivas. Que outros exemplos você conhece de situações naturais adversas que foram contornadas por meio da tecnologia?

   Faça uma pesquisa explicando a localização da situação analisada, a tecnologia utilizada e os benefícios alcançados. Apresente essas informações para a turma e, se possível, para a comunidade escolar, por meio da elaboração de um mural.

Por meio dos pôlderes, os holandeses conseguiram drenar cerca de um quinto do território de seu país.

Atualmente, há mais de 3 000 pôlderes na Holanda, e todos são constantemente monitorados, devido ao risco de avanço do mar. Além do monitoramento, quando necessário os diques são elevados, de modo a impedir a inundação. O processo de estancamento das águas é feito sempre com uma preocupação em não gerar impacto ao meio ambiente, à navegação e à pesca.

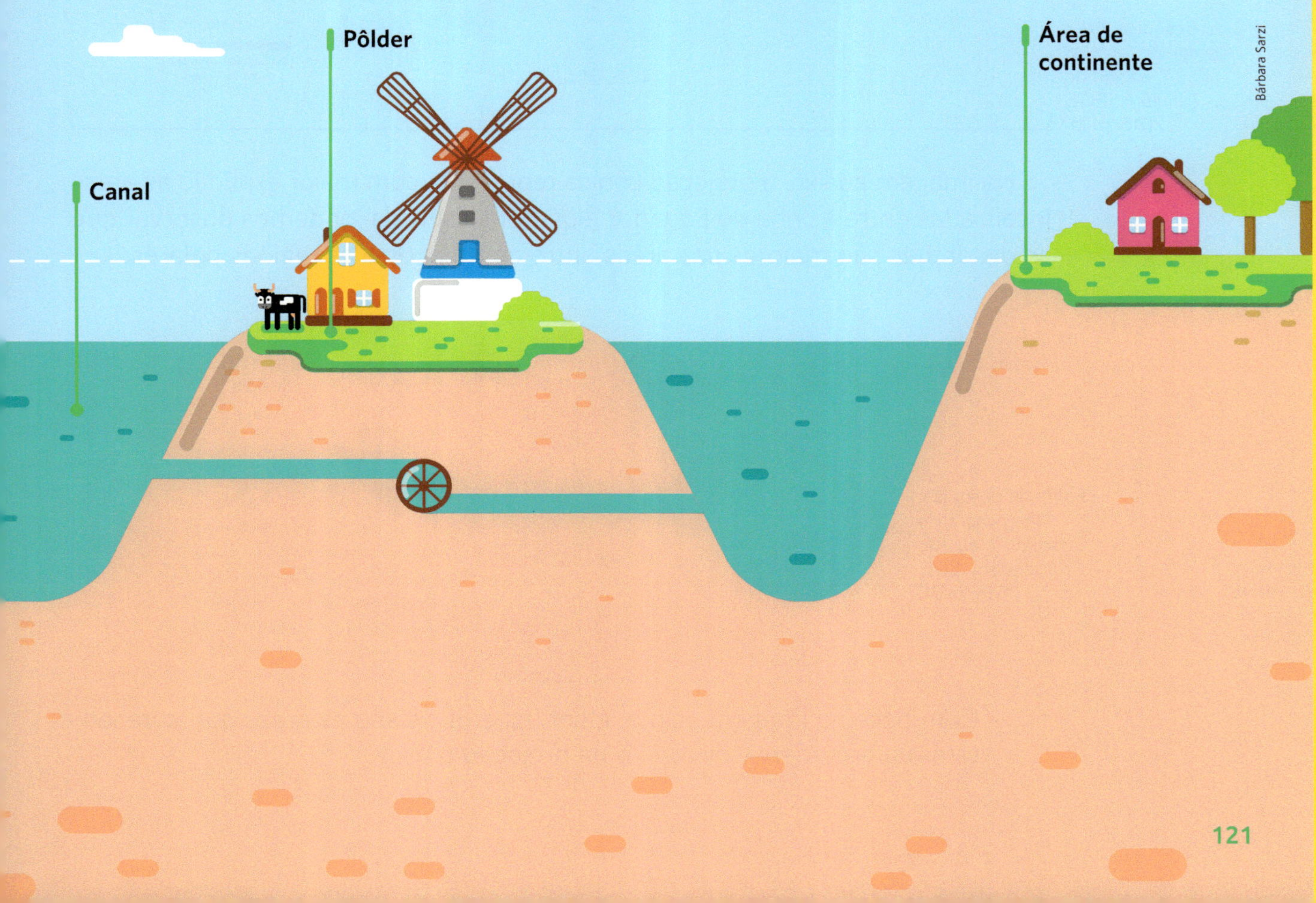

Projeções cônicas e planas ou azimutais

Além da projeção cilíndrica, que estudamos na unidade **1**, existem outras projeções cartográficas, como as cônicas e as azimutais. Veja alguns exemplos a seguir.

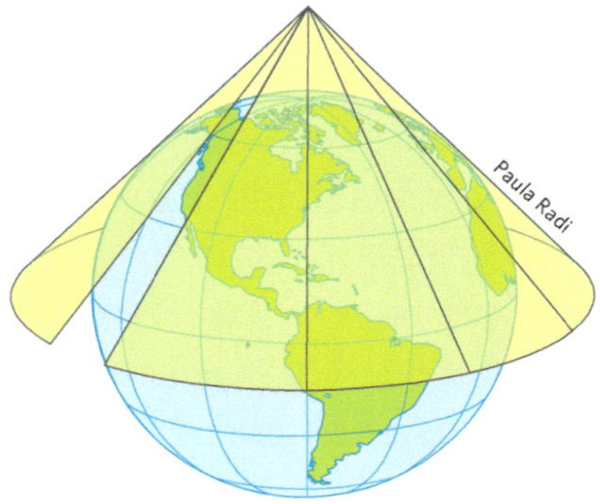

Projeções cônicas

O planisfério de Albers, representado abaixo, é um exemplo de projeção cônica. Nela, a superfície esférica da Terra, com as linhas dos paralelos e meridianos, é projetada sobre um cone, como destaca a imagem ao lado.

Projeção de Albers

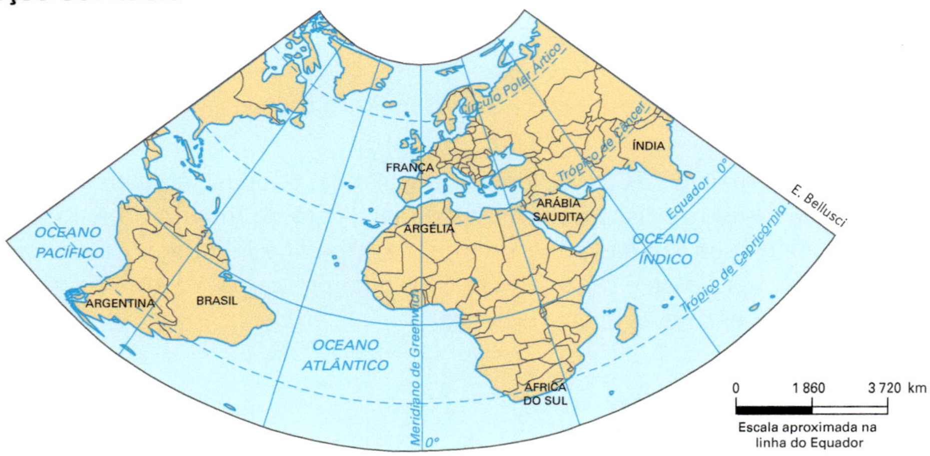

Fonte de pesquisa: *Atlas geográfico escolar.* 7. ed. Rio de Janeiro: IBGE, 2016. p. 21.

Na imagem abaixo, a projeção cônica representa com maior exatidão as áreas localizadas entre a linha do Equador e os trópicos. Nela, podemos observar que as distorções são maiores nas áreas entre os trópicos e as regiões polares.

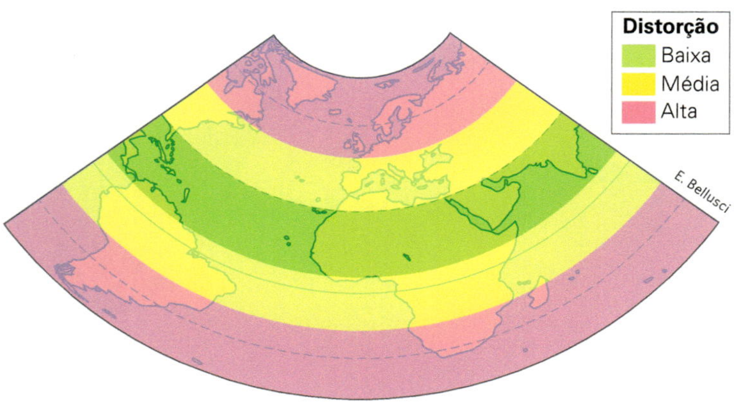

Fonte de pesquisa: *Atlas geográfico escolar.* 7. ed. Rio de Janeiro: IBGE, 2016. p. 21.

- Com base na imagem acima, identifique quais são as áreas que apresentam maior e menor distorção na projeção cônica.

Projeções planas ou azimutais

O planisfério de Fuller é um exemplo de projeção plana, também denominada azimutal. Nesse tipo de projeção, a superfície esférica da Terra, com as linhas dos paralelos e meridianos, é projetada sobre um plano, tendo seu centro localizado em um determinado ponto da superfície do globo, como vemos na imagem ao lado.

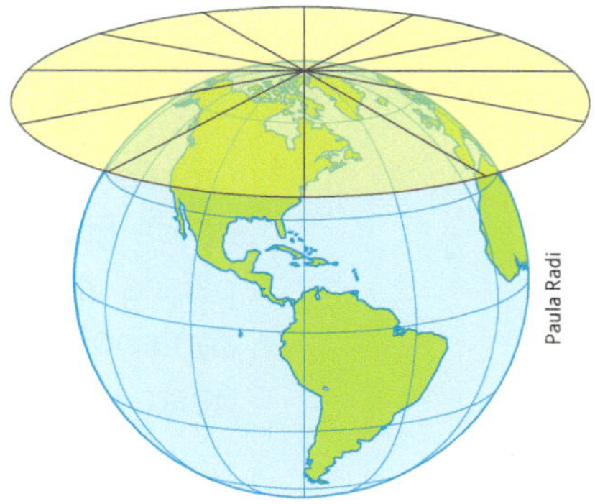

Paula Radi

Observe abaixo a representação da projeção de Fuller.

Projeção de Fuller

E. Bellusci

Fonte de pesquisa: Graça Maria Lemos Ferreira. *Atlas geográfico:* espaço mundial. 4. ed. São Paulo: Moderna, 2013. p. 13.

Na representação ao lado, vemos que a projeção plana representa com maior exatidão as áreas localizadas mais próximas ao centro da representação. Quanto mais afastado do centro, maiores são as distorções.

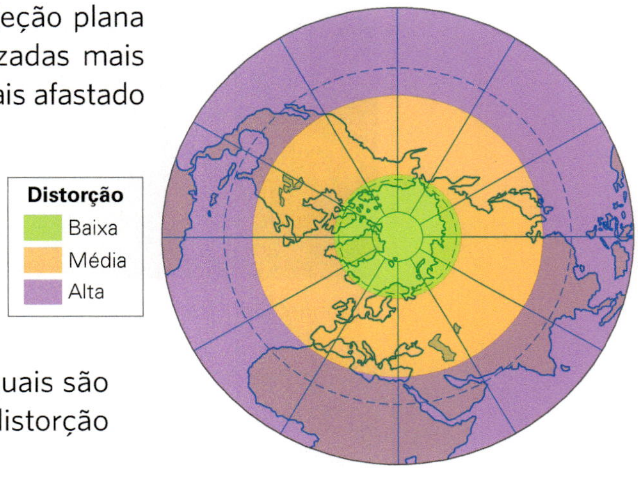

E. Bellusci

Fonte de pesquisa: *Atlas geográfico mundial.* Rio de Janeiro: Nova Fronteira, 2013. p. 6.

- Com base na imagem ao lado, identifique quais são as áreas que apresentam maior e menor distorção na projeção plana.

Atividades

Organizando o conhecimento

1. Observe novamente o mapa político da Europa, na página **112**. Quais países possuem terras dentro da zona polar do planeta? Anote a resposta no caderno.

2. Observe o mapa de relevo do continente europeu, na página **113**. Em seguida, responda às questões a seguir, no caderno.

a) Quais são as três principais formas de relevo encontradas na Europa?

b) Escreva um exemplo de relevo de origem recente e um exemplo de relevo mais antigo existentes no continente europeu.

3. Com base nos mapas de clima e de vegetação da Europa, apresentados na página **116**, responda às questões a seguir, no caderno.

a) Qual é a formação vegetal natural predominante nesse continente? Escreva a principal característica dessa vegetação.

b) Quais são as formações vegetais típicas do clima frio e do clima polar no continente europeu?

4. Qual é a influência da massa de ar tropical no clima mediterrâneo?

5. Explique onde ocorre a maritimidade e como ela exerce influência sobre o clima europeu.

Conectando ideias

6. **Observe** a foto abaixo. Em seguida, **responda** às questões no caderno.

Ververidis Vasilis/Shutterstock.com/ID/BR

Embarcação transportando produtos em trecho do rio Reno, na Holanda, em 2018.

a) **Explique** a importância econômica desse rio para o continente europeu.

b) Com base no que você estudou, **explique** como a rede hidrográfica é aproveitada na Europa.

7. Observe as projeções a seguir.

A

E. Bellusci

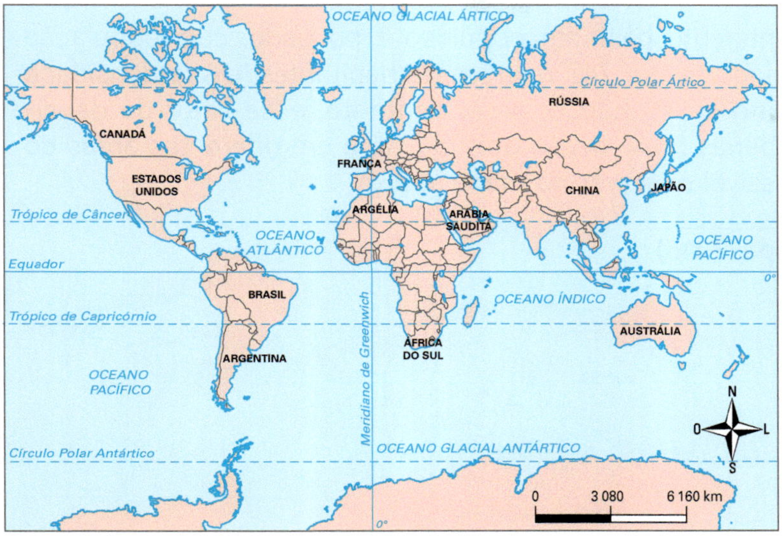

B

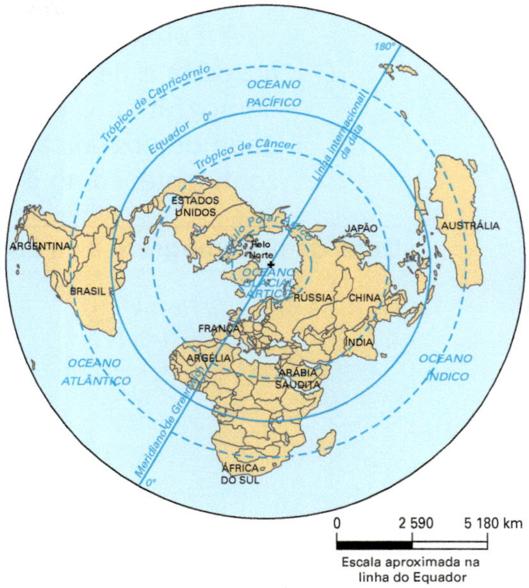

Renan Fonseca

C

E. Bellusci

Fonte de pesquisa dos mapas: *Atlas geográfico escolar*. 7. ed. Rio de Janeiro: IBGE, 2016. p. 21, 23.

- No caderno, **relacione** essas projeções a cada uma das afirmações abaixo.
  - I) Projeção plana ou azimutal de Fuller.
  - II) Projeção mais comumente utilizada na representação de toda a superfície terrestre.
  - III) Projeção cilíndrica de Mercator.
  - IV) Projeção na qual os países localizados mais próximos à linha do Equador são representados com menor distorção.
  - V) Projeção cônica de Albers.
  - VI) Projeção comumente utilizada na representação do polo Norte.
  - VII) Projeção na qual as áreas mais afastadas do centro são representadas com maiores distorções.

UNIDADE 4

CAPÍTULO

11 A população da Europa

A Europa é um continente bastante populoso e povoado, cuja população absoluta é de, aproximadamente, 743 milhões de habitantes, e sua densidade demográfica é em torno de 75 hab./km^2. No entanto, esse valor da densidade demográfica é apenas uma média, pois ela varia em diferentes áreas do continente, como é possível observar no mapa abaixo.

Densidade demográfica da Europa (2015)

Fonte de pesquisa: Gisele Girardi e Jussara Vaz Rosa. *Atlas geográfico do estudante*. São Paulo: FTD, 2016. p. 180.

Com base nos mapas das páginas 113 e 116, cite quais fatores naturais influenciam a existência de áreas de baixa densidade demográfica no continente europeu.

Observando novamente esse mapa, verificamos que a população europeia encontra-se distribuída irregularmente pelo território do continente. Note que as maiores concentrações populacionais estão localizadas, sobretudo, nas proximidades de grandes áreas urbano-industriais, como Londres (Reino Unido), Lyon (França), Milão (Itália), Frankfurt (Alemanha) e Amsterdã (Holanda).

Deejpilot/iStock Photo/Getty Images

Frankfurt é uma das maiores e mais populosas cidades da Europa. Na foto, moradias de um antigo bairro e, ao fundo, moderno centro financeiro da cidade de Frankfurt, Alemanha, em 2018.

Agora, observe a tabela abaixo e verifique a diferença entre a densidade populacional de alguns países europeus.

Densidade demográfica de alguns países europeus – 2018

País	População (em habitantes)	Área (em km²)	Densidade demográfica (hab./km²)
Dinamarca	5 754 356	43 090	134
Portugal	10 291 196	92 090	112
Reino Unido	66 574 504	243 610	273
Hungria	9 688 847	93 030	104
Itália	59 291 969	301 340	197
Noruega	5 353 363	323 780	17
Finlândia	5 542 517	338 420	16

Fontes de pesquisa: United Nations. *World population prospects*. Disponível em: <https://esa.un.org/unpd/wpp/DVD/Files/1_Indicators%20(Standard)/EXCEL_FILES/1_Population/WPP2017_POP_F01_1_TOTAL_POPULATION_BOTH_SEXES.xlsx>. IBGE. *Países*. Disponível em: <www.ibge.gov.br/paisesat/>. Acessos em: 30 out. 2018.

De modo geral, as menores densidades demográficas do continente europeu são observadas em regiões onde os aspectos naturais dificultam a ocupação humana, como as áreas de clima frio e de clima polar, predominantes nas latitudes elevadas, e também nos terrenos montanhosos desse continente, como nos Alpes.

Aprenda mais

O livro *Uma breve história da Europa* apresenta uma rica análise sobre a história do continente europeu, mostrando a influência das civilizações grega e romana, do cristianismo, das ciências e das artes até os dias atuais. Nessa análise, o autor também destaca a influência dos aspectos geográficos, políticos, culturais e sociais que moldaram o continente.

Jacques Le Goff. *Uma breve história da Europa*. Rio de Janeiro: Vozes, 2014.

Paisagem de Hallstatt, Áustria, em 2018. O frio intenso e o terreno montanhoso da região dificultam a sua ocupação.

VladZymovin/iStock Photo/Getty Images

Condições de vida

Embora grande parte da população europeia apresente uma boa qualidade de vida, existem algumas disparidades que impedem que essa qualidade seja igualmente distribuída.

A tabela a seguir apresenta alguns dados relacionados à qualidade de vida da população europeia. Observe-a.

Qualidade de vida da população de alguns países europeus

País	IDH 2015	Mortalidade infantil (por grupo de mil, nascidos vivos) 2016	Expectativa de vida (em anos) 2015	Renda *per capita* (em US$) 2016
Noruega	0,949	2	81,7	70 868
Alemanha	0,926	3	81,1	42 161
Suíça	0,939	4	83,1	79 888
Romênia	0,802	8	74,8	9 523
Letônia	0,830	4	74,3	14 071
Ucrânia	0,743	8	71,1	2 186

Fontes de pesquisa: Pnud. *Relatório do Desenvolvimento Humano 2016*. Disponível em: <http://hdr.undp.org/sites/default/files/2016_human_development_report.pdf>. The World Bank. *DataBank*. Disponível em: <http://databank.worldbank.org>. Unicef. *The state of the world's children 2017*. Disponível em: <https://www.unicef.org/publications/files/SOWC_2017_ENG_WEB.pdf>. Acessos em: 30 out. 2018.

> Quais são os países que apresentam as menores taxas de mortalidade infantil? E os países com as menores expectativas de vida?

Os indicadores socioeconômicos apresentados nessa tabela mostram que alguns países europeus, como Noruega, Alemanha e Suíça, possuem acesso a serviços de saúde eficientes. Esse fato pode ser identificado pela baixa mortalidade infantil, pela alta expectativa de vida e a alta renda *per capita*.

A adoção de uma política de bem-estar social por vários países da Europa, após a Segunda Guerra Mundial, em parte foi responsável pela elevada qualidade de vida da população. Essa política realizou amplos investimentos nas áreas da saúde, da educação e do trabalho. Além disso, promoveu uma melhoria dos serviços de segurança e de previdência social, como o seguro-desemprego e a aposentadoria.

No entanto, conforme também podemos perceber pela tabela, alguns países, como Letônia, Romênia e Ucrânia, apresentam condições socioeconômicas inferiores a outros países da Europa. Isso acontece devido a fatores políticos e econômicos ocorridos recentemente no continente europeu, que se refletem na qualidade de vida de cada país.

Michael Gottschalk/Photothek/Getty Images

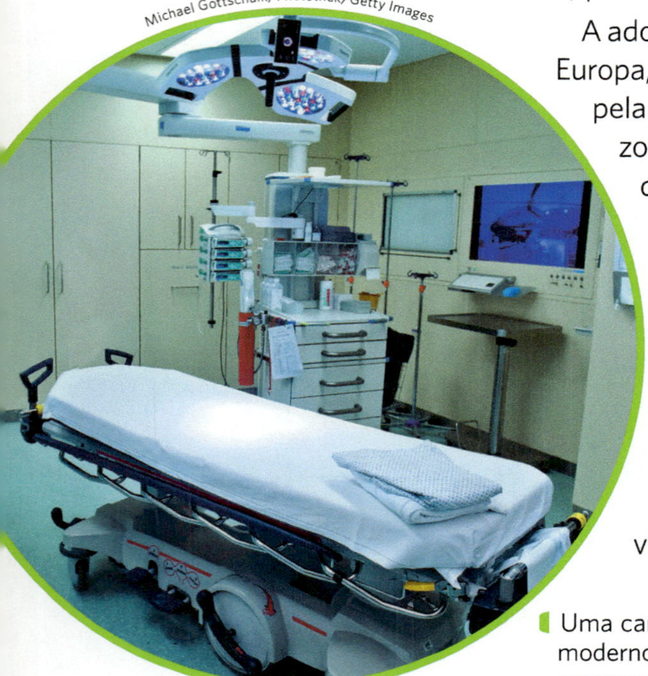

Uma característica comum a muitos países europeus são os modernos serviços de saúde. Na foto, moderna sala de atendimento emergencial em Hospital de Berlim, Alemanha, em 2015.

Europa Oriental e os ex-países socialistas

A partir da década de 1920, o sistema político-econômico socialista foi implantado em vários países do Leste Europeu, como Polônia, Hungria e Romênia. No entanto, a economia socialista passou por um período de crise, ocasionando uma piora na qualidade de vida da população. Os baixos salários e a carência de produtos básicos, sobretudo de alimentos, foram alguns dos problemas que mais afetaram a população do Leste Europeu.

Após a queda do socialismo naquela região, os países passaram a incorporar gradativamente a economia capitalista e, com isso, promoveram mudanças políticas e econômicas.

No entanto, durante esse período de transição (do socialismo para o capitalismo), os países que deixaram o socialismo e buscaram na economia capitalista a forma de conduzir econômica e politicamente sua nação ainda não conseguiram alcançar níveis de desenvolvimento e qualidade de vida semelhantes à grande parte dos países da Europa Ocidental.

Regionalização da Europa

A regionalização do continente europeu em Europa Ocidental e Europa Oriental ocorreu após a Segunda Guerra Mundial (1939-1945), quando o continente foi dividido em duas grandes regiões político-econômicas:

- Europa Ocidental, capitalista, sob influência dos Estados Unidos;
- Europa Oriental, ou Leste Europeu, socialista, sob influência da União Soviética.

Após a queda do sistema econômico socialista e do fim da União Soviética, entre o final da década de 1980 e início de 1990, essa divisão deixou de existir. Contudo, as diferenças sociais e econômicas existentes entre esses países ainda são profundas: os países ex-socialistas do antigo Leste Europeu, comparados aos países da Europa Ocidental, são menos desenvolvidos nos setores tecnológico e socioeconômico.

Cássio Bittencourt

Fonte de pesquisa: Jurandyr L. S. Ross (Org.). *Geografia do Brasil*. São Paulo: Edusp, 2011. p. 243.

Aspectos demográficos

Atualmente, o ritmo lento de crescimento natural ou vegetativo da população é uma característica comum a grande parte dos países europeus, sobretudo daqueles com maior desenvolvimento econômico.

ACESSE O RECURSO DIGITAL

Embora as taxas de natalidade sejam diferentes de um país para outro, de modo geral, elas estão reduzidas. Em alguns países, essas taxas chegam a ser inferiores às taxas de mortalidade, ou seja, a quantidade de pessoas que nascem é menor do que a de pessoas que morrem. Isso significa que, nesses países, o crescimento natural da população torna-se negativo. Veja a tabela a seguir.

País	Taxa de natalidade (por grupo de mil pessoas) 2015-2020	Taxa de mortalidade (por grupo de mil pessoas) 2015-2020	Crescimento natural da população (por grupo de mil pessoas) 2015-2020
Reino Unido	12,1	9,0	3,1
Alemanha	8,9	11,3	-2,5
Espanha	8,5	9,1	-0,6
Hungria	9,0	13,0	-4,0
Lituânia	10,6	14,3	-3,8

Fonte de pesquisa: United Nations. *World population prospects*. Disponível em: <https://population.un.org/wpp/>. Acesso em: 29 out. 2018.

Na Europa, as taxas de natalidade começaram a baixar quando a população passou a apresentar mudanças em sua estrutura familiar, principalmente a partir do final do século XIX e início do século XX. Observe o gráfico a seguir.

Crescimento da população por continente (1950-2050*)

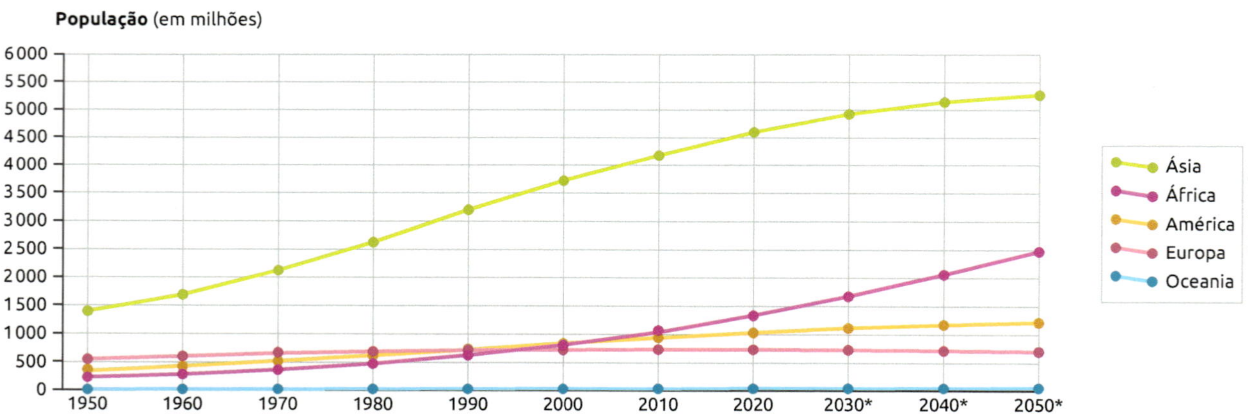

*Projeção

Fonte de pesquisa: United Nations. *World population prospects*. Disponível em: <http://population.un.org/wpp/dataquery>. Acesso em: 30 out. 2018.

Um aspecto fundamental que contribuiu para a queda nas taxas de natalidade foi a inserção das mulheres no mercado de trabalho, que deixaram de se dedicar exclusivamente ao trabalho doméstico. Além disso, com a intensificação do processo de urbanização, os gastos com alimentação, vestuário, educação e saúde, por exemplo, se elevaram, fazendo as famílias optarem por um número reduzido de filhos.

Envelhecimento da população europeia

O ritmo cada vez mais lento de crescimento da população europeia tem provocado grandes mudanças na composição etária da população do continente. As reduzidas taxas de natalidade vêm diminuindo cada vez mais o número de crianças e jovens no total da população, enquanto as baixas taxas de mortalidade, proporcionadas por melhores condições, vêm aumentando a expectativa de vida e, com isso, a quantidade de idosos na Europa.

Observe, a seguir, a pirâmide etária da Dinamarca, que é um exemplo da estrutura etária de grande parte dos países europeus.

Pirâmide etária da Dinamarca (2018)

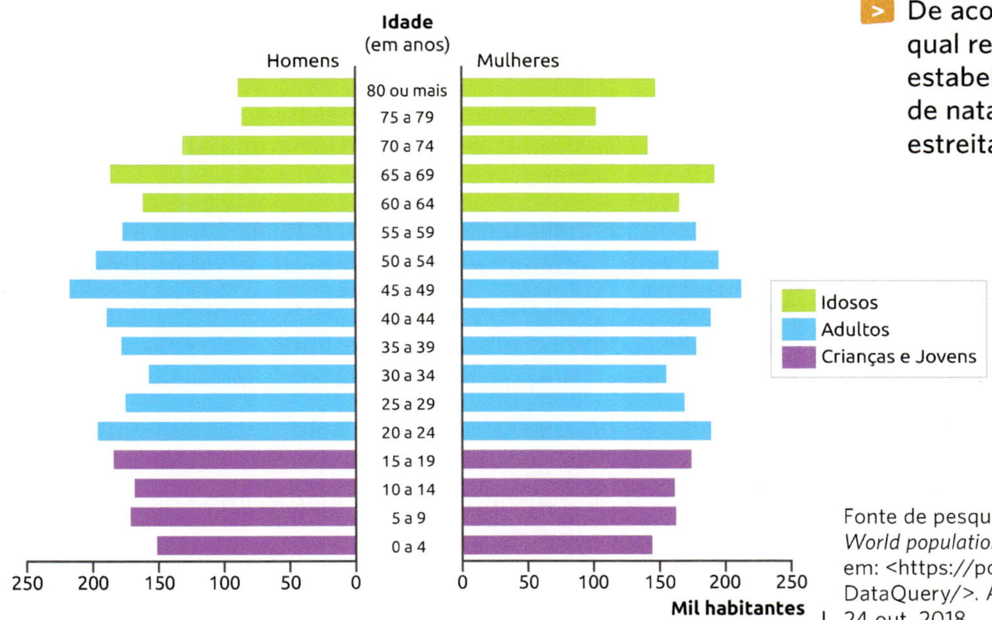

Renan Fonseca

Fonte de pesquisa: United Nations. *World population prospects*. Disponível em: <https://population.un.org/wpp/DataQuery/>. Acesso em: 24 out. 2018.

> De acordo com a pirâmide, qual relação pode-se estabelecer entre as taxas de natalidade e a base estreita do gráfico?

UNIDADE 4

A base estreita em relação ao restante da pirâmide etária da Dinamarca reflete o reduzido número de crianças e jovens na população, em consequência das baixas taxas de natalidade. Em contrapartida, o topo largo da pirâmide retrata o elevado número de idosos, reflexo das baixas taxas de mortalidade.

Considerando a elevada qualidade de vida dos europeus, a tendência é que, cada vez mais, aumente o número de idosos e adultos entre a população europeia. O envelhecimento dessa população tem preocupado os governos, pois o sistema previdenciário, que paga as aposentadorias, vem mostrando sinais de déficit em muitos países europeus. Isso significa que o pagamento das aposentadorias está superando as contribuições vindas do trabalho realizado por jovens e adultos.

picture that/Alamy/Fotoarena

Na foto, grupo de idosos durante conversa em rua da cidade de Eastbourne, Inglaterra, em 2018.

Urbanização

Atualmente, grande parte da população europeia vive em cidades. Alguns países, como Bélgica e Islândia, apresentam mais de 93% da população vivendo em áreas urbanas. Esse predomínio da população urbana sobre a rural deve-se a fatores históricos e econômicos ocorridos no continente europeu.

O processo de industrialização, iniciado no século XVIII na Inglaterra e que se espalhou posteriormente para outros países europeus, provocou um significativo aumento da população urbana no continente. Com o avanço desse processo, cada vez mais pessoas do campo foram atraídas para o trabalho nas fábricas instaladas em muitas cidades.

Ao mesmo tempo, a própria indústria passou a fabricar instrumentos e maquinários que, conforme iam sendo inseridos nas propriedades rurais, dispensavam boa parte dos trabalhadores. Esse fato acabou intensificando o êxodo rural em vários países europeus, pois ocasionou a perda de emprego para muitos camponeses, fazendo-os abandonar o campo e migrar para as cidades à procura de trabalho.

Conforme o processo de industrialização e de urbanização foi se intensificando, uma ampla e articulada rede, urbana composta sobretudo de metrópoles, foi sendo construída na Europa. No final do século XIX, esse continente já contava com importantes metrópoles, como Londres, Milão e Paris. Pelo fato de concentrarem grande parte dos centros comerciais, financeiros, administrativos e políticos, ao longo do tempo essas metrópoles passaram a exercer influência sobre outras áreas urbanas da Europa e de outros continentes.

Devido a essa influência, várias metrópoles europeias, como Londres, Bruxelas, Amsterdã e Zurique, se tornaram cidades globais.

Sheffield Galleries and Museums Trust, Reino Unido. Fotografia: Museums Sheffield/Bridgeman/Easypix

Essa imagem, de 1854, mostra a concentração de várias casas e indústrias em Sheffield, Inglaterra. Assim como Sheffield, até a metade do século XIX muitas outras cidades europeias cresceram de forma impressionante devido ao processo da industrialização.

Hoje, a Europa conta com uma das maiores redes urbanas do mundo. A proximidade da área urbana de grandes metrópoles do continente, entre elas, Londres, Paris, Zurique e Milão, deu origem a uma extensa megalópole, que abrange desde o Reino Unido até o norte da Itália, em Milão. Veja o mapa abaixo.

Megalópole europeia (2008)

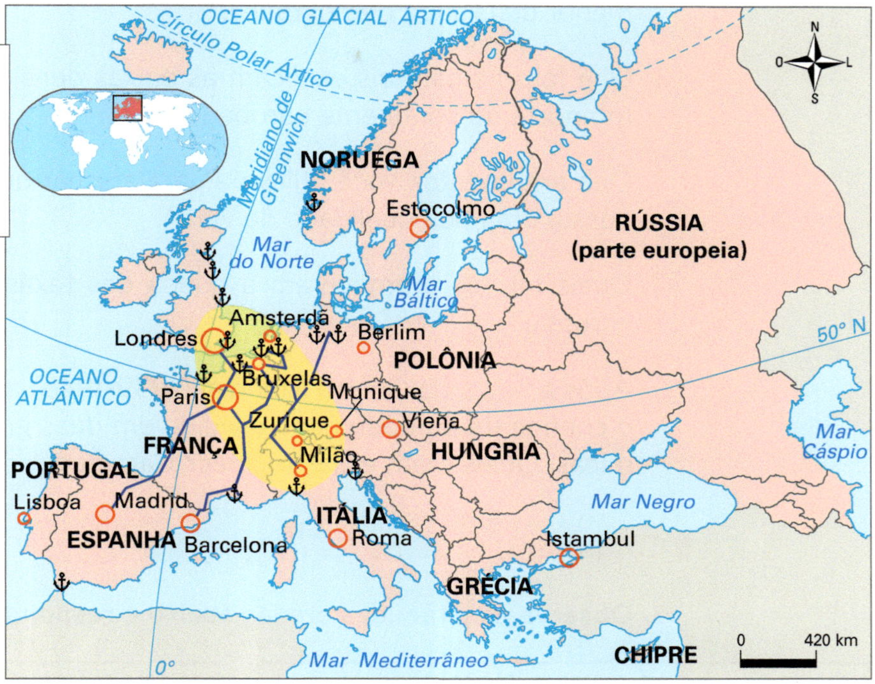

Fonte de pesquisa: Graça Maria Lemos Ferreira. *Atlas geográfico*: espaço mundial. 4. ed. São Paulo: Moderna, 2013. p. 90.

> De que maneira o processo de industrialização intensificou a urbanização do continente europeu?

Uma urbanização desigual

O processo de urbanização não ocorreu de maneira homogênea em toda a Europa. Os países que se industrializaram primeiro, como Inglaterra, Alemanha e França, foram os que também primeiro se urbanizaram.

Alguns países do Leste Europeu, por exemplo, deram início ao processo de urbanização somente no século XX. Nesses países, ainda encontramos parte significativa da população vivendo na área rural. Observe o gráfico.

Populações rural e urbana em alguns países da Europa (2018)

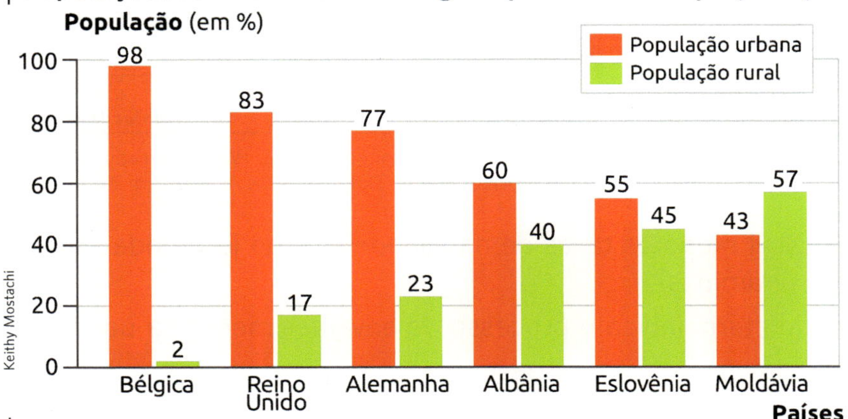

Fonte de pesquisa: United Nations. *World population prospects*. Disponível em: <https://population.un.org/wup/Download/>. Acesso em: 30 out. 2018.

Megalópole: extensa área urbana formada pelo encontro de duas ou mais metrópoles.

UNIDADE 4

Atividades

Organizando o conhecimento

1. Com base no mapa da página **126**, descreva resumidamente como a população europeia está distribuída no continente, destacando as áreas de maior e menor densidade demográfica.

2. Que fatores naturais explicam as baixas densidades demográficas no extremo norte do continente europeu?

3. Que argumentos você utilizaria para afirmar que grande parte dos europeus possui uma boa qualidade de vida?

4. Quais fatores promoveram a queda das taxas de natalidade no continente europeu?

5. Após a Segunda Guerra Mundial (1939-1945) até o início da década de 1990, o continente europeu ficou dividido em duas grandes regiões político-econômicas. Quais eram essas regiões? Caracterize cada uma delas.

Conectando ideias

6. **Observe** as pirâmides etárias abaixo e **responda** às questões a seguir.

Pirâmide etária da Etiópia (2018)

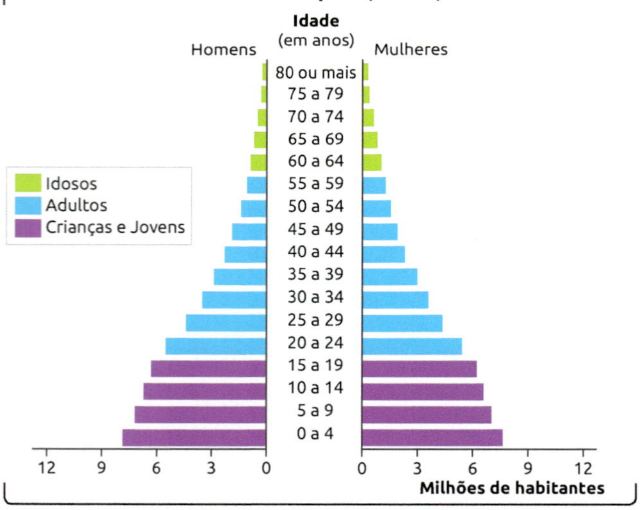

Pirâmide etária da Alemanha (2018)

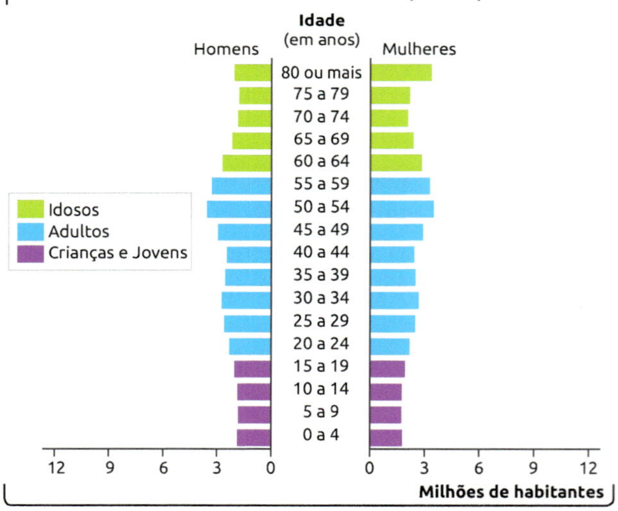

Ilustrações: Carlos Borin

Fonte de pesquisa dos gráficos: United Nations. *World population prospects*. <https://population.un.org/wpp/DataQuery/>. Acesso em: 24 out. 2018.

a) Qual país possui menores taxas de natalidade? Como isso pode ser comprovado nas pirâmides?

b) Qual pirâmide etária indica o processo de envelhecimento da população? Por quê?

c) De acordo com o que você estudou, quais são os problemas decorrentes do envelhecimento da população no continente europeu?

7. O cartograma abaixo representa a distribuição da população urbana na Europa. **Observe** com atenção e **responda** às questões.

Urbanização dos países europeus (2018)

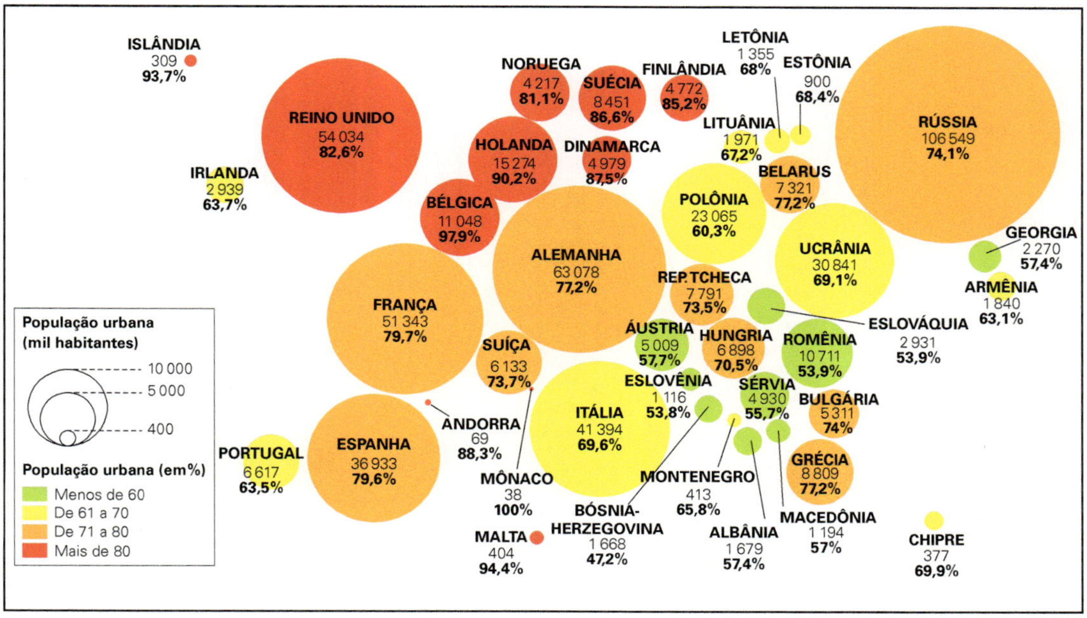

Fonte de pesquisa: United Nations. *World urbanization prospects*. Disponível em: <https://population.un.org/wup/Download/>. Acesso em: 24 out. 2018.

a) Quais países europeus apresentam taxas mais altas de urbanização? Quais são os índices de urbanização nesses países?

b) E quais países europeus apresentam taxas mais baixas de urbanização? Quais são as taxas de urbanização nesses países?

c) Em números absolutos, quais desses países apresentam populações urbanas mais numerosas? E quais apresentam populações urbanas menos numerosas?

ACESSE O RECURSO DIGITAL

Verificando rota

- Entre as características naturais da Europa predominam o relevo de planície, o clima temperado e as florestas temperadas.
- Parte da população europeia apresenta alta qualidade de vida, enquanto outra parte não possui as mesmas condições socioeconômicas.
- De modo geral, a Europa apresenta baixas taxas de crescimento demográfico, mas elevada expectativa de vida, o que denota maior participação de idosos na composição da população.
- As elevadas taxas de urbanização são decorrentes do processo de industrialização.
- Da Segunda Guerra Mundial (1939-1945) até o início da década de 1990 o continente europeu foi dividido em duas grandes regiões político-econômicas: Europa Ocidental, capitalista, sob influência dos Estados Unidos; Europa Oriental, ou Leste Europeu, socialista, sob influência da União Soviética.
- De forma geral, os países da Europa Ocidental apresentam parques industriais mais modernos que os países da Europa Oriental.
- A superfície terrestre pode ser representada em projeções planas ou azimutais e também em projeções cônicas.

UNIDADE

5

Europa: aspectos econômicos e geopolíticos

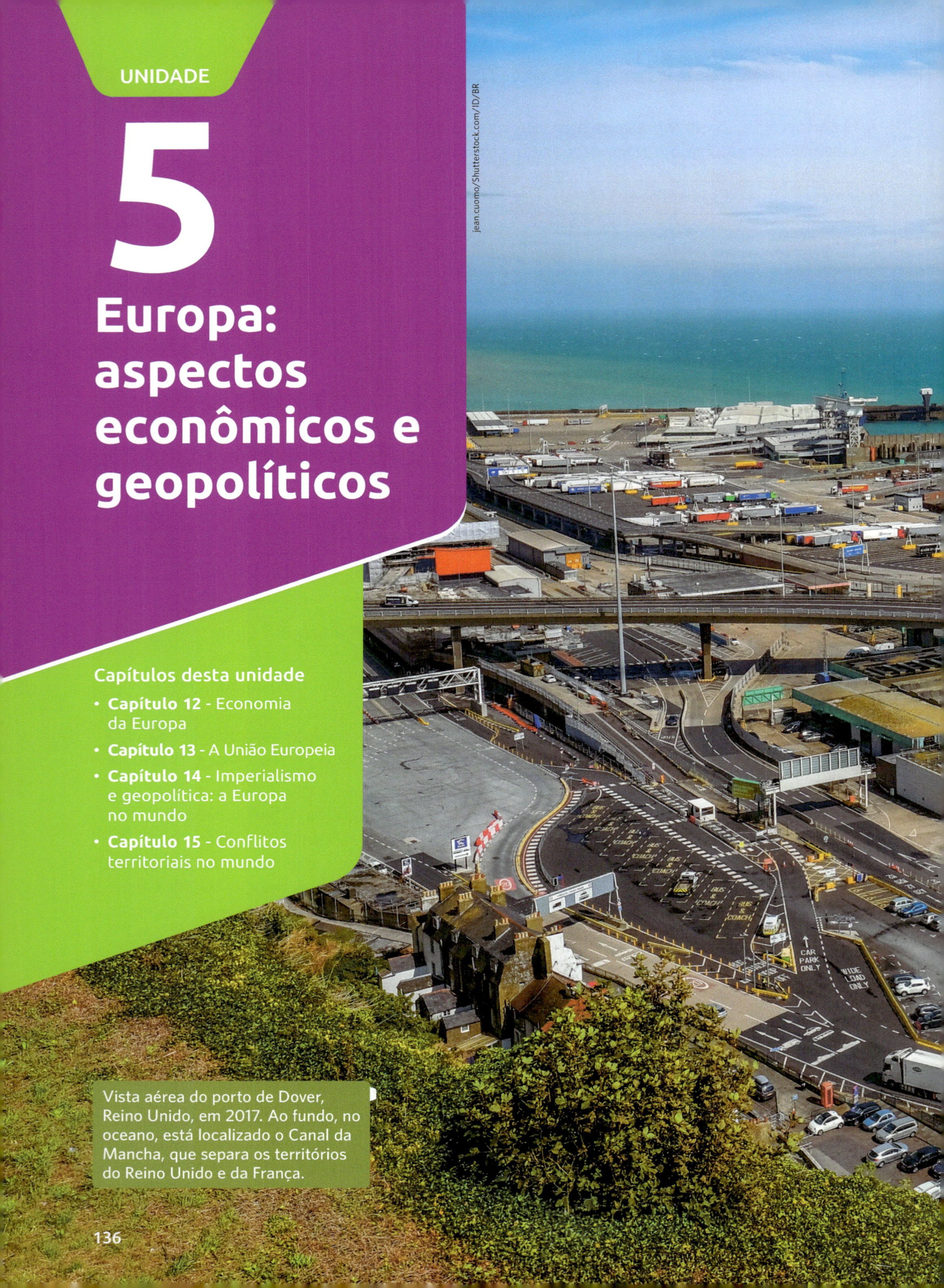

jean cuomo/Shutterstock.com/ID/BR

Capítulos desta unidade

- **Capítulo 12** - Economia da Europa
- **Capítulo 13** - A União Europeia
- **Capítulo 14** - Imperialismo e geopolítica: a Europa no mundo
- **Capítulo 15** - Conflitos territoriais no mundo

Vista aérea do porto de Dover, Reino Unido, em 2017. Ao fundo, no oceano, está localizado o Canal da Mancha, que separa os territórios do Reino Unido e da França.

Iniciando rota

1. Você sabe quais são os países considerados desenvolvidos da Europa?
2. Que característica econômica do continente europeu você conhece?
3. Você já ouviu falar em União Europeia? O que você sabe sobre ela? Comente.

CAPÍTULO

12 Economia da Europa

Embora, no continente europeu, estejam localizadas algumas das maiores economias do planeta, o nível de desenvolvimento econômico entre seus países é muito diferente.

De modo geral, os países da Europa mais desenvolvidos economicamente, como Alemanha, Reino Unido e França, possuem elevado nível de desenvolvimento industrial e agropecuária moderna. Já os países menos desenvolvidos economicamente, como Grécia e Portugal, e também grande parte dos países da Europa Oriental, em geral, apresentam atividade industrial menor e agropecuária baseada, principalmente, em técnicas tradicionais de produção.

Essa diferença de níveis de desenvolvimento econômico entre os países europeus deve-se a questões político-econômicas e históricas ocorridas nesse continente.

Como já estudamos, após a Segunda Guerra Mundial, os países do Leste Europeu adotaram o sistema político e econômico socialista. No entanto, nas últimas décadas do século XX, esse modelo econômico começou a mostrar sinais de crise econômica, que acabou ocasionando o fim do socialismo no Leste Europeu e na ex-União Soviética.

Apesar de, atualmente, grande parte dos países da Europa Oriental buscarem promover o crescimento econômico, principalmente por meio de investimentos em tecnologias modernas no sistema produtivo, ainda é intenso o contraste entre eles e os países da Europa Ocidental. De todos os países pertencentes à Europa Oriental, apenas a Rússia vem se destacando com uma economia crescente.

Esse contraste entre as economias da Europa Ocidental e da Oriental pode ser verificado ao compararmos o valor do Produto Interno Bruto (PIB) de alguns países.

Veja a tabela a seguir.

País da Europa Ocidental	PIB (em bilhões de US$) 2016
Alemanha	3 478
Reino Unido	2 648
França	2 465
País da Europa Oriental	**PIB (em bilhões de US$) 2016**
Romênia	188
Ucrânia	93
Belarus	47

> Qual grupo de países europeus mostrados na tabela apresenta os menores PIBs?

Fonte de pesquisa: The World Bank. *DataBank*. Disponível em: <http://databank.worldbank.org/data/home.aspx>. Acesso em: 3 out. 2018.

Atividade industrial

O continente europeu apresenta atividade industrial bastante expressiva, pois a Europa foi o berço da Revolução Industrial, iniciada no século XVIII na Inglaterra e que, posteriormente, se expandiu para o mundo.

Naquele período, a queima de carvão era a principal fonte de energia usada no funcionamento das máquinas a vapor das fábricas. Por isso, as primeiras áreas industriais da Europa se desenvolveram nas proximidades das bacias carboníferas do continente, onde era fácil o acesso a esse recurso fóssil. Como consequência desse fato, a partir do século XIX, regiões como o vale do Ruhr, na Alemanha, ricas em jazidas de carvão, tornaram-se importantes áreas industriais europeias.

Atualmente, parte dos modernos e diversificados parques industriais do mundo está localizada no continente europeu. No entanto, esse setor da economia emprega cada vez menos a população economicamente ativa (PEA) europeia, em razão da intensa automatização do processo produtivo industrial, diminuindo a oferta de empregos. Observe, no mapa abaixo, a distribuição da atividade industrial no continente europeu.

Atividades industriais na Europa (2013)

Paula Radi

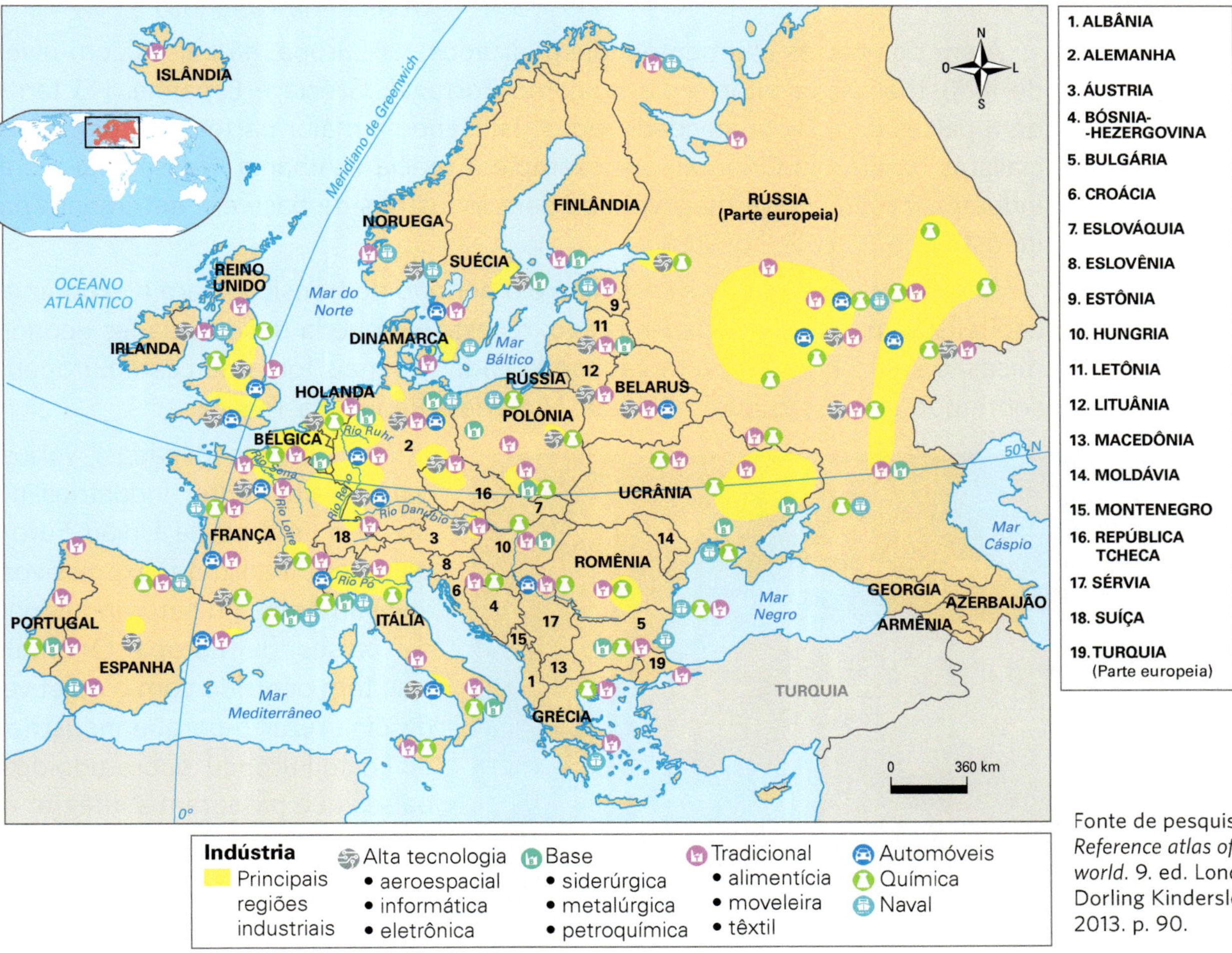

Fonte de pesquisa: *Reference atlas of the world*. 9. ed. London: Dorling Kindersley, 2013. p. 90.

Realidades industriais diferentes

Embora a Europa seja considerada um dos continentes mais industrializados do mundo, nem todos os países que dela fazem parte estão no mesmo estágio de industrialização.

Os países mais industrializados da Europa estão entre os mais desenvolvidos do mundo, por exemplo, Reino Unido, Alemanha e França.

Jochen Tack/Alamy/Fotoarena

Área industrial em Düsseldorf, Alemanha, em 2017.

O parque industrial desses países é diversificado e moderno, apresentando de indústrias de base (siderúrgica e metalúrgica) a indústrias de alta tecnologia (aeroespacial, robótica e eletrônica). É nele que está localizada grande parte das sedes de importantes multinacionais, como Nestlé (do ramo de alimentos, na Suíça), Volkswagen (do ramo automobilístico, na Alemanha) e Philips (ramo eletrônico, na Holanda).

As marcas apresentadas são utilizadas para fins estritamente didáticos, portanto não representam divulgação de qualquer tipo de produto ou empresa por parte da autora e da editora.

Além dos países altamente industrializados, na Europa, há países com nível de industrialização intermediário, como Portugal, Grécia e Espanha. Há também países com baixa atividade industrial, sendo a maior parte deles os ex-socialistas da Europa Oriental, por exemplo, Croácia e Albânia. Nesses países, a industrialização esteve mais voltada para indústrias de base em detrimento da indústria de bens de consumo.

Após a queda do regime socialista e o período de transição para a economia capitalista, marcado por desemprego, recessão e queda das atividades econômicas, o setor industrial vem ganhando cada vez mais força no Leste Europeu, sobretudo em países como Polônia, Hungria e República Tcheca.

lukep/Shutterstock.com/ID/BR

Nas últimas décadas, vários países altamente industrializados e membros da União Europeia têm realizado expressivos investimentos no setor industrial de países da Europa Oriental. Isso tem ocorrido com o objetivo de dinamizar o parque industrial do Leste Europeu, sobretudo dos países que passaram a integrar o bloco econômico.

Área industrial em Varsóvia, Polônia, em 2018.

Agropecuária

O continente europeu como um todo apresenta uma grande produção agropecuária, sendo que, nele, predominam pequenas e médias propriedades rurais.

Em razão das diferentes condições naturais existentes no seu espaço geográfico, a produção agrícola se diferencia da seguinte maneira:

- nas áreas central e norte, caracterizadas por temperaturas baixas, as produções agrícolas que mais se destacam são as de beterraba e de cereais, como trigo, aveia e milho;
- na área sul, onde as temperaturas são mais amenas na maior parte do ano, as propriedades agrícolas estão voltadas, sobretudo, para a agricultura mediterrânea, com a produção de frutas cítricas e de uvas.

Observe o mapa abaixo que mostra a distribuição das principais atividades agropecuárias na Europa.

Atividade agropecuária na Europa (2013)

Fonte de pesquisa: *Reference atlas of the world*. 9. ed. London: Dorling Kindersley, 2013. p. 90.

Alguns países da Europa apresentam grande produtividade agropecuária, e isso está diretamente relacionado à intensa mecanização e ao uso de sistemas de irrigação, de fertilizantes e de sementes selecionadas.

Outro fator que favorece a produção agropecuária da Europa são os elevados subsídios agrícolas oferecidos pelos governos. Esses subsídios são benefícios que, ao custearem parte dos gastos com a produção, tornando-a mais barata para o produtor, possibilitam que este possa negociar seus produtos com preços menores no mercado. Além disso, muitos impostos taxados sobre produtos importados acabam tornando o produto europeu mais vantajoso, o que também possibilita aos agricultores investirem continuamente na modernização de suas propriedades.

Embora o auxílio dos governos por meio de subsídios agrícolas contribua para haver maiores investimentos na modernização das técnicas agropecuárias, na parte oriental da Europa ainda são encontrados vários países, entre eles, Albânia e Bósnia-Herzegovina, assim como Portugal e Grécia, na Europa Ocidental, que desenvolvem cultivos agrícolas por meio de técnicas tradicionais, com emprego de semeadura e colheita realizadas manualmente, ou seja, com baixa utilização de maquinários.

Apesar da maioria dos países europeus apresentar elevada produtividade agrícola, apenas uma pequena parcela dessa produção é destinada à exportação, pois muito do que se produz no continente é destinado ao abastecimento do mercado interno europeu.

Assim como na agricultura, a pecuária praticada em grande parte da Europa Ocidental utiliza recursos modernos, como acompanhamento constante de médicos veterinários, programas de vacinação e inseminação artificial. Nessa região da Europa destacam-se os rebanhos de suínos, ovinos e bovinos. No Leste Europeu, a produção agropecuária que se destaca é a criação de gados bovino e ovino.

Jean-Francois Monier/AFP

Criação de suínos em Piace, França, em 2015.

Colheita de trigo em Krasnodar, Rússia, em 2018. Algumas áreas do Leste Europeu, sobretudo a Ucrânia e a Rússia, destacam-se mundialmente no cultivo de cereais, especialmente de trigo. Isso ocorre devido à presença do solo *tchernozion*, um tipo de solo muito fértil, que apresenta grande concentração de matéria orgânica decomposta, permitindo uma elevada produtividade agrícola.

Ilya Platonov/Shutterstock.com/ID/BR

Tchernozion: solo de coloração escura, com alta concentração de argila e rico em húmus. Esse tipo de solo é considerado excelente para a prática da agricultura por ser levemente alcalino, em razão de a evaporação ser maior do que a precipitação, e pela presença do aquífero freático a poucos metros da superfície.

Atividades

Organizando o conhecimento

1. De acordo com o que você estudou sobre a economia da Europa, caracterize os diferentes níveis de desenvolvimento econômico no continente.
2. Observe novamente o mapa da página **139** e descreva a localização de três importantes áreas industriais no continente europeu.
3. Explique como as condições naturais interferem na produção agrícola no continente europeu.
4. O que diferencia a agropecuária praticada na maioria dos países da Europa Ocidental da praticada na Europa Oriental, tendo como base o nível tecnológico empregado?

Conectando ideias

5. **Observe** as tabelas abaixo. Uma delas apresenta a composição das exportações de um país subdesenvolvido do continente americano, e a outra as exportações de um país da Europa desenvolvida. Sabendo disso, **responda** às questões.

Composição das exportações - País A (2017)	
Produtos agrícolas e outros	8,8%
Produtos manufaturados	87%
Combustíveis e produtos minerais	4,2%

Composição das exportações - País B (2017)	
Produtos agrícolas e outros	0,1%
Produtos manufaturados	2,9%
Combustíveis e produtos minerais	97%

Fonte de pesquisa das tabelas: WTO. *Trade profiles 2018*. Disponível em: <https://www.wto.org/english/res_e/booksp_e/trade_profiles18_e.pdf>. Acesso em: 3 nov. 2018.

a) A tabela do país **A** representa a composição das exportações de qual dos países citados no enunciado? **Justifique** sua resposta.

b) A tabela do país **B** representa a composição das exportações de qual dos países citados no enunciado? **Explique** sua resposta.

6. **Observe** a foto ao lado. Com base nela e no que você estudou neste capítulo, **responda** à questão a seguir.
   - Por que é baixa a participação da PEA na atividade industrial da Europa Ocidental?

Andrei Kholmov/Shutterstock.com/ID/BR

Robôs trabalhando em fábrica de automóveis em Togliatti, Rússia, em 2015.

UNIDADE 5

CAPÍTULO

13 A União Europeia

A União Europeia é o bloco econômico mais antigo em formação e também o que se encontra em estágio mais avançado de integração. Por esse motivo, tem servido de modelo para os blocos que buscam promover uma completa integração econômica, monetária e política.

Em seu atual estágio, a União Europeia constitui uma união econômica e monetária com livre circulação de mercadorias, serviços, capitais e pessoas entre boa parte dos países-membros, e conta com uma moeda única, o euro, adotada pela maioria dos países do bloco, e até por alguns que não são membros. Além disso, as regras e decisões políticas que orientam os rumos desse bloco são tomadas por um conjunto de instituições com poderes independentes ao do governo de cada país.

ACESSE O RECURSO DIGITAL

Entre essas instituições, existem, por exemplo, os conselhos de ministros, os tribunais de justiça e de contas, os comitês econômico e social e o parlamento europeu. Essas instituições têm o poder de regular as taxas de juros e controlar a inflação; determinar as políticas de imigração; combater os problemas socioeconômicos; criar leis que assegurem a preservação do meio ambiente; organizar um sistema de defesa comum para garantir a proteção de todos os países-membros, etc.

Aprenda mais

No *site* da União Europeia você encontrará várias informações a respeito desse bloco e dos países que o formam. Também poderá conhecer a sua história, informações sobre agricultura, comércio, cultura, saúde, bem como ter acesso a documentos oficiais e dados estatísticos.

União Europeia. Disponível em: <http://linkte.me/z8pp6>. Acesso em: 3 nov. 2018.

ilolab/Shutterstock.com/ID/BR

Banco Central Europeu em Frankfurt, Alemanha, em 2016. Na frente do prédio, há o logotipo do euro, moeda única da União Europeia.

Veja na tabela a seguir algumas informações sobre os países-membros do bloco.

União Europeia			
Países-membros	PIB (em bilhões de US$) 2016	População (em milhões de habitantes) 2018	Área (em km²) 2018
Alemanha	3478	82	357120
Áustria	391	8,7	83879
Bélgica	468	11,4	30530
Bulgária	53	7	111000
Chipre	20	1,2	9 250
Croácia	51	4,2	56590
Dinamarca	307	5,7	43090
Eslováquia	90	5,5	49040
Eslovênia	45	2	20270
Espanha	1237	46,3	505370
Estônia	23	1,3	45230
Finlândia	239	5,5	338420
França	2465	64	549190
Grécia	193	11,1	131960
Holanda	777	17	41540
Hungria	126	9,7	93030
Irlanda	305	4,7	70280
Itália	1 859	60	301340
Letônia	28	2	64560
Lituânia	43	3	65300
Luxemburgo	59	0,6	2590
Malta	11	0,4	320
Polônia	471	38	312680
Portugal	205	10,4	92090
Reino Unido	2648	66,2	243610
República Tcheca	195	10,6	78870
Romênia	188	19,7	238390
Suécia	514	10	450300
Total	**16489**	**508,2**	**4385839**

Fontes de pesquisa: The World Bank. *DataBank*. Disponível em: <http://databank.worldbank.org/data/download/GDP.pdf>; United Nations. *World population prospects*. Disponível em: <https://esa.un.org/unpd/wpp/DVD/Files/1_Indicators%20(Standard)/EXCEL_FILES/1_Population/WPP2017_POP_F01_1_TOTAL_POPULATION_BOTH_SEXES.xlsx>; IBGE. *Países*. Disponível em: <https://paises.ibge.gov.br/#/pt>. Acessos em: 3 nov. 2018.

A União Europeia apresenta um papel de destaque no cenário internacional. De acordo com a OMC, em 2017, ela respondeu por cerca de 15,2% das exportações e 14,7% das importações de todo o comércio mundial. Ainda que reforçado com a entrada de países como Polônia, Hungria e República Tcheca, o bloco encontra-se abalado por problemas com seus países-membros, como a crise na economia da Grécia e o processo de saída do Reino Unido do bloco. Essas questões têm intensificado, entre alguns países, movimentos contra a União Europeia e levado outros países a voltarem seus esforços para o fortalecimento do bloco econômico.

A história da formação da União Europeia

A União Europeia foi formada por meio de acordos e tratados assinados desde o início da década de 1950. Conheça a seguir um pouco da história desse bloco, que hoje é uma união econômica e monetária.

- **1950** → Criação da Comunidade Europeia do Carvão e do Aço (Ceca), que estabeleceu o livre-comércio de carvão e aço entre seis países: França, Alemanha Ocidental, Itália, Bélgica, Holanda e Luxemburgo.
- **1957** → Criação da Comunidade Econômica Europeia (CEE), que transformou a Ceca em uma área de livre circulação de mercadorias, serviços, pessoas e capitais.
- **1973** → Dinamarca, Irlanda e Reino Unido ingressam na CEE.
- **1981** → A Grécia passa a fazer parte da CEE.
- **1986** → Espanha e Portugal são aceitos na CEE.
- **1993** → A CEE passa a se chamar União Europeia após a assinatura do Tratado de Maastricht, na Holanda.
- **1995** → Finlândia, Suécia e Áustria ingressam na União Europeia.
- **2004** → Dez países passam a fazer parte da União Europeia: Polônia, Hungria, República Tcheca, Eslovênia, Eslováquia, Chipre, Malta, Estônia, Letônia e Lituânia.
- **2007** → A Bulgária e a Romênia ingressam na União Europeia.
- **2013** → A Croácia ingressa na União Europeia.
- **2016** → Por meio de um plebiscito, o Reino Unido inicia o processo de separação da União Europeia que é previsto para terminar em 2020.

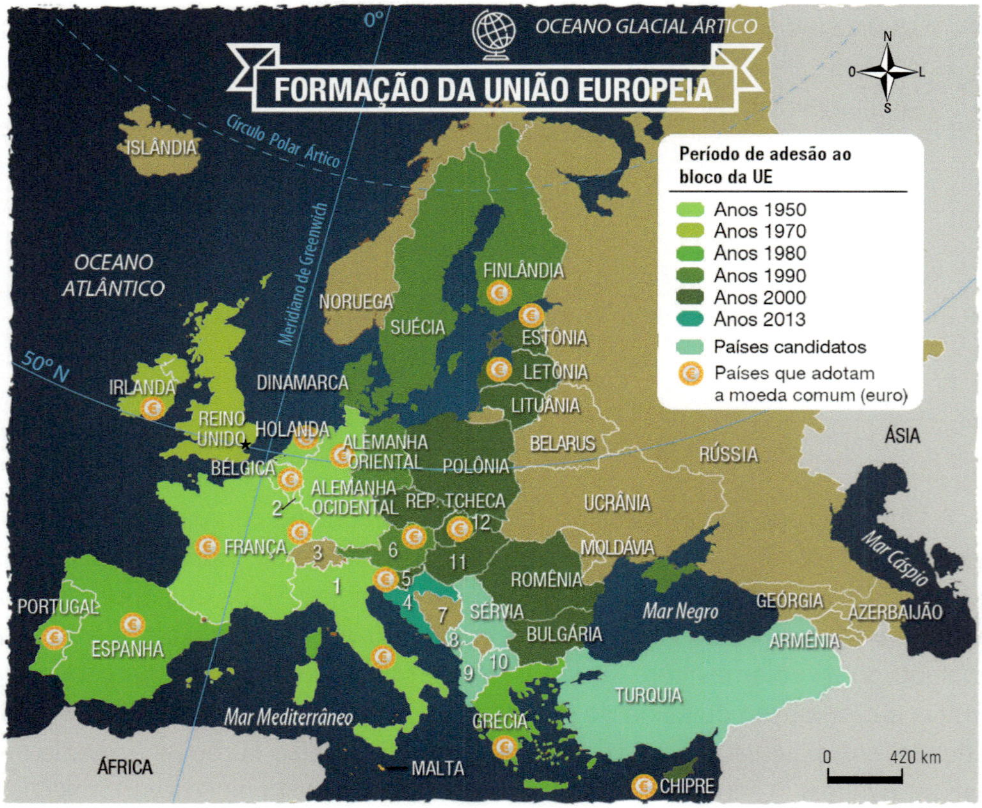

Cássio Bittencourt

Fonte de pesquisa: União Europeia. Disponível em: <http://europa.eu/about-eu/countries/index_pt.htm>. Acesso em: 3 nov. 2018.

O poderio econômico da União Europeia

O processo de expansão e incorporação de novos membros fortaleceu o poderio econômico da União Europeia, exercido principalmente pela Alemanha, França e Itália, países que são grandes potências econômicas mundiais.

Essa importância econômica tem sido alcançada tanto pelo desenvolvimento das atividades econômicas nos países do bloco, quanto pelo aumento crescente da participação desses países no comércio mundial. Atualmente, a União Europeia responde por cerca de 30% de todo o comércio mundial, volume muito superior ao alcançado por outras grandes potências econômicas, como Estados Unidos, China e Japão.

Com a intensificação das relações comerciais com outros países que não pertencem ao bloco, a União Europeia também vem aumentando o volume de suas exportações pelo mundo. Com isso, o euro tem se valorizado no mercado internacional passando a concorrer com o dólar estadunidense como moeda de referência nas transações comerciais. Atualmente, a União Europeia desponta entre as maiores economias mundiais, se colocando como um dos grandes centros hegemônicos do poder econômico e político internacional. Veja os dados na tabela abaixo.

	Indicadores socioeconômicos 2016		
	PIB (em bilhões)	Renda *per capita* (em US$)	Crescimento econômico (em %)
União Europeia	16 489	32 242	2,0
Estados Unidos	18 624	57 638	1,5
China	11 199	8 123	6,7
Japão	4 940	38 900	1,0

Fonte de pesquisa: The World Bank. *DataBank*. Disponível em: <http://databank.worldbank.org/data/home.aspx>. Acesso em: 3 out. 2018.

Os desafios da integração

Embora seja o mais antigo e bem sucedido projeto de integração econômica em nível mundial, a União Europeia apresenta alguns problemas que colocam em risco o fortalecimento do bloco e a manutenção de sua hegemonia econômica e política em nível mundial.

Um desses problemas está ligado à disparidade econômica existente entre os países-membros. No bloco europeu estão reunidas desde economias altamente industrializadas e avançadas tecnologicamente, como Alemanha e França, a países com economias modestas, apoiadas basicamente em atividades primárias e terciárias, como Grécia e Portugal. Os contrastes regionais também são acentuados, sobretudo entre os países ocidentais do bloco, onde as condições socioeconômicas de suas populações são melhores que as dos países orientais do continente. Observe a tabela da página seguinte que mostra o contraste econômico entre alguns países da União Europeia.

PIB e Renda *per capita* de países selecionados da União Europeia		
País	PIB (em bilhões US$) 2016	Renda *per capita* (em US$) 2016
Alemanha	3 478	42 161
Itália	1 859	30 661
Irlanda	305	64 175
Hungria	126	12 820
Polônia	471	12 414
Romênia	188	9 523

Fonte de pesquisa: The World Bank. *DataBank*. Disponível em: <http://databank.worldbank.org>. Acesso em: 3 nov. 2018.

O aumento do desemprego é um outro grave problema que atinge os países da União Europeia. A escassez de trabalho tem gerado um crescente número de pessoas em condições de pobreza em países da União Europeia. A inserção cada vez maior de tecnologias no sistema produtivo das indústrias, reduzindo o número de postos de trabalho, o aumento crescente do número de imigrantes e a retração da economia mundial ocorrida ao longo dos últimos anos, são fatores que vêm contribuindo para o aumento do desemprego em vários países da Europa. Em 2017, a taxa de desemprego dos jovens com idade entre 15 e 24 anos atingiu, aproximadamente, 17%.

Observe o gráfico abaixo. Ele mostra a evolução do número de desempregados nos países da União Europeia nas últimas décadas.

Evolução do número de desempregados na União Europeia (2006-2017)

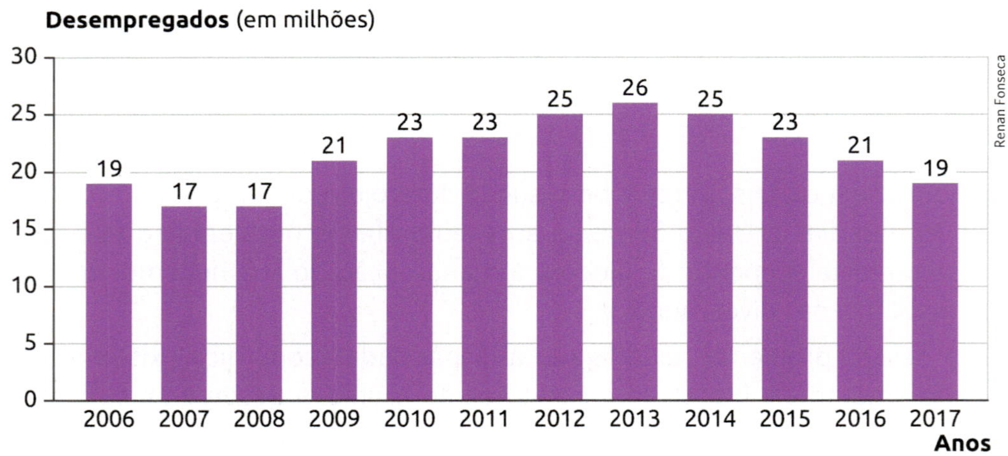

Fonte de pesquisa: Eurostat. Disponível em: <https://ec.europa.eu/eurostat/tgm/refreshTableAction.do;jsessionid=ZqY8_4VGm0zzno9uom2jnV_s7QQ1d0WV8-Zdwl79579-nR_H7fno!-1134835525?tab=table&plugin=1&pcode=tps00203&language=en>. Acesso em: 26 out. 2018.

Com base nesse gráfico, em qual ano se registrou a maior quantidade de desempregados na União Europeia?

Xenofobia no continente europeu

Durante décadas em que as economias europeias prosperavam economicamente e o envelhecimento da população avançava rapidamente, vários países do continente permitiram, sem muitas restrições, a entrada de imigrantes provenientes principalmente dos países subdesenvolvidos. Muitos desses imigrantes, constituídos principalmente por trabalhadores com menor qualificação profissional, passaram a ser empregados em atividades de baixa remuneração, como na construção civil, nos serviços de limpeza e entrega de encomendas, assim como, no trabalho rural, sobretudo na época da colheita.

Com a crise econômica e o aumento do desemprego ocorrido nas últimas décadas, porém, ocorreu o surgimento de reações contrárias à imigração. Em muitos países do continente, grupos políticos nacionalistas, sindicatos de trabalhadores, entre outras organizações da sociedade, passaram a atribuir aos imigrantes a culpa pela falta de trabalho, situação que tem levado ao surgimento de movimentos xenófobos. A xenofobia consiste no sentimento de aversão ao estrangeiro, que geralmente se manifesta por meio de atitudes preconceituosas e discriminatórias, por vezes de forma extremamente violenta, em relação a pessoas pertencentes a outras culturas, religiões e etnias. Observe a foto a seguir.

Stephen Chung/Alamy Live News/Fotoarena

Na foto, marcha contra o racismo em Londres, Reino Unido, em 2018. Em contrapartida aos grupos nacionalistas existentes, o continente europeu apresenta movimentações com o intuito de sensibilizar os coletivos praticantes de ações que fomentam a xenofobia, o preconceito e o racismo, com práticas e manifestações que reafirmam a importância da igualdade entre as pessoas.

Pesquise em jornais, revistas e na internet notícias recentes sobre casos de xenofobia na Europa. Após ler as reportagens, relacione no seu caderno os fatos principais de cada uma delas. Traga as anotações para a sala de aula e apresente-as aos colegas.

O repúdio ao preconceito

Seja na Europa ou em qualquer outro continente, a xenofobia geralmente é manifestada por meio do preconceito, ou seja, conceito ou ideia criada em relação a pessoas pertencentes a outras crenças, culturas ou grupos antes mesmo de os conhecermos.

É importante repudiarmos qualquer atitude preconceituosa, pois somos pessoas diferentes, pensamos diferente e vivemos em um mundo caracterizado pela diversidade de povos e culturas e, por isso, a pluralidade faz parte de nosso dia a dia.

O preconceito, muitas vezes, pode ser o estopim de grandes tragédias e despertar ou aumentar o sentimento de xenofobia. Um exemplo é o atentado ocorrido na manhã de terça-feira do dia 7 de janeiro de 2015, que tirou a vida de 12 pessoas na França.

Leia abaixo o trecho de uma reportagem que trata desse acontecimento.

Morte em Paris

[...] Dois homens encapuzados e vestidos de negro, aparentando (ou simulando) ser fundamentalistas islâmicos, invadiram a sede de um jornal satírico francês, o Charlie Hebdo, e executaram, a rajadas de metralhadoras, ao menos doze pessoas. Entre os mortos estão o editor da publicação e outros três chargistas de enorme talento e renome internacional. Charlie Hebdo é irreverente [...] e crítico às instituições religiosas. Esta postura levou-o, algumas vezes, a provocar o islamismo, religião de milhões de imigrantes oprimidos e discriminados na Europa. Sejam quais forem os responsáveis pelo atentado, as consequências são potencialmente trágicas: aumento da onda xenófoba – especialmente anti-islâmica – na Europa. [...]

STILLFX/Shutterstock.com/ID/BR

Antonio Martins. Morte em Paris. *Carta Capital*, 7 jan. 2015. Disponível em: <www.cartacapital.com.br/blogs/outras-palavras/morte-em-paris-5669.html>. Acesso em: 8 nov. 2018.

1. Por que o ato terrorista pode contribuir para o aumento da xenofobia, sobretudo anti-islâmica, na Europa?

2. O que é possível e necessário fazer para que a sociedade combata esse tipo de problema?

3. Você já vivenciou alguma situação em que houve uma atitude preconceituosa? Conte para os colegas como foi essa situação e o que, em sua opinião, deveria ter sido feito para evitá-la.

Atividades

Organizando o conhecimento

1. A União Europeia pode ser considerada o modelo de integração econômica bem-sucedida na atualidade? Por que?

2. Caracterize o nível de integração entre os países europeus em seu estágio atual.

3. Qual a relação entre o aumento do desemprego e o avanço da xenofobia em países europeus?

Conectando ideias

4. **Observe** no mapa abaixo o PIB dos países europeus.

PIB dos países europeus (2016)

Fonte de pesquisa: The World Bank. *Gross domestic product 2016*. Disponível em: <http://databank.worldbank.org/data/download/GDP.pdf>. Acesso em: 3 nov. 2018.

a) **Identifique** no mapa onde estão localizados os países com os maiores e os menores PIBs da Europa.

b) Que fatores históricos estão relacionados aos diferentes níveis de desenvolvimento econômico dos países do Leste Europeu e dos da área ocidental da Europa?

CAPÍTULO

14 Imperialismo e geopolítica: a Europa no mundo

Entre o início do século XIX e o começo do século XX, a Europa se manteve no centro do poder econômico mundial, exercendo grande hegemonia em relação ao resto do mundo. Fatores como o acelerado crescimento econômico e a adoção de uma política territorial expansionista contribuíram diretamente para a supremacia dos grandes impérios europeus pelo mundo.

No plano econômico, as principais potências econômicas europeias daquela época estavam na vanguarda do desenvolvimento industrial, respondendo por praticamente metade da produção industrial mundial. Inglaterra, França e Alemanha eram os países mais industrializados do mundo, onde a atividade industrial se expandia rapidamente pelo continente, sobretudo ao redor das regiões mineradoras de carvão. As grandes reservas carboníferas foram fundamentais para impulsionar o desenvolvimento das indústrias durante o século XIX (imagem **A**).

Hegemonia: supremacia ou superioridade; influência preponderante que um país exerce sobre os demais.

Biblioteca Britânica, Londres (Inglaterra). Fotografia: ID/BR

A imagem acima produzida por Willian Daniell, retrata um porto movimentado em Londres, Inglaterra, durante o séc. XIX, entre os anos 1803 e 1808.

As nações europeias também dominavam o comércio mundial, controlando os principais portos e rotas marítimas, além de concentrar grande parte dos bancos e dos investimentos em nível mundial. Na época, os ingleses, em especial, eram considerados os "banqueiros" do mundo.

O desenvolvimento econômico europeu também era impulsionado pelo rápido crescimento urbano e demográfico. No início do século XX, a Europa concentrava mais de 25% da população total do planeta, além de vários dos mais importantes centros urbanos da época (imagem **B**).

Biblioteca do Congresso, Washington D.C. (EUA). Fotografia: ID/BR

Ao lado, vista panorâmica de Paris, França. A imagem, produzida por Maison Martinet no séc. XIX, mostra o palácio das Tulherias, o Louvre, o rio Sena, além de outras construções.

No âmbito geopolítico, as principais potências econômicas da Europa também trataram de expandir e consolidar seus domínios territoriais pelo mundo, como forma de obter riquezas e garantir o acesso às fontes de matérias-primas necessárias para suprir o crescente avanço de suas produções industriais.

Para isso, essas potências promoveram a ocupação do continente africano e de extensas áreas do continente asiático. A tomada da África, ou partilha, como também ficou conhecida, foi feita por meio de um acordo selado na Conferência de Berlim, na Alemanha, assinado em 1885. A gravura ao lado ilustra a reunião entre os líderes europeus durante o evento.

Coleção particular. Fotografia: ID/BR

Imagem retratando a reunião dos líderes europeus durante a Conferência de Berlim, em 1884, produzida por Adalbert von Roessler.

No continente asiático, por sua vez, os ingleses detinham o pleno controle das Índias, enquanto os franceses e os holandeses controlavam extensas áreas no Sudeste Asiático e a Rússia expandia seus domínios sobre a Sibéria e a Ásia Central. As terras da Oceania também foram tomadas por europeus, principalmente ingleses, holandeses, belgas e espanhóis.

Essas conquistas territoriais foram asseguradas pela superioridade bélica das potências europeias. De posse de armas mais poderosas (fuzis, metralhadoras, granadas, etc.), os conquistadores europeus dominaram as populações locais e reprimiram, com extrema violência, qualquer tentativa de libertação promovida por movimentos de resistência. Em alguns casos, populações nativas inteiras que habitavam essas terras foram dizimadas pelas forças dos conquistadores europeus, como podemos observar na imagem abaixo.

Coleção particular. Fotografia: INTERFOTO/Alamy/Fotoarena

A imagem ao lado, produzida por Godefroy Durand, retrata confronto entre nativos africanos e europeus durante o séc. XIX.

Observe no mapa a seguir os principais domínios coloniais em poder das nações europeias no final do século XIX e início do século XX.

Principais impérios coloniais do século XIX e início do século XX

E. Bellusci

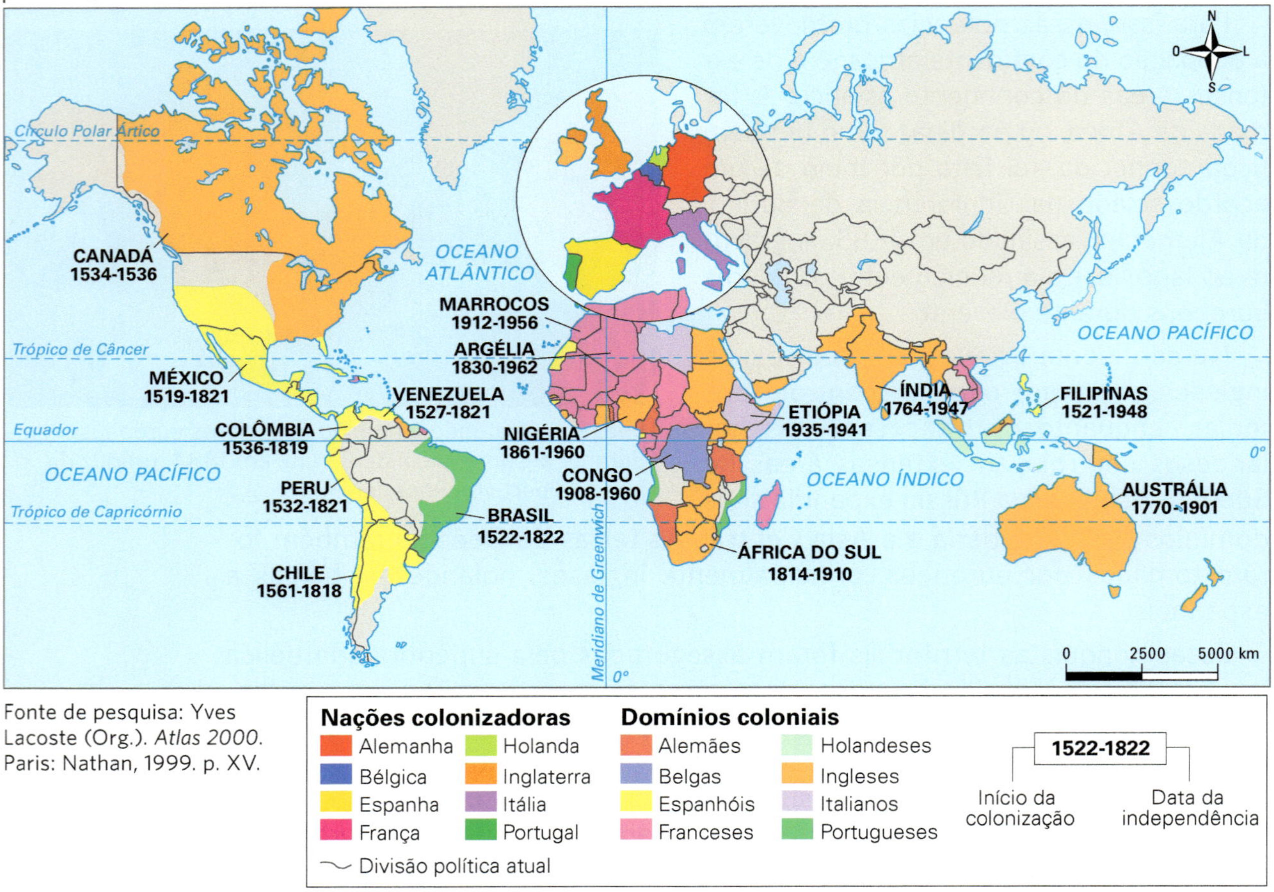

Fonte de pesquisa: Yves Lacoste (Org.). *Atlas 2000*. Paris: Nathan, 1999. p. XV.

Identifique no mapa os domínios territoriais conquistados pelas potências europeias na África, na Ásia, na Oceania e na América.

A conquista de territórios, por sua vez, serviu para promover a dominação cultural dos europeus pelo mundo. Nos territórios coloniais, os colonizadores também impuseram sua cultura, com seus valores morais e éticos, assim como seus idiomas. Em muitas regiões da Ásia e da África, por exemplo, os colonizadores tornaram obrigatório o ensino de suas línguas.

O imperialismo, como ficou conhecido esse período histórico marcado pela ocupação e pela exploração mais efetiva dos continentes africano e asiático, ampliou a hegemonia econômica dos países europeus e serviu para propagar o chamado eurocentrismo, ou seja, uma visão de mundo na qual a Europa é colocada como "modelo" de sociedade, reforçando uma suposta superioridade dos povos europeus, de sua cultura, de suas línguas e de seu desenvolvimento econômico e tecnológico sobre os demais povos do mundo.

Com a disseminação dessa visão eurocêntrica, o imperialismo europeu também fortaleceu a ideia de um mundo dividido entre Ocidente (tendo a Europa como centro) e Oriente (formado por povos com sociedades e culturas muito distintas).

Europa: territórios e fronteiras em movimento

A hegemonia exercida pelos países europeus durou até as primeiras décadas do século XX, quando o continente foi abalado por dois grandes conflitos: a Primeira Guerra (1914-1918) e a Segunda Grande Guerra (1939-1945). Assim, as economias mais prósperas da Europa, como França, Inglaterra e Alemanha, foram duramente devastadas, resultando em enormes perdas humanas e grande destruição nas cidades e no campo. Com o continente em ruínas, a economia mundial passa a ser disputada pela ascensão de duas novas superpotências: os Estados Unidos (capitalista) e a antiga União Soviética (socialista).

Além da derrocada econômica, os conflitos mundiais também ocasionaram grandes mudanças no desenho das fronteiras europeias. Os mapas abaixo mostram a divisão político-territorial da Europa em dois momentos.

Europa (1937)

Fonte de pesquisa: Graça Maria Lemos Ferreira. *Atlas geográfico*: espaço mundial. 4. ed. São Paulo: Moderna, 2013. p. 90.

Europa (2016)

Fonte de pesquisa: *Atlas geográfico escolar*. 7. ed. Rio de Janeiro: IBGE, 2016. p. 43.

1 Observando os dois mapas, percebemos que a Europa passou por importantes mudanças político-territoriais. Quais foram as principais?

2 Quais países perderam parte dos seus domínios?

3 Quais países tornaram-se independentes e quais foram desfeitos?

Como observamos nos mapas da página anterior, os limites territoriais que separam os países podem ser alterados de uma época para outra.

Ao longo do século passado, por exemplo, alguns países ampliaram seus domínios territoriais, e outros perderam parte dos territórios. Nesse mesmo período, surgiram vários países, e outros desapareceram. Assim, entendemos que a configuração territorial dos países e seus limites estão em constante mudança. Esses limites, na maioria das vezes, são estabelecidos por acordos fronteiriços assinados de forma pacífica. No entanto, em muitos outros casos, os limites são definidos após guerras e conflitos.

Nas últimas décadas, principalmente, as mudanças ocorridas podem ser creditadas, sobretudo, aos conflitos nacionalistas e separatistas, reivindicando a criação de Estados soberanos e independentes.

Esses movimentos deram origem, por exemplo, aos sangrentos conflitos que assolaram a península dos Bálcãs no início da década de 1990, provocando a fragmentação da Iugoslávia e a criação das repúblicas da Sérvia, Eslovênia, Croácia e Bósnia-Herzegovina (mapa abaixo). Eles também foram responsáveis pelo desmembramento, de maneira pacífica, da Macedônia e da antiga Tchecoslováquia - dividida em dois novos países, a República Tcheca e a Eslováquia - em 1991, assim como de Montenegro em 2006.

Península dos Bálcãs – fronteiras na atualidade (2016)

Fonte de pesquisa: *Atlas geográfico escolar*. 7. ed. Rio de Janeiro: IBGE, 2016. p. 43.

Península dos Bálcãs: região histórica e geográfica localizada no sudeste do continente europeu. O nome vem dos montes Bálcãs, um conjunto de montanhas que se estende do leste da Bulgária ao oeste da Sérvia.

O cenário geopolítico atual

As transformações ocorridas no cenário geopolítico internacional têm levado a uma constante redefinição das fronteiras e dos limites territoriais entre os países do mundo.

Entre as importantes transformações geopolíticas ocorridas nas últimas décadas, podemos citar a derrocada do socialismo e o fim da União Soviética, no final da década de 1980 e início da década de 1990. Tais acontecimentos deflagraram processos de independência que levaram à fragmentação do território soviético e à criação de novos Estados, que mudaram o traçado do mapa político no leste da Europa e na Ásia.

Com a derrocada do socialismo, a União Soviética foi desmembrada em 15 novos países, sendo a Rússia a principal herdeira do império soviético. Houve também a criação da CEI, Comunidade dos Estados Independentes, um acordo político e econômico firmado entre países da ex-URSS, com exceção dos três países bálticos: Estônia, Letônia e Lituânia.

O fim da União Soviética provocou grandes alterações no cenário geopolítico mundial, marcado atualmente pelo predomínio do capitalismo em nível mundial e também pela existência de três principais centros ou polos de poder econômico: Estados Unidos, União Europeia e Japão. Mais recentemente, contudo, outras potências econômicas regionais também vêm se destacando nesse cenário internacional, entre elas, a China, que já desponta como segunda maior economia mundial e também as chamadas economias emergentes como o Brasil, a Índia e os Tigres Asiáticos (assuntos que estudaremos na unidade **7**).

Observe o mapa abaixo que mostra o atual cenário geopolítico mundial.

Cenário geopolítico atual

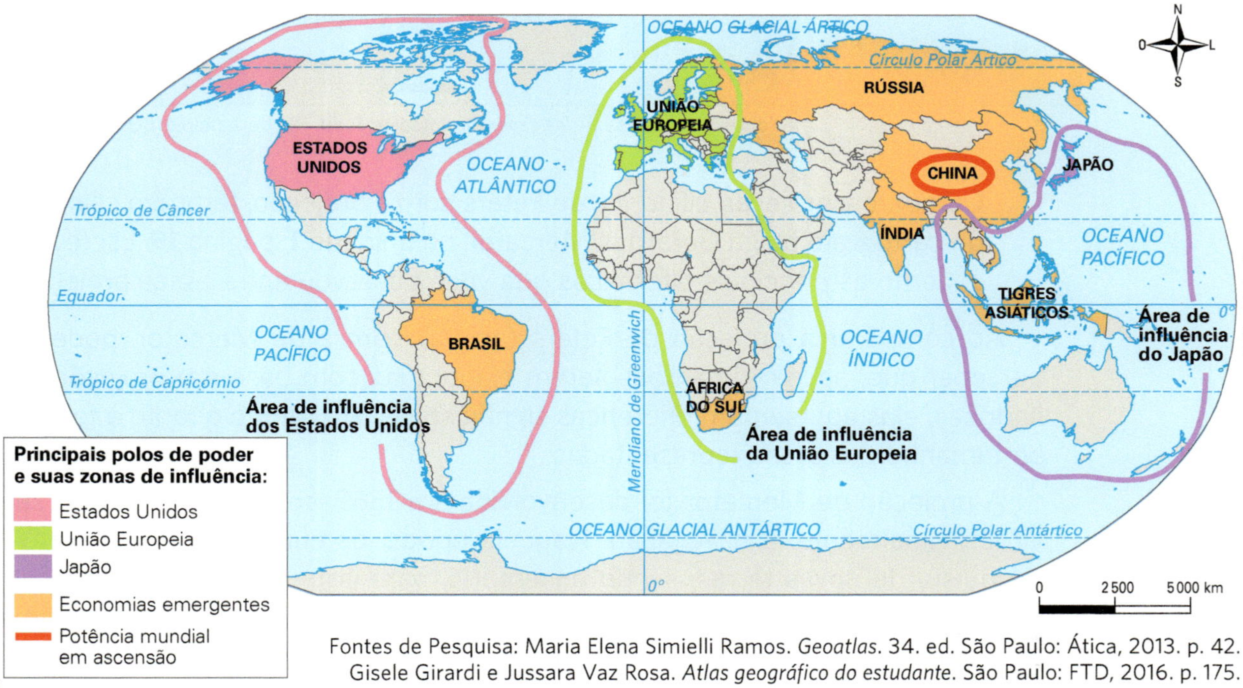

Fontes de Pesquisa: Maria Elena Simielli Ramos. *Geoatlas*. 34. ed. São Paulo: Ática, 2013. p. 42. Gisele Girardi e Jussara Vaz Rosa. *Atlas geográfico do estudante*. São Paulo: FTD, 2016. p. 175.

Projeções cartográficas: o mundo visto de maneiras diferentes

As diferenças entre as projeções cartográficas podem variar de acordo com o interesse e a intenção dos cartógrafos, ou até mesmo com a finalidade com que eles desejam representar a superfície terrestre. Vamos ver um exemplo disso.

A representação abaixo mostra a superfície do nosso planeta vista na projeção cilíndrica, elaborada pelo cartógrafo alemão Arno Peters. Observe-a atentamente.

Projeção de Peters

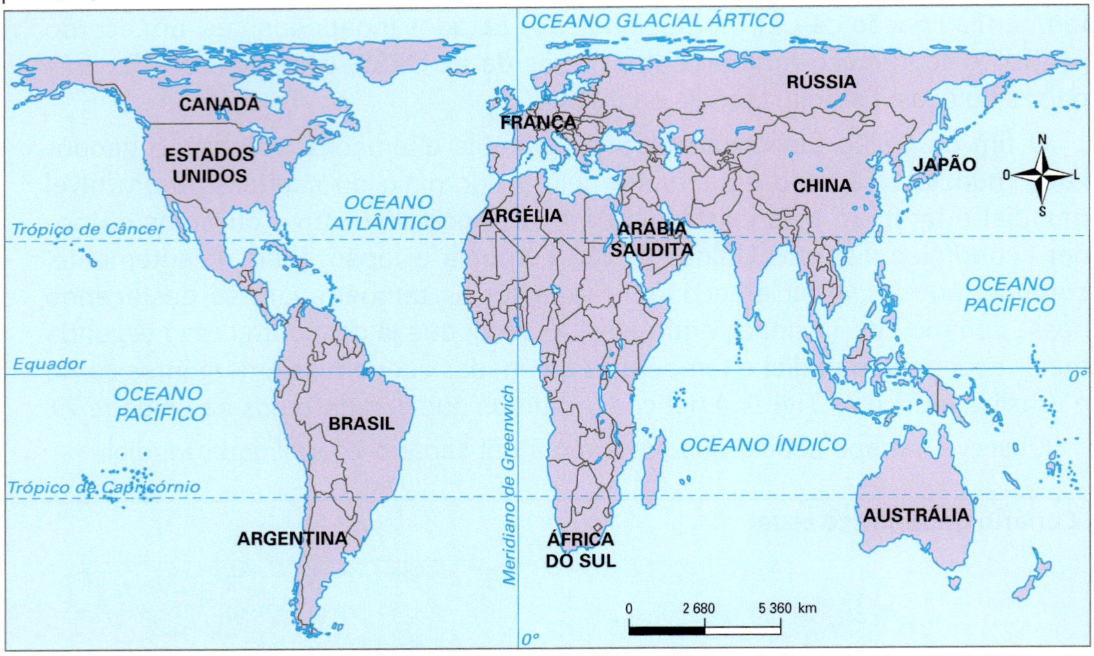

Fonte de pesquisa: *Atlas geográfico escolar*. 7. ed. Rio de Janeiro: IBGE, 2016. p. 21.

- Compare a projeção cilíndrica de Peters com a projeção, também cilíndrica, do cartógrafo belga Gerardus Mercator, na unidade **1**, página **19**. Escreva no caderno as principais diferenças que você observou entre essas projeções.

Ao comparar a projeção de Peters (acima) com a de Mercator, podemos perceber que, apesar de ambas serem elaboradas com base em projeções cilíndricas, elas apresentam diferenças significativas, sobretudo quanto à forma e ao tamanho das áreas representadas.

A projeção de Mercator foi desenvolvida em 1569, com o propósito de servir, principalmente, à navegação. Naquela época, os europeus se lançavam à conquista de novas terras, sendo necessário, para isso, mapas que pudessem orientar melhor os navegadores. Contudo, Mercator acabou representando a Europa em posição privilegiada, no centro do mundo e em tamanho bem maior se comparada com a África e a América, por exemplo.

Na década de 1970, Arno Peters tentou corrigir as distorções apresentadas na projeção de Mercator elaborando uma projeção que retratou de maneira mais fiel e correta o tamanho das áreas representadas.

No entanto, ao corrigir essas distorções, Peters acabou distorcendo a forma dos continentes. Em sua projeção, as áreas representadas próximo à linha do Equador aparecem alongadas no sentido norte-sul, enquanto as regiões próximos aos polos aparecem alongadas no sentido leste-oeste.

As imagens abaixo ilustram as diferenças entre as projeções de Mercator e de Peters. Observe-as com atenção.

Projeção de Mercator

Ilustrações: E. Bellusci

Na projeção de Mercator, as áreas mais próximas dos polos são as que mais apresentam distorções. A Groenlândia, por exemplo, localizada próxima ao polo Norte, parece ter o mesmo tamanho da América do Sul. Porém, na realidade, a América do Sul é aproximadamente oito vezes maior que a Groenlândia.

Fonte de pesquisa dos mapas: *Atlas geográfico escolar*. 7. ed. Rio de Janeiro: IBGE, 2016. p. 21.

Projeção de Peters

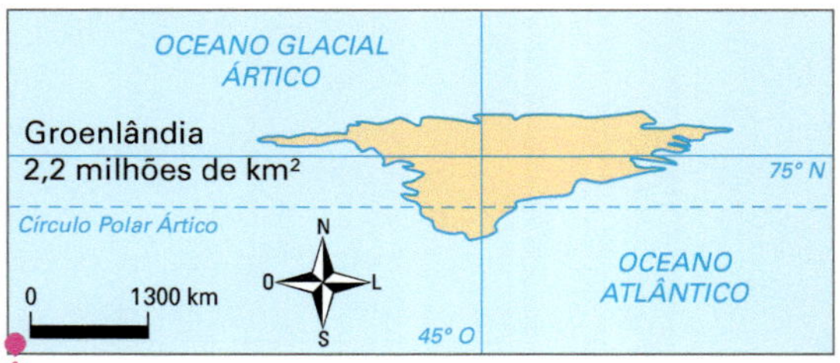

A projeção de Peters não apresenta distorções no tamanho das áreas representadas. Nela, a Groenlândia aparece bem menor que a América do Sul. Porém, devido às distorções na forma das áreas representadas, a medida do território sul-americano no sentido norte-sul aparece com mais que o dobro da medida leste-oeste, quando, na realidade, a medida norte-sul é 46% maior que a medida leste-oeste.

Ilustrações: E. Bellusci

Fonte de pesquisa dos mapas: *Atlas geográfico escolar*. 7. ed. Rio de Janeiro: IBGE, 2016. p. 21.

Atividades

Organizando o conhecimento

1. Que fatores contribuíram para a hegemonia exercida pelas nações europeias entre o início do século XIX e o começo do século XX?

2. De que maneira as potências econômicas europeias expandiram seus domínios territoriais pelo mundo? Com qual objetivo essa expansão foi realizada?

3. Explique o que foi o imperialismo.

4. De acordo com o que você estudou, explique os principais motivos que levaram a Europa a perder sua hegemonia econômica no século XX.

5. Caracterize o cenário geopolítico atual destacando os três principais polos de poder mundial.

Conectando ideias

6. O mapa a seguir mostra a redefinição política dos territórios e das fronteiras internacionais, provocada pelo fim da União Soviética. **Observe-o** e, depois, **responda** às questões propostas.

Ex-União Soviética

Fonte de pesquisa: Reinaldo Scalzaretto e Demétrio Magnoli. *Atlas geopolítica*. São Paulo: Scipione, 1998. p. 56.

a) **Descreva**, no caderno, as principais mudanças político-territoriais ocorridas com o fim da União Soviética.

b) **Identifique** quais foram os novos países criados com a queda do império soviético.

c) **Localize** também os três países bálticos da ex-URSS que não pertencem à CEI.

7. **Compare** atentamente a representação do continente africano na projeção de Peters e na projeção de Mercator. Depois, **responda** no caderno às questões propostas a seguir.

- O continente africano tem a mesma forma e tamanho (área) em ambas as projeções? **Explique**.

Projeção de Peters

Projeção de Mercator

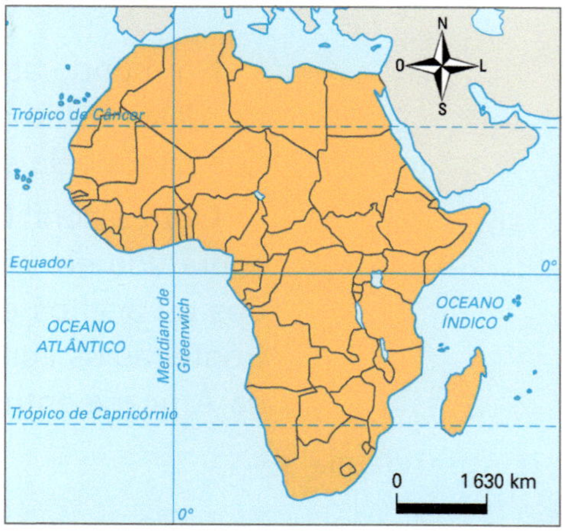

Ilustrações: E. Bellusci

Fonte de pesquisa dos mapas: *Atlas geográfico escolar*. 7. ed. Rio de Janeiro: IBGE, 2016. p. 21-23.

8. Existe uma grande variedade de projeções cartográficas. Algumas delas apresentam formas curiosas e inusitadas. **Observe** alguns exemplos a seguir.

Projeção Tetraédrica de Gregório

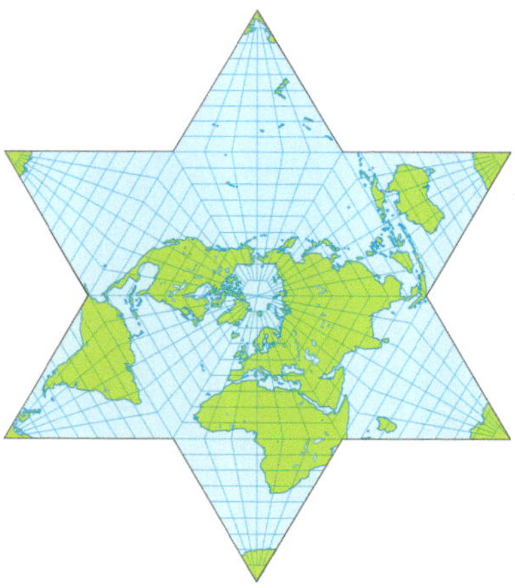

Fonte de pesquisa: *Goode's World Atlas*. 23. ed. New York: Rand McNally, 2017. p. XVII.

Projeção Homóloga Interrompida de Goode

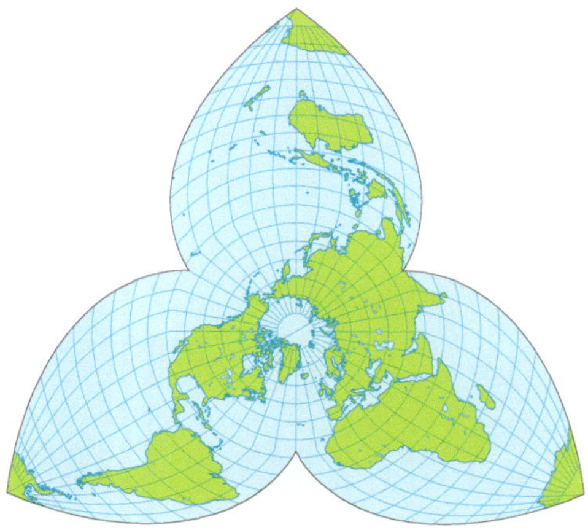

Ilustrações: Paula Radi

Fonte de pesquisa: Yves Lacoste. *Atlas 2000*. Paris: Nathan, 1999. p. 143.

a) Qual das projeções cartográficas apresentadas mais lhe chamou a atenção? Por quê?

b) **Observe** essas projeções e **identifique** a localização aproximada do território brasileiro em cada uma delas.

c) **Pesquise** outros tipos de projeções pouco comuns em atlas, livros, revistas e também na internet. Se possível, traga essas representações para a sala de aula e **apresente-as** aos colegas.

CAPÍTULO

15 Conflitos territoriais no mundo

No mundo atual, podemos observar inúmeros conflitos por territórios. Muitos deles estão ligados à existência de movimentos nacionalistas-separatistas, que lutam pela criação de Estados independentes.

Outros conflitos envolvem disputas pela redefinição de fronteiras nacionais, sobretudo em regiões onde os limites territoriais não foram claramente definidos ou aceitos pelos países vizinhos. São exemplos de disputas por zonas de fronteiras os conflitos entre Peru e Equador, na América do Sul; Egito e Sudão, na África; e entre a Coreia do Norte e a Coreia do Sul, na Ásia.

De maneira geral, esses conflitos são desencadeados por países que buscam ampliar seus domínios territoriais, resgatar territórios que historicamente já lhes pertenceram, dominar territórios com grande importância estratégico-militar ou que sejam ricos em recursos naturais.

Aprenda mais

O livro *Mohamed: um menino afegão* relata a história emocionante de um garoto que parte de Cabul, capital do Afeganistão para Peshawar, no Paquistão, em busca do pai desaparecido na guerra.

Fernando Vaz. *Mohamed:* um menino afegão. São Paulo: FTD, 2002.

South Korean Defense Ministry/Handout/Getty Images

Soldados sul-coreanos guardando área de fronteira entre a Coreia do Norte e a Coreia do Sul, em Paju, Coreia do Sul, em 2015.

Questão da Caxemira

Uma região de intensos conflitos territoriais e fronteiriços no mundo está situada no extremo norte da Índia, nas encostas da cordilheira do Himalaia, entre o Paquistão e a China.

Nessa região, ocorrem conflitos pela posse da Caxemira desde a época em que a Índia e o Paquistão deixaram de ser colônias do Reino Unido, em 1947, e grande parte da Caxemira foi incorporada ao território indiano.

Como a maioria da população da Caxemira é muçulmana, o governo islâmico do Paquistão considera inaceitável a Índia, de maioria hinduísta, continuar ocupando essa área e reivindica a anexação da região ao seu território. A Índia, por sua vez, rejeita a proposta do Paquistão e acusa-o de patrocinar grupos guerrilheiros favoráveis ao separatismo. E também teme que a perda da Caxemira possa resultar em uma eventual onda de movimentos separatistas em diferentes regiões do país habitadas por outras minorias étnicas, como a dos sikhs, que reivindicam a autonomia sobre a província do Punjab.

Desde que conquistaram a independência, esses países já se enfrentaram em três guerras pela posse da Caxemira: em 1948, 1965 e 1971. Milhares de pessoas morreram nesses conflitos. A questão territorial da Caxemira complicou-se ainda mais quando a China ocupou parte de seu território, em 1959, e travou uma guerra com os indianos em 1962.

A possível ocorrência de um novo conflito armado na região tem se tornado um grande foco de tensão e instabilidade geopolítica, sobretudo após a Índia e o Paquistão realizarem testes com armas nucleares, mostrando que dispõem de bombas atômicas em seus arsenais. Uma eventual guerra na região, portanto, poderia ter consequências imprevisíveis.

Caxemira (2013)

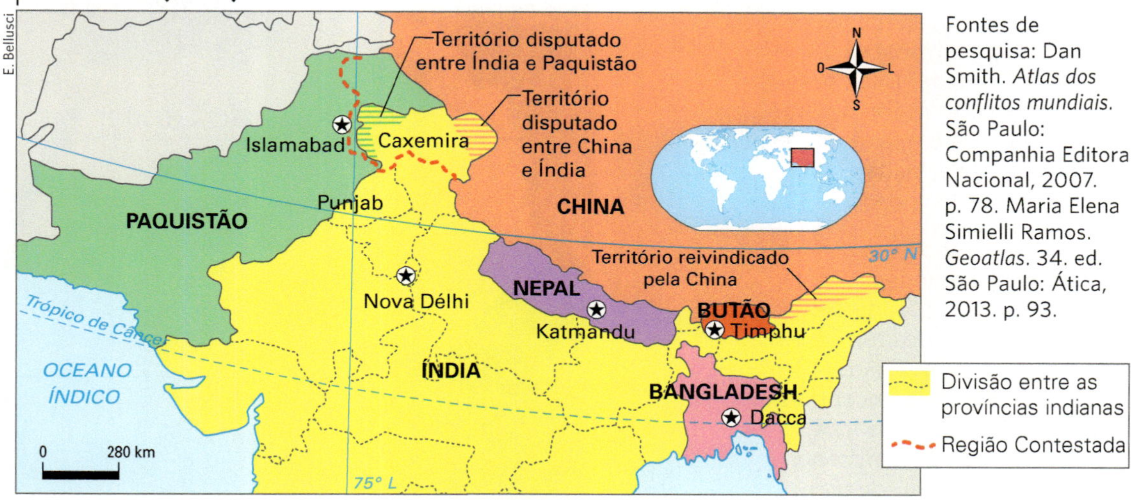

Fontes de pesquisa: Dan Smith. *Atlas dos conflitos mundiais.* São Paulo: Companhia Editora Nacional, 2007. p. 78. Maria Elena Simielli Ramos. *Geoatlas*. 34. ed. São Paulo: Ática, 2013. p. 93.

- Leia a afirmação a seguir.

> Muitos conflitos territoriais da atualidade são movidos por questões étnico-religiosas.

Com base nessa afirmação, converse com os colegas sobre as razões que motivam os conflitos entre a Índia e o Paquistão pela disputa da Caxemira.

UNIDADE 5

Movimentos separatistas

Alguns povos e minorias nacionais almejam conquistar autonomia sobre seus territórios para formar um Estado livre e soberano. Em alguns casos, essas reivindicações são lideradas por grupos radicais, que realizam ações terroristas na tentativa de alcançar seus objetivos.

Em contrapartida, muitas dessas minorias nacionais também são violentamente perseguidas e reprimidas, pois o governo dos países onde vivem não aceita perder partes de seus territórios. Essa repressão, por sua vez, desperta ainda mais o desejo de liberdade das minorias nacionais, estimulando a atuação de movimentos separatistas que lutam pela independência, inclusive com o uso da força e da resistência armada.

Diversos focos de tensão espalhados pelo mundo são reflexos desses movimentos separatistas. Conheça alguns deles.

Movimentos separatistas na atualidade

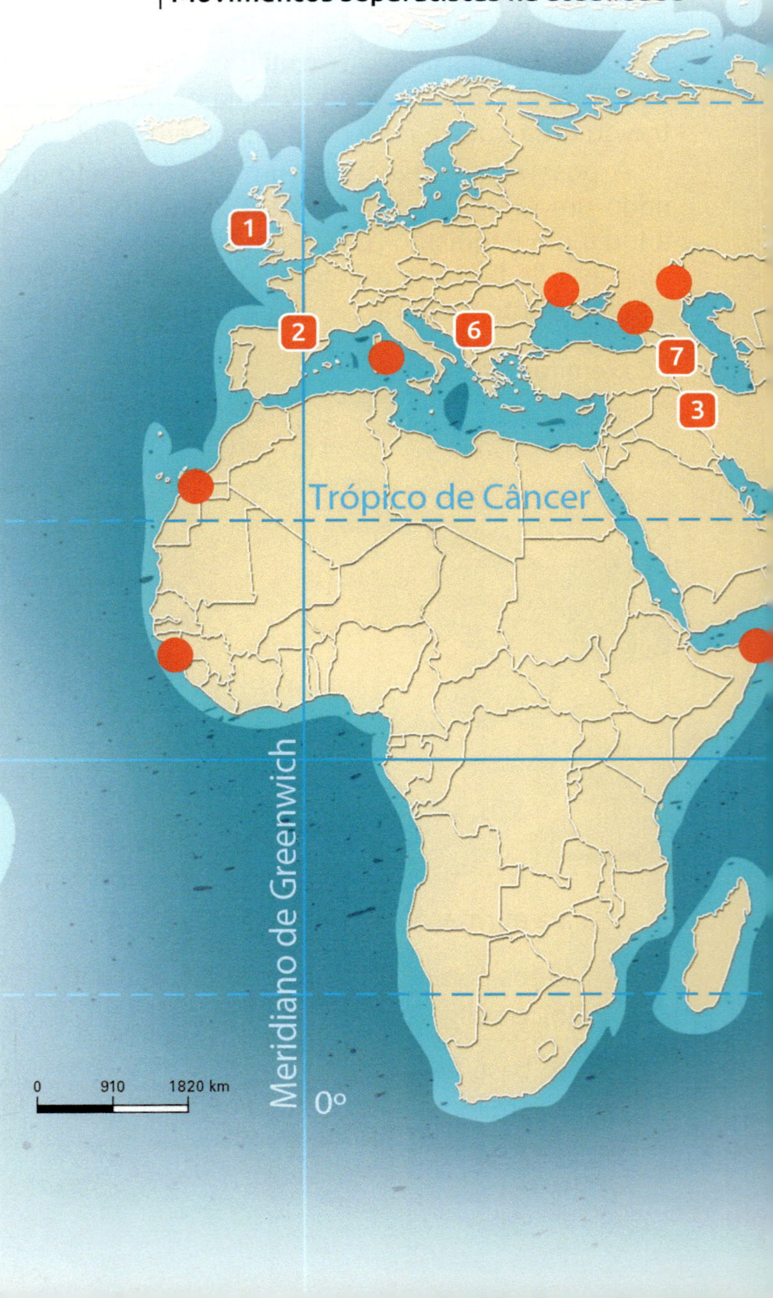

1 **Irlanda do Norte**: conflito entre maioria protestante, em favor da manutenção dos laços com a Grã-Bretanha e a minoria católica que luta pela incorporação desse território à Irlanda. Desde a década de 1960, o IRA (Exército Republicano Irlandês), movimento da minoria católica, realizou diversos atentados na região. Um acordo de paz foi firmado em 1998.

2 **País Basco**: região localizada entre a Espanha e a França, ocupada pelo povo basco. O grupo terrorista ETA (Pátria Basca e Liberdade) lutou pela independência desse território durante algumas décadas, mas em 2011 declarou o fim da luta armada.

3 **Curdos**: grupos separatistas reivindicam a criação de um estado independente, o Curdistão, na região ocupada por maioria curda em áreas dos territórios da Turquia, Síria, Irã, Iraque, Armênia e Azerbaijão. Esses grupos encontram forte resistência dos governos locais, que não pretendem perder territórios ricos em petróleo e água.

4 **Tibete**: território de povo tibetano de tradição budista, foi anexado pelos chineses em 1950. Desde então, os chineses combatem a cultura e a religião desse povo, perseguindo monges e destruindo monastérios e templos budistas.

Além de grande número de perdas materiais e humanas, outra consequência dos conflitos é o grande número de pessoas que passam a viver como refugiados em acampamentos improvisados. Na foto, campo de refugiados sírios de etnia curda em Hatay, Turquia, em 2015.

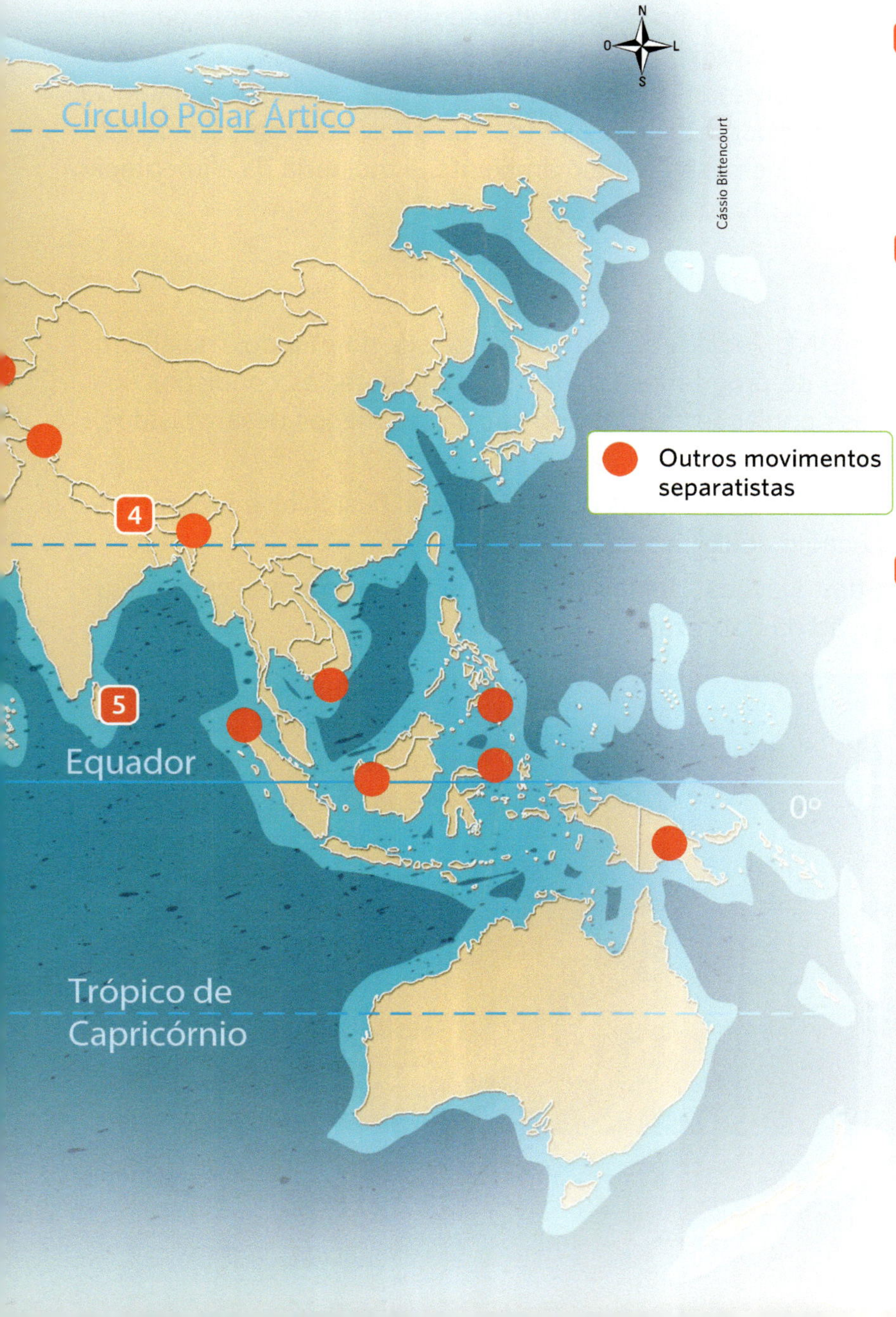

5 **Sri Lanka**: a minoria étnica tâmil, de religião hindu, luta contra as tropas cingalesas, de religião budista, pela formação de um Estado independente no norte do país.

6 **Kosovo**: província sérvia de maioria albanesa que reivindica independência da região sob o controle dos sérvios. Em 2008, o Parlamento de Kosovo declarou independência unilateral da Sérvia. Porém, essa independência ainda não foi reconhecida por alguns países, como Brasil, Espanha e Rússia.

7 **Chechênia**: separatistas chechenos intensificaram a luta contra o exército russo a partir da década de 1990. Após uma declaração de independência (1991), o governo russo invadiu o território checheno, atacando violentamente os movimentos separatistas, que contra-atacaram com ações terroristas. Desde então, a região vem sofrendo com períodos de violentos conflitos interrompidos por acordos temporários de paz.

Fontes de pesquisa: Graça Maria Lemos Ferreira. *Atlas geográfico*: espaço mundial. 4. ed. São Paulo: Moderna, 2013. p. 59. Rogério Haesbaert (Org.). *Globalização e fragmentação do mundo contemporâneo*. Niterói: EdUFF, 2001. p. 35.

A ONU

Em um mundo constantemente redesenhado por guerras e conflitos, o cenário geopolítico internacional também conta com a participação de influentes organismos supranacionais - entre os mais importantes deles está a Organização das Nações Unidas (ONU).

ACESSE O RECURSO DIGITAL

Criada em 1945, na Conferência das Nações Unidas para uma Organização Internacional, realizada em São Francisco, Estados Unidos, a ONU surgiu com o propósito principal de promover a busca pela paz mundial e de evitar a repetição dos conflitos armados de grandes proporções, como a Primeira Guerra Mundial (1914-1918) e a Segunda Grande Guerra (1939-1945).

Sendo o mais importante e atuante organismo supranacional, a ONU conta com a participação de 192 países-membros, entre eles o Brasil, membro da organização desde sua criação.

Ela realiza operações em todo o mundo, atuando simultaneamente nas mais diferentes frentes, patrocinando projetos dirigidos ao combate da pobreza e exclusão social; ao desenvolvimento econômico e social; à proteção da infância; ao fortalecimento da democracia e dos direitos humanos; ao progresso da educação, ciência e cultura; à defesa do meio ambiente; à melhoria da alimentação e da saúde; à busca pela paz, etc.

Agências da ONU

As agências da ONU, localizadas em vários países do mundo, trabalham no desenvolvimento de programas criados para melhorar as condições socioeconômicas das populações, sobretudo nos países menos desenvolvidos. Entre essas agências, estão:

Unicef: Fundo das Nações Unidas para a Infância, desenvolve programas que visam à proteção e ao bem-estar infantil;

Pnud: Fundo das Nações Unidas para o Desenvolvimento, cuja meta principal é a redução da pobreza;

Pnuma: Programa das Nações Unidas para o Meio Ambiente, que atua na proteção do meio ambiente e na promoção do desenvolvimento sustentável.

Osug/Shutterstock.com/ID/BR

Foto da sede da ONU na cidade de Nova York, Estados Unidos, em 2016.

A ONU e a paz no mundo

O texto a seguir é uma reprodução de parte do Artigo 1 da Carta da ONU, na qual são estabelecidos os objetivos das Nações Unidas. Leia-o.

> Artigo 1
>
> Os propósitos das Nações Unidas são:
>
> 1. Manter a paz e a segurança internacionais e, para esse fim: tomar, coletivamente, medidas efetivas para evitar ameaças à paz e reprimir os atos de agressão ou outra qualquer ruptura da paz e chegar, por meios pacíficos e de conformidade com os princípios da justiça e do direito internacional, a um ajuste ou solução das controvérsias ou situações que possam levar a uma perturbação da paz.
>
> [...]
>
> A carta das Nações Unidas. *Nações Unidas*. Disponível em: <https://nacoesunidas.org/carta/cap1/>. Acesso em: 3 nov. 2018.

Assinada em 26 de junho de 1945, a Carta da ONU estabelece como principal propósito das Nações Unidas a permanente manutenção da paz mundial e uma maior justiça internacional.

Como forma de garantir a paz, a ONU conferiu poder especial ao seu Conselho de Segurança, formado por cinco membros permanentes (Estados Unidos, França, Reino Unido, China e Rússia) e outros dez membros rotativos, eleitos a cada dois anos. Com a pretensão de ampliar seu poder político no cenário internacional, vários países do mundo, entre eles o Brasil, pleiteiam o aumento do número de membros permanentes para ocupar uma cadeira naquele conselho.

Entre as atribuições do Conselho de Segurança está o poder de autorizar o uso da força e a intervenção militar em países assolados por conflitos territoriais, guerras civis ou, ainda, controlados por governos ditatoriais acusados de genocídios. Para tanto, a ONU conta com um permanente exército, que faz parte das chamadas Forças de Paz. Esse exército age na ocupação dos territórios em conflitos e na mediação das negociações para o restabelecimento da paz, objetivo nem sempre alcançado com êxito.

Thomas Lohnes/Getty Images

Genocídio: crime que pode exterminar, parcial ou totalmente, um grupo ou uma minoria nacional, étnica, racial ou religiosa.

Na foto, soldados brasileiros da ONU com o auxílio de agentes humanitários, retiram árvores de estradas para liberar a passagem de comboios com água, alimentos e produtos de higiene em Chantal, Haiti, em 2016.

Cultura de paz

No decorrer desta unidade, você conheceu alguns exemplos de situações em que, havendo divergências, busca-se por meio da guerra e de conflitos armados a imposição da vontade de uma das partes envolvidas.

No entanto, geralmente, essa opção não consegue resolver a situação e sim agravá-la, pois se dispensa o diálogo, o acordo, o entendimento, a compreensão e a tolerância, e usa-se a força, criando um cenário com destruições e mortes violentas.

Apesar disso, há várias iniciativas que buscam promover uma cultura de paz no mundo. Elas são desenvolvidas com base em um conjunto de valores, atitudes, tradições, comportamentos e estilos de vida, que visam o respeito, o fim da violência, a liberdade e a promoção da igualdade. Essa cultura de paz deve ser manifestada nos pequenos gestos e atitudes do dia a dia, e, constantemente, buscada por todas as pessoas.

Em nosso dia a dia, também enfrentamos situações de divergências. Nessas ocasiões, o melhor a fazer é utilizar o acordo, a solidariedade, a tolerância e o diálogo, como maneiras de evitar confrontos. Observe, a seguir, alguns exemplos dessas situações.

No **trânsito**, há regras para que todos possam se locomover com segurança: pedestres, ciclistas, motociclistas, carros e caminhões. Para que possam circular nessa condição, é preciso haver respeito entre todos. Em alguns casos, há pessoas que ignoram essas regras, se esquecem da coletividade e agem como se não estivessem sujeitas às normas que regulamentam o trânsito, optando por desobedecer às regras.

Para que a convivência **familiar** seja a melhor possível, é preciso que as pessoas se respeitem e colaborem umas com as outras, de modo a minimizar possíveis problemas cotidianos, que podem gerar desgastes nas relações.

Quando as pessoas decidem agir pensando apenas em si mesmas, podem prejudicar a boa convivência familiar, pois não conseguem dialogar e compreender umas às outras.

1. Em seu dia a dia, quais situações provocam divergências e discussões? Como você costuma resolvê-las? Converse com os colegas.

2. Por que as divergências entre países, algumas vezes, são enfrentadas por meio de guerras e conflitos? Que outras formas poderiam ser utilizadas para se resolver essas situações?

3. Se todas as pessoas fossem comprometidas para promover uma cultura de paz, quais seriam algumas das consequências perceptíveis no cotidiano? Como os desentendimentos seriam resolvidos?

4. Em grupos, elaborem uma lista de ações que vocês poderiam incluir no dia a dia de vocês, com o intuito de promover uma cultura de paz. Organizem-na de acordo com a realidade e o interesse de vocês, podendo ser ações realizadas com os pais, irmãos, colegas, professores, desconhecidos, entre outros.

   Anotem essa lista no caderno e, periodicamente, retomem-na para conversarem sobre as ações e verificarem se elas foram colocadas em prática e, se isso mudou, de alguma forma, a realidade de vocês.

Bárbara Sarzi

As **escolas** são espaços de convivência entre alunos, professores, pais e demais funcionários. No entanto, infelizmente, elas podem se tornar um lugar desagradável, com situações de desrespeito e de agressões entre os alunos e também em relação a funcionários e professores. Em consequência disso, podem ocorrer problemas como baixo desempenho escolar dos alunos, crianças e adolescentes isolados, interrupção da frequência escolar, professores e funcionários desmotivados para desenvolver suas atividades e gestores sobrecarregados.

O **trabalho** é uma atividade que faz parte do cotidiano de um grande número de pessoas. Geralmente, no local de trabalho, é preciso que haja interação entre as pessoas e o tratamento deve ser gentil, cordial, de cooperação e colaboração. Quando isso não acontece, a convivência pode se tornar desagradável.

Atividades

Organizando o conhecimento

1. É possível afirmar que as disputas por fronteiras em muitos lugares do mundo têm sido marcadas pela ocorrência de conflitos? Dê exemplos.

2. De acordo com o que você estudou, identifique o que há de incorreto na afirmação a seguir:

> Os conflitos por fronteiras ocorrem somente quando um país deseja ampliar seus domínios territoriais.

3. Descreva em que contexto ocorre o conflito na região da Caxemira.

4. Quando e com qual finalidade principal a ONU foi criada?

5. Você considera importante a atuação da ONU no mundo de hoje? Por quê?

6. Quais são as principais agências da ONU? Onde se localizam e qual objetivo de trabalho têm em comum?

Conectando ideias

7. A imagem abaixo é a reprodução de um quadro do pintor espanhol Pablo Picasso (1881-1973). Nesta tela, Picasso retratou a paz por meio de uma pomba branca, símbolo universal que representa a harmonia e a convivência pacífica entre os povos. **Observe-a**.

Pablo Picasso. *Pomba da Paz*, 1949. Gravura. Coleção particular.

a) Qual é a sua impressão ou sensação ao observar esse quadro? O que mais chama a atenção nele?

b) A paz é possível no mundo de hoje? **Justifique** sua resposta.

c) Como seria se vivêssemos em um mundo onde a paz prevalecesse? **Converse** com os colegas sobre essa questão; depois, **produzam um texto** coletivo com as principais ideias.

8. Observe o mapa e a foto abaixo e, em seguida, responda no caderno às questões propostas.

Área ocupada pelos curdos (2011)

Fonte de pesquisa: Graça Maria Lemos Ferreira. *Atlas geográfico*: espaço mundial. 4. ed. São Paulo: Moderna, 2013. p. 100.

Rainer Jensen/picture alliance/Getty Images

Na foto, policiais em confronto com a população curda para evitar manifestação no norte da Síria, em 2018.

a) O que o mapa está representando?

b) Os curdos são um exemplo de minoria nacional? **Explique** a sua resposta.

c) De acordo com o que você estudou, **explique** a relação entre minorias nacionais e movimentos separatistas e estabeleça uma relação também com a foto acima.

ACESSE O RECURSO DIGITAL

UNIDADE 5

Verificando rota

- O continente europeu, berço da Revolução Industrial, apresenta um parque industrial bastante expressivo e muito desenvolvido tecnologicamente.
- De forma geral, os países da Europa Ocidental apresentam parques industriais mais modernos que os países da Europa Oriental.
- A modernização do campo, assim como os incentivos e subsídios agrícolas são fatores que explicam a grande produção agropecuária no continente europeu.
- A União Europeia pode ser considerada o modelo de integração econômica mais bem-sucedido da atualidade.
- Os casos de xenofobia aumentaram bastante na Europa nos últimos anos, sobretudo em razão da crise econômica e do aumento do desemprego no continente.
- Entre o início do século XIX e o começo do século XX a Europa se manteve como centro hegemônico do poder econômico mundial.
- Durante os séculos XIX e XX as potências europeias promoveram o imperialismo sobre o continente africano e também em vastas regiões da Ásia.
- Muitos povos não possuem soberania sobre os territórios nos quais vivem. Eles formam minorias nacionais e, muitas vezes, entram em conflitos pela disputa e pela posse dos territórios que ocupam.
- Existem vários territórios e fronteiras sendo disputados pelos países atualmente.
- A ONU é um dos mais importantes organismos supranacionais do mundo.

UNIDADE

6

Ásia: aspectos naturais e população

Capítulos desta unidade

- **Capítulo 16** - Aspectos naturais da Ásia
- **Capítulo 17** - A população da Ásia

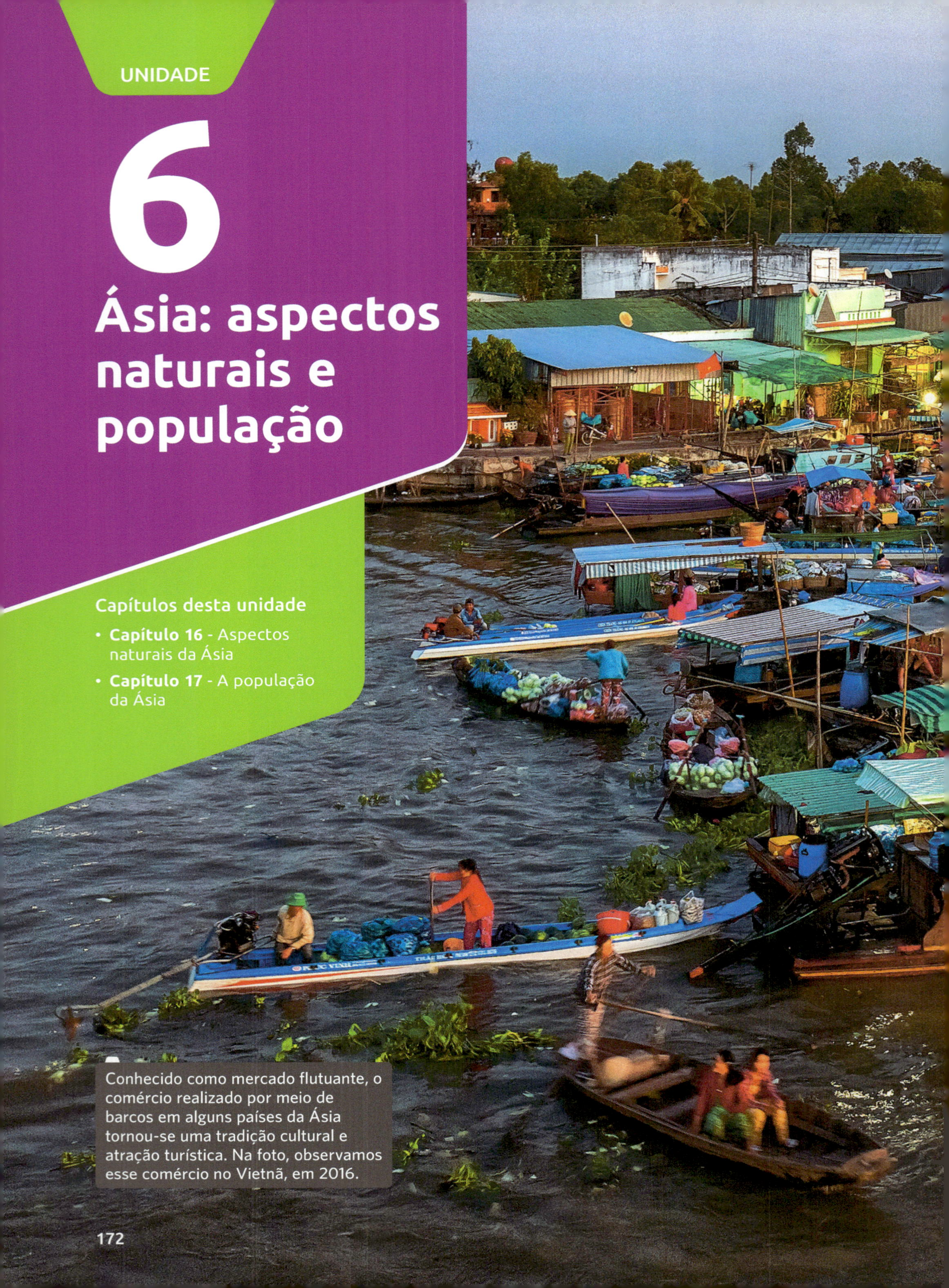

Conhecido como mercado flutuante, o comércio realizado por meio de barcos em alguns países da Ásia tornou-se uma tradição cultural e atração turística. Na foto, observamos esse comércio no Vietnã, em 2016.

Thoai/Shutterstock.com/ID/BR

Iniciando rota

1. A foto mostra um aspecto cultural do Vietnã. O que mais chama sua atenção nessa foto?
2. Quais outros aspectos culturais da Ásia você conhece?
3. O que você sabe sobre a população do continente asiático?
4. Que outras características do continente asiático você conhece? Compartilhe as respostas com os colegas.

CAPÍTULO

16 Aspectos naturais da Ásia

Com uma área de aproximadamente 44,6 milhões de km², a Ásia é o continente mais extenso da Terra, ocupando cerca de 30% das terras emersas do planeta. Esse extenso continente, com terras no hemisfério Norte e Sul, ocupa as três zonas térmicas do planeta. É atravessado por três paralelos importantes: o círculo polar Ártico (no extremo norte), o trópico de Câncer (na parte central) e a linha do Equador (na porção sul do continente).

A Ásia tem como principais limites territoriais o oceano glacial Ártico (ao norte); o oceano Índico (ao sul); o oceano Pacífico (a leste); os montes Urais e os mares Cáspio, Vermelho, Negro e Mediterrâneo (a oeste).

Levando em consideração as características histórico-culturais e de localização geográfica do território, podemos dividir o continente asiático em cinco grandes regiões. Veja o mapa abaixo.

Divisão regional da Ásia

E. Bellusci

Fonte de pesquisa: Gisele Girardi e Jussara Vaz Rosa. *Atlas geográfico do estudante*. São Paulo: FTD, 2011. p. 109.

Verifique a localização de alguns países que pertencem a cada uma das regiões do continente asiático, como China, Índia, Arábia Saudita e Rússia.

Por questões geográficas, três países têm seu território em dois continentes: a Rússia e a Turquia, com terras na Ásia e na Europa, e o Egito, com terras na Ásia e na África.

A Rússia é considerada um país europeu porque suas cidades mais importantes e a maior parte da população estão localizadas no continente europeu. Fatores históricos também aproximam o território russo da Europa. Pelos mesmos motivos, a Turquia é considerada um país asiático, pois é na parte asiática do território que se concentra a maioria de sua população.

O Egito, por sua vez, é considerado um país africano, mas uma pequena parte de seu território, a península do Sinai, pertence à Ásia. O canal de Suez, construído para ligar o mar Mediterrâneo ao mar Vermelho, divide os dois continentes.

Canal de Suez

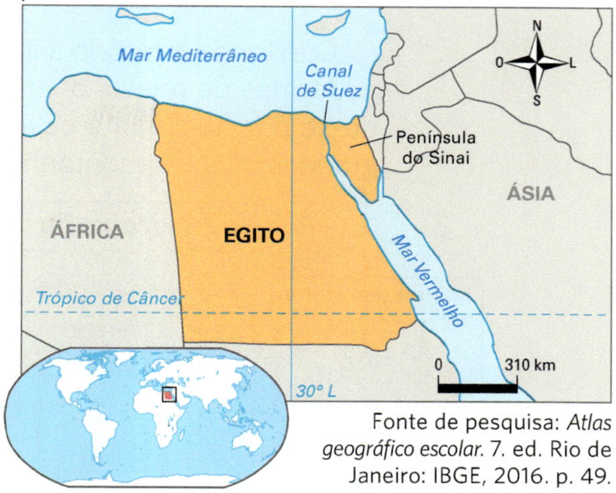

Fonte de pesquisa: *Atlas geográfico escolar*. 7. ed. Rio de Janeiro: IBGE, 2016. p. 49.

Embarcação no canal de Suez, em 2017.

O Oriente Médio

O termo Oriente Médio foi estabelecido pelo Império Britânico para designar uma região que ficava entre o mar Mediterrâneo e as fronteiras da Índia, colônia inglesa na época. Esse termo, portanto, surge de uma visão eurocêntrica do mundo.

O mapa ao lado mostra que a região foi nomeada em função da proximidade com o então "centro" do mundo.

Já o termo Oriente Próximo, também criado pelo Império Britânico, se referia às áreas localizadas a oeste do Oriente Médio até a região dos Bálcãs.

Os países que compõem o Oriente Médio podem variar de acordo com as diferentes regionalizações. Alguns atlas incluem os países do norte da África (Egito, Líbia, Tunísia, Argélia e Marrocos), se forem considerados aspectos geopolíticos, históricos e culturais.

O Oriente Próximo e o Oriente Médio – Início do século XX

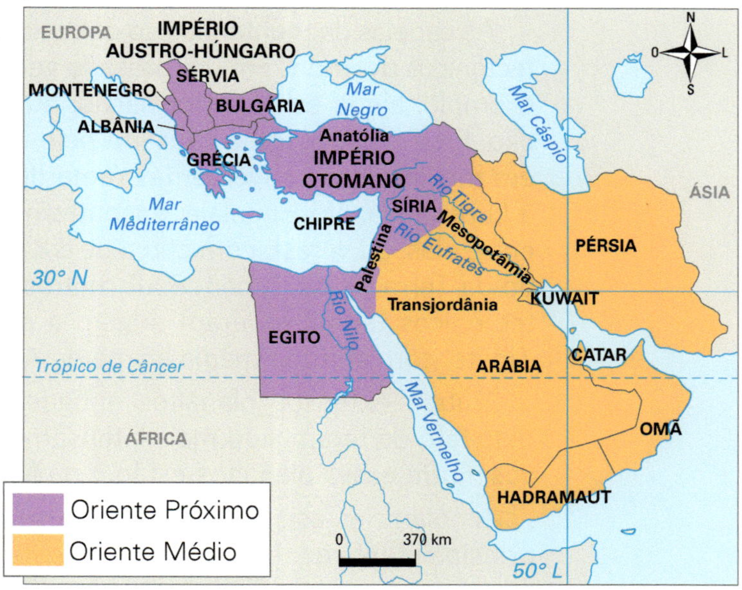

Fonte de pesquisa: Dan Smith. *O atlas do Oriente Médio*. São Paulo: Publifolha, 2008. p. 8-9.

UNIDADE 6

Relevo e hidrografia

O extenso território asiático apresenta ampla diversidade natural. Em relação às formas de relevo, o continente apresenta altitudes bem variadas, destacando-se principalmente pela presença de extensas planícies, planaltos elevados e grandes cadeias montanhosas. Observe o mapa abaixo.

Relevo e hidrografia da Ásia

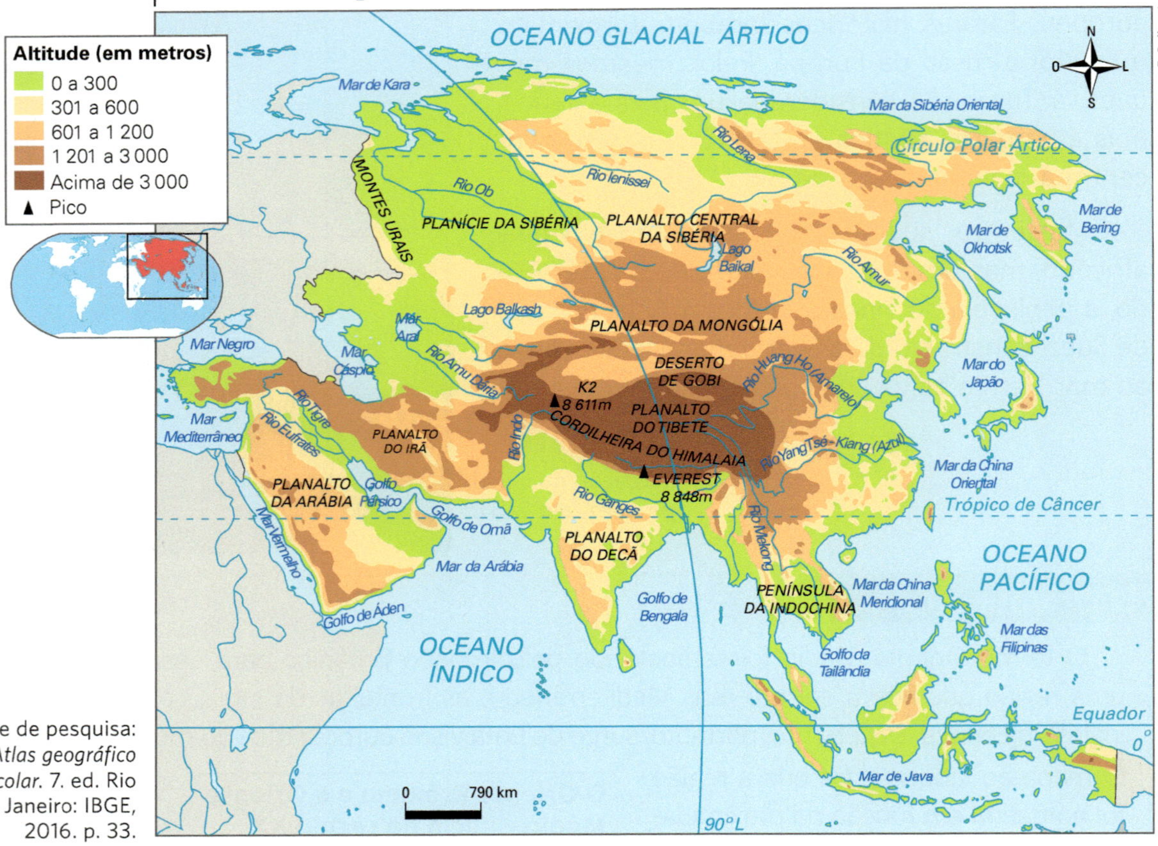

E. Bellusci

Fonte de pesquisa: *Atlas geográfico escolar*. 7. ed. Rio de Janeiro: IBGE, 2016. p. 33.

As cadeias de montanhas do continente asiático originaram-se de movimentos tectônicos ocorridos em um passado geológico recente. A cadeia do Himalaia, por exemplo, ainda está em formação, ou seja, ainda está em processo de elevação. Esse movimento é causado pelo encontro entre duas placas continentais, em movimentos convergentes (uma de encontro à outra), a Indo-australiana e a Eurasiática. No Himalaia, encontram-se as montanhas mais altas do mundo, entre elas, o Everest, com cerca de 8 848 metros de altitude (ponto mais elevado da Terra), e o K2, com 8 611 metros de altitude. Esses mesmos movimentos tectônicos também deram origem a extensos planaltos elevados, como o do Tibete, com altitude média acima de 4 500 metros.

Outros extensos planaltos antigos apresentam altitudes menos elevadas pelo fato de terem sido mais intensamente desgastados pelos processos erosivos. Entre esses planaltos estão o da Mongólia, do Decã e do Irã.

As planícies asiáticas encontram-se distribuídas pelo continente, ocupando principalmente as regiões costeiras e os vales dos grandes rios da região, como as planícies dos rios Tigre e Eufrates (Oriente Médio), do Indo (Paquistão, China e Índia), do Ganges (Índia e Bangladesh) e do Yang-tsé (China).

A hidrografia do continente asiático destaca-se pela presença de muitos rios extensos. Vários deles nascem nas regiões mais elevadas dos planaltos e das cadeias montanhosas, que são divisores de água, localizados na porção central do continente. Esses rios fluem em diversas direções: para o norte (em direção ao oceano glacial Ártico), para o sul (em direção ao oceano Índico), para o leste (em direção ao oceano Pacífico) e também para o oeste (em direção ao mar de Aral).

ACESSE O RECURSO DIGITAL

Grande parte da água que abastece esses rios tem origem no derretimento da neve e do gelo acumulado nas áreas de maior altitude, de onde seus cursos seguem carregando volumosa quantidade de sedimentos erodidos das rochas. Esses sedimentos se depositam nas planícies de inundação e nos deltas fluviais, fertilizando o solo dessas regiões e favorecendo o desenvolvimento da agricultura. Entre os principais rios do continente estão o Indo, o Mekong, o Ob, o Yang-tsé (Azul), o Huang-ho (Amarelo), o Tigre, o Eufrates e o Ganges.

Muitos desses rios atravessam algumas das regiões mais populosas do planeta, sendo, por isso, aproveitados para diversos fins, como para o abastecimento da população, a irrigação de lavouras e a geração de energia elétrica. Por outro lado, também são intensamente poluídos por atravessar áreas populosas e sem saneamento básico.

A rede hidrográfica asiática também é marcada pela existência de muitos lagos, como o Baikal e o Balkash, e de mares internos, como o Cáspio, o Aral e o Morto. Como esses mares e lagos localizam-se geralmente em extensas depressões do relevo, são abastecidos pelas águas de rios que deságuam neles.

Mar Morto

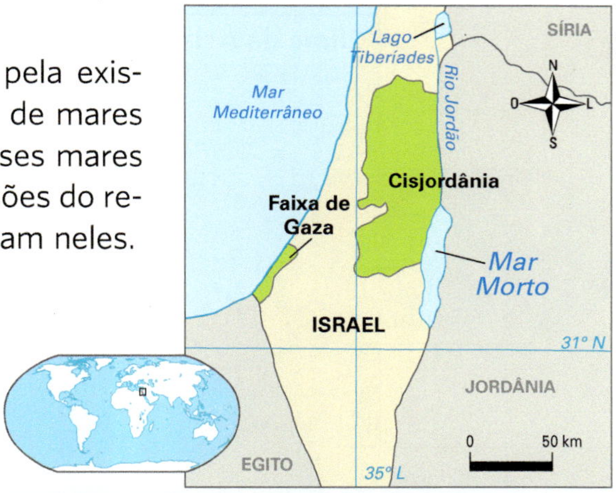

Fonte de pesquisa: *Atlas geográfico escolar*. 7. ed. Rio de Janeiro: IBGE, 2016. p. 49.

O mar Morto possui uma elevada concentração de sal em suas águas. Isso se explica pelo fato de a região apresentar temperaturas elevadas e pouca umidade no ar, o que propicia a intensa evaporação da água e dificulta sua reposição. Na foto abaixo, rochas de sal formadas devido à elevada salinidade do mar Morto, Israel, em 2016.

Clima e formações vegetais

Em razão de sua posição geográfica e grande extensão latitudinal (com o território se estendendo das altas latitudes polares do hemisfério Norte ao sul da linha do Equador), o continente asiático apresenta vários tipos de clima. Podemos encontrar de climas extremamente frios (como o polar) a climas muito quentes (como o tropical); de climas muito secos (como o desértico) a climas bastante chuvosos (como o equatorial).

Além da posição geográfica, vários fatores contribuem para essa diversidade climática. As cadeias montanhosas, por exemplo, impedem a chegada das massas de ar úmidas que vêm dos oceanos, favorecendo a existência de um clima mais seco em algumas regiões. Nas áreas de cadeias montanhosas por sua vez, atua um clima frio devido à altitude elevada. Já os ventos sazonais das monções (fenômeno descrito com mais detalhes nas páginas **184** e **185**) influenciam o padrão de chuvas dos climas tropical e subtropical.

O mapa a seguir mostra os principais tipos de clima que atuam no continente asiático.

Clima da Ásia

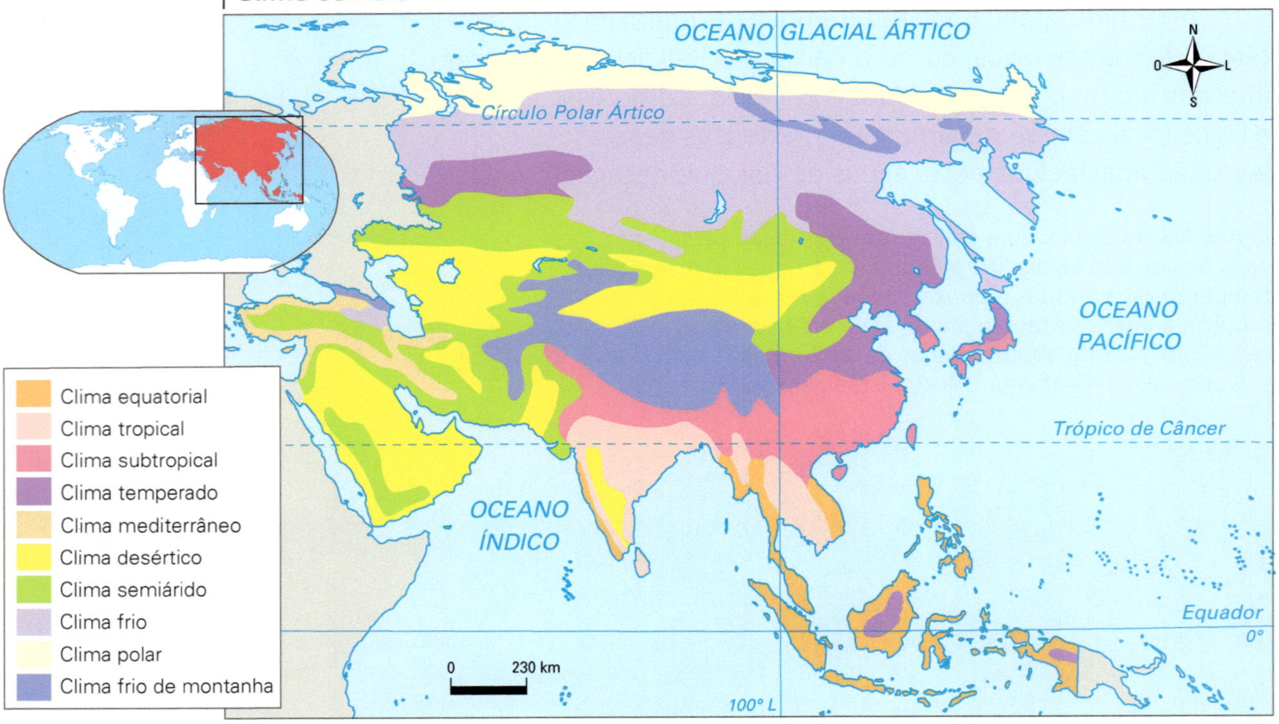

Fonte de pesquisa: Graça Maria Lemos Ferreira. *Atlas geográfico:* espaço mundial. 4. ed. São Paulo: Moderna, 2013. p. 22.

Em razão da diversidade de tipos climáticos, a Ásia também apresenta uma enorme diversidade de formações vegetais naturais. Nas áreas em que atuam climas quentes e chuvosos, por exemplo, aparecem a floresta tropical e a floresta equatorial; nas áreas de clima temperado continental (frio e seco) surgem as estepes e as pradarias; no clima frio das latitudes mais elevadas, temos a floresta boreal ou de taiga; e, em áreas de clima polar, desenvolve-se a tundra.

O mapa abaixo apresenta os principais tipos de formações vegetais existentes na Ásia.

Vegetação original da Ásia

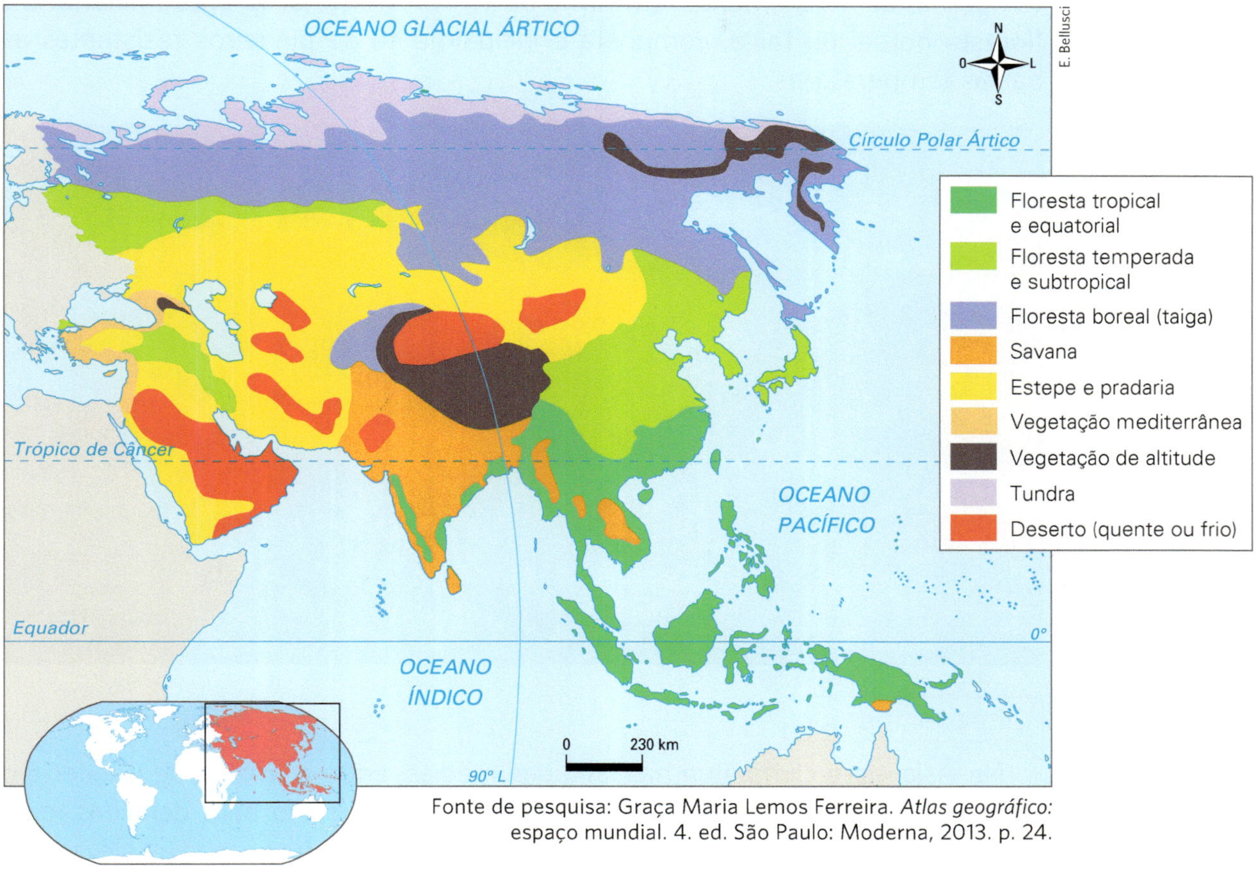

Fonte de pesquisa: Graça Maria Lemos Ferreira. *Atlas geográfico: espaço mundial*. 4. ed. São Paulo: Moderna, 2013. p. 24.

Clima polar

Ocorre nas regiões do extremo norte da Rússia, na área do círculo polar Ártico, onde as temperaturas se mantêm baixas o ano todo, atingindo até -50 °C no inverno. As precipitações ocorrem principalmente na forma de neve. A vegetação que se desenvolve nesse clima é a tundra, composta de musgos, liquens e plantas herbáceas adaptadas aos rigores do clima.

Paisagem de vegetação de tundra na península Kamchatka, Rússia, em 2018.

Clima frio

Atua nas regiões de latitudes elevadas, próximo ao círculo polar Ártico, com um inverno bastante rigoroso, temperaturas geralmente negativas e verões com temperaturas mais amenas, em torno de 10 °C. A vegetação predominante é a floresta boreal ou taiga, composta principalmente de pinheiros resistentes às baixas temperaturas.

Victor Nikitin/Alamy/Fotoarena

Paisagem de vegetação de taiga, onde se observa floresta de pinheiros, na região da Sibéria, Rússia, em 2015.

Clima temperado

Na Ásia, esse clima atua nas latitudes médias, entre o trópico de Câncer e o círculo polar Ártico. Apresenta as quatro estações do ano bem definidas, com invernos com baixas temperaturas, verões com temperaturas médias elevadas e temperaturas amenas no outono e na primavera. As precipitações são regulares ao longo do ano, com a ocorrência de neve no inverno. A vegetação predominante é a floresta temperada, também chamada caducifólia, pelo fato de as árvores perderem as folhas durante o outono e o inverno.

gregory michiels/Alamy/Fotoarena

Paisagem de floresta temperada na província de Sichuan, China, em 2017.

Clima tropical

Ocorre predominantemente nas áreas entre a linha do Equador e o trópico de Câncer, caracterizando-se pelas elevadas temperaturas médias e pela existência de uma estação seca (o inverno). Em algumas áreas da Ásia, atua um importante agente que influencia esse clima: os ventos sazonais das monções, que tornam o verão quente e úmido e o inverno frio e seco. Nas áreas sob esse clima, onde há maior umidade, desenvolvem-se as florestas tropicais, e onde a estação seca é bem marcada predomina a savana.

Subhash Sharma/ZUMA Wire/Alamy/Fotoarena

Paisagem de floresta tropical no Parque Nacional de Kaziranga, em Assam, Índia, em 2016.

Clima equatorial

Ocorre nas baixas latitudes, em regiões próximas à linha do Equador. Com médias de temperatura elevadas ao longo de todo o ano e total pluviométrico também elevado, esse clima favorece a mais exuberante vegetação, a floresta equatorial, rica em biodiversidade de flora e fauna.

Sergey Uryadnikov/Shutterstock.com/ID/BR

Paisagem de floresta equatorial na Indonésia, em 2016.

Clima desértico

Ocorrem em extensas áreas interioranas do continente asiático e se forma pela influência das grandes cadeias montanhosas que impedem a chegada das massas de ar úmidas dos oceanos. Atuando em extensas áreas do continente, esse clima se caracteriza, sobretudo, por um baixo total pluviométrico (inferior a 250 mm anuais). As amplitudes térmicas diárias são elevadas (calor intenso durante o dia e muito frio à noite) e as amplitudes térmicas anuais também, em algumas áreas. Nos desertos, a vegetação é composta de espécies adaptadas à escassez de água, como as cactáceas. Nos locais em que a água aflora à superfície, formam-se oásis.

UlyssePixel/Alamy/Fotoarena

Paisagem de deserto quente com vegetação esparsa, em Omã, em 2016.

Clima semiárido

Ocupa uma vasta área da Ásia e está disperso pelo continente, apresentando baixo índice pluviométrico (entre 500 e 1000 mm por ano). Geralmente, apresenta elevada temperatura ao longo do ano, mas, em algumas áreas, a amplitude térmica anual pode ser elevada (verão quente e inverno rigoroso). A vegetação que se desenvolve nesse clima é a estepe, composta basicamente de plantas herbáceas.

robertharding/Alamy/Fotoarena

Paisagem de estepe na área central da Mongólia, em 2017.

Clima frio de montanha

A presença de grandes cadeias montanhosas, como o Himalaia, explica a existência do clima frio de montanha, que domina extensas áreas centrais do continente. Esse clima apresenta temperaturas baixas (médias térmicas inferiores a 10 °C) com inverno rigoroso e precipitação geralmente na forma de neve. As temperaturas extremamente baixas e a presença de neve impedem o aparecimento da vegetação nas partes mais elevadas dessas montanhas. Em altitudes menos elevadas, onde o frio é menos intenso, desenvolvem-se campos de altitude e também a floresta boreal, típica de climas mais frios.

Autumn Sky Photography/Shutterstock.com/ID/BR

Paisagem característica do clima frio de montanha, no monte Everest, Nepal, em 2017.

Clima subtropical

Assim como no clima tropical, o clima subtropical do sudeste asiático é influenciado pelos ventos sazonais das monções, favorecendo a ocorrência de duas estações bem definidas: verão quente e bastante chuvoso e inverno bem seco e mais frio. A vegetação predominante nesse clima é a floresta subtropical.

Grant Dixon/Lonely Planet Images/Getty Images

Paisagem de floresta subtropical, Japão, em 2015.

Clima mediterrâneo

O clima mediterrâneo está presente numa pequena porção do continente. É caracterizado pela existência de duas estações: verão quente (com temperaturas que podem atingir 30 °C), e inverno chuvoso e frio (com temperaturas que podem chegar a 0 °C). Os índices pluviométricos geralmente variam entre 500 mm e 1000 mm anuais. Sob domínio desse clima, predomina a vegetação mediterrânea, composta principalmente de vegetação arbustiva, como maquis e garrigues.

HSBortecin/Shutterstock.com/ID/BR

Paisagem de vegetação mediterrânea na Turquia, em 2017.

As monções e o cultivo de arroz na Ásia

O fenômeno climático das monções exerce influência sobre os climas do Sul e do Sudeste Asiático. As monções são alterações na circulação atmosférica que ocorrem sazonalmente e derivam da variação de temperatura e pressão entre áreas continentais e oceânicas. Durante o verão (no hemisfério Norte), as áreas continentais apresentam elevadas temperaturas, por isso se tornam áreas de baixa pressão atmosférica. No inverno acontece o contrário, o continente apresenta baixas temperaturas formando área de elevada pressão atmosférica.

Como os ventos se deslocam das áreas de alta pressão para as áreas de baixa pressão, as monções caracterizam duas estações distintas: a monção de verão (úmida) e a monção de inverno (seca).

Observe, nos mapas a seguir, como isso ocorre. Veja também as fotos mostrando o trabalho dos camponeses nessas duas estações do ano.

Entre os meses de maio e outubro, ventos quentes e úmidos sopram constantemente dos oceanos Pacífico e Índico (centros de alta pressão) em direção ao continente asiático (centro de baixa pressão). Ao atingir o continente, esses ventos carregados de umidade provocam chuvas torrenciais. Por trazer muitas chuvas, esse fenômeno é conhecido como monção de verão, que é muito úmida.

Monções de verão (úmida)

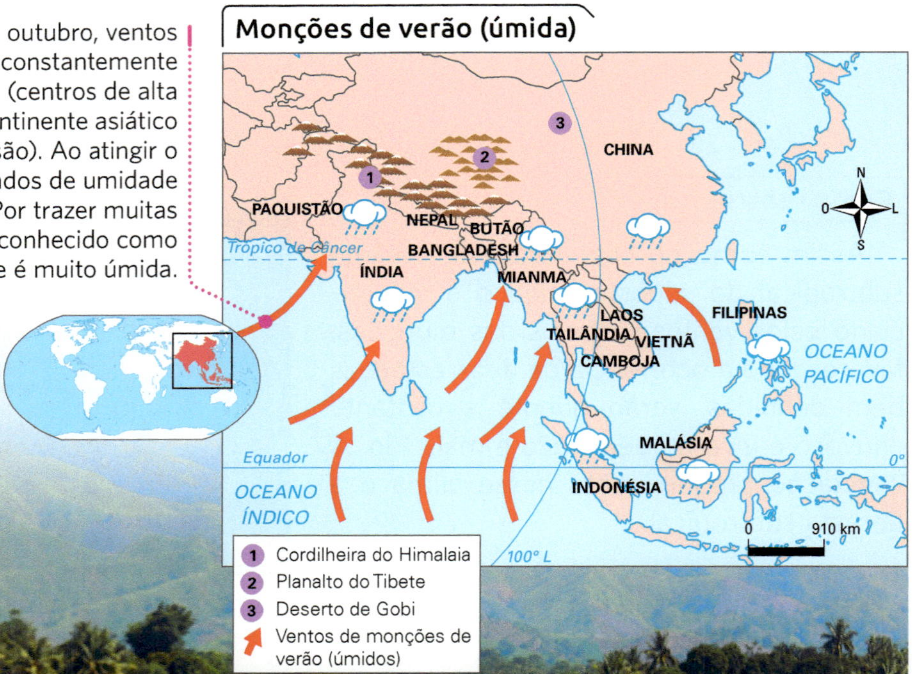

E. Bellusci

Fonte de pesquisa: *Reference atlas of the world.* 9. ed. London: Dorling Kindersley, 2013. p. 131.

Friedrich Stark/Alamy/Fotoarena

A partir do mês de maio, no início da estação das chuvas, com o auxílio de arados de tração animal, os camponeses realizam o preparo do solo. Quando os canteiros já estão inundados pela água das chuvas, as sementes começam a ser plantadas, como mostra a foto de uma lavoura de arroz na ilha de Mindanao, Filipinas, em 2015.

As lavouras de arroz plantadas no sul e no sudeste da Ásia, tanto nas encostas das montanhas (nos terraços) quanto nas áreas de planícies, são cultivadas com técnicas tradicionais, como o uso de arados de tração animal, enxadas, foices, entre outros instrumentos manuais.

A produtividade das lavouras é bastante elevada por causa da irrigação, que permite controlar a quantidade de água necessária ao desenvolvimento da lavoura e do uso intensivo de mão de obra, que impede a ocorrência de pragas e doenças nas plantações.

Monções de inverno (seca)

E. Bellusci

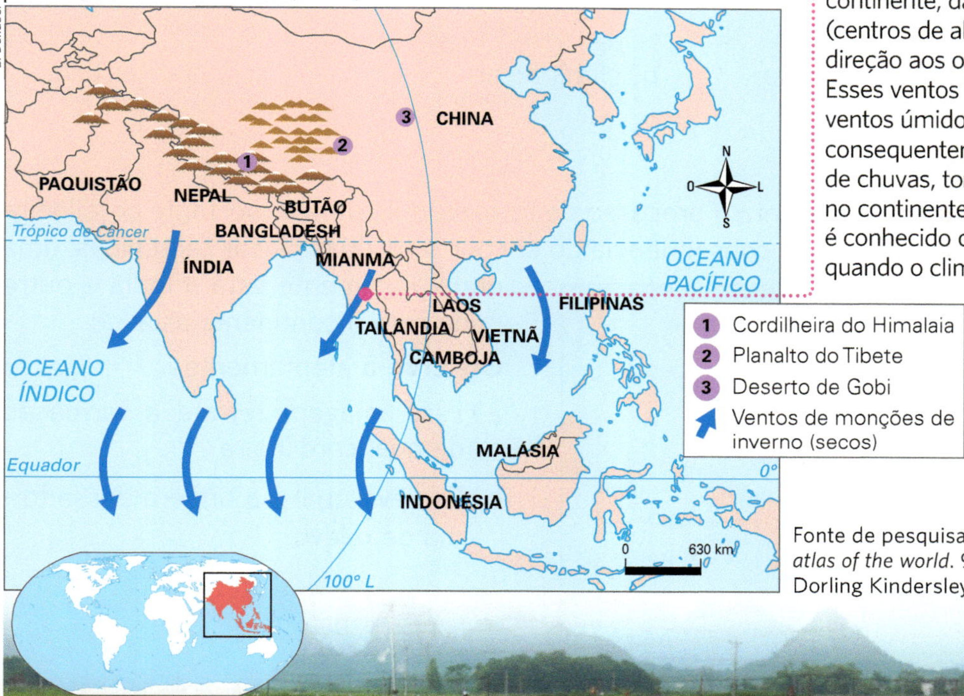

Entre os meses de novembro e abril, ventos frios e secos sopram constantemente do continente, das montanhas do Himalaia, (centros de alta pressão nesta época) em direção aos oceanos Pacífico e Índico. Esses ventos impedem a entrada dos ventos úmidos vindos dos oceanos; consequentemente, dificultam a ocorrência de chuvas, tornando o clima mais seco no continente. Por isso, esse fenômeno é conhecido como monção de inverno, quando o clima é muito seco.

Fonte de pesquisa: *Reference atlas of the world*. 9. ed. London: Dorling Kindersley, 2013. p. 131.

Hoang Dinh Nam/AFP

À medida que o arroz vai crescendo, os camponeses trabalham intensamente nas lavouras, controlando as pragas e o nível da água nas plantações. A partir do mês de novembro, com o início da estação seca, eles começam a colheita manual do arroz, como mostra a foto em uma lavoura no Vietnã, em 2015.

Atividades

Organizando o conhecimento

1. Observando o mapa da página **174**, descreva a localização da Ásia tomando como referência a linha do Equador, o trópico de Câncer e o círculo polar Ártico.

2. Grande parte da rede hidrográfica da Ásia atravessa regiões bastante populosas. Dessa forma, os rios possuem muita importância para a população. Cite dois exemplos de aproveitamento das águas dos rios nessas regiões.

3. Descreva, no caderno, qual é a formação vegetal típica dos seguintes tipos climáticos:

a) clima temperado; b) clima polar; c) clima desértico.

Conectando ideias

4. A imagem representa o processo de formação de uma importante cordilheira localizada na Ásia, consequência do encontro de duas placas tectônicas: uma onde atualmente está a Índia e outra onde está o continente asiático.

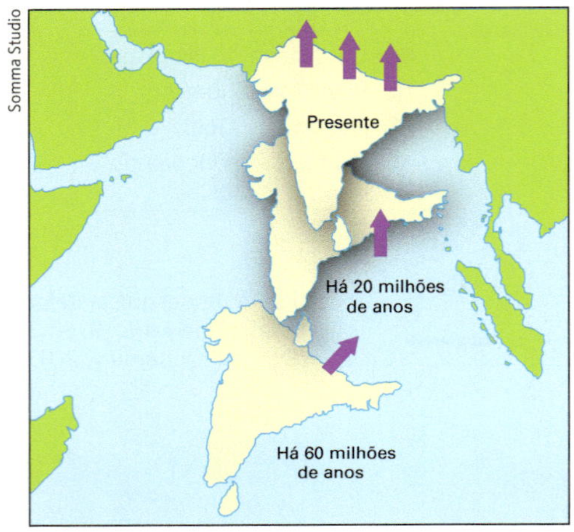

Fonte de pesquisa: *Reference atlas of the world*. 9. ed. London: Dorling Kindersley, 2013. p. XV.

Observe-a atentamente.

a) Essa imagem retrata a formação de qual cordilheira?

b) **Escreva** qual é a origem dessa forma de relevo.

5. A cidade de Mumbai, na Índia, sofre a influência do clima de monções. **Observe** o climograma dessa cidade.

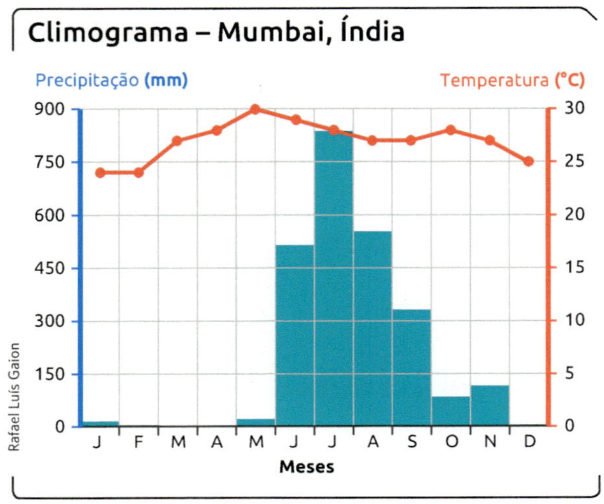

Fonte de pesquisa: WMO. Disponível em: <http://worldweather.wmo.int/en/city.html?cityId=226>. Acesso em: 5 nov. 2018.

a) **Explique** como funciona o clima de monções na Ásia.

b) **Identifique** o período da monção úmida e da monção seca em Mumbai, conforme o climograma.

CAPÍTULO 17

A população da Ásia

Além de ser o continente mais extenso do mundo, como vimos no início desta unidade, a Ásia abriga o maior contingente populacional do planeta: cerca de 60% da população mundial (4,5 bilhões de pessoas). Observe o gráfico abaixo e verifique como a população mundial está distribuída entre os continentes.

Embora seja o continente mais populoso do mundo, seus países apresentam grandes contrastes demográficos. Alguns, por exemplo, possuem população bastante numerosa, como os dois países mais populosos do mundo: a China (cerca de 1,4 bilhão de habitantes) e a Índia (aproximadamente 1,3 bilhão de pessoas). E também existem países com população mais reduzida, como o Casaquistão (18,4 milhões de habitantes), o Azerbaijão (10 milhões) e o Líbano (6 milhões).

Outra característica demográfica do continente diz respeito à distribuição desigual da população. Algumas regiões, como o sul e o sudeste, são extremamente povoadas, apresentando densidade demográfica elevada, com grande concentração populacional, sobretudo, nas áreas litorâneas e nas planícies que margeiam os grandes rios. Outras regiões, que apresentam condições naturais rigorosas (temperaturas muito baixas, como o que ocorre no extremo norte do continente, áreas de desertos quentes e outras de desertos gelados, além das altas montanhas), têm densidade demográfica baixa.

População por continente (2018)

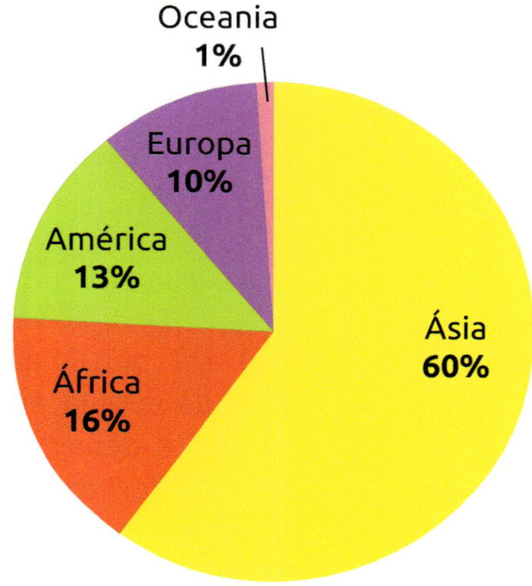

Fonte de pesquisa: United Nations. *World population prospects*. Disponível em: <http://esa.un.org/unpd/wpp/dvd/files/1_indicators%20(standard)/excel_files/1_population/wpp2015_pop_f01_1_total_population_both_sexes.xls>. Acesso em: 5 nov. 2018.

Zangrilli Andrea/Shutterstock.com/ID/BR

Rua com intenso movimento de pessoas e comércio em Calcutá, Índia, em 2018.

A tabela abaixo mostra as diferenças no povoamento de alguns países do continente asiático. Observe-a com atenção e verifique como a densidade demográfica varia entre esses países.

Densidade demográfica de alguns países asiáticos

País	Densidade demográfica (hab./km²) 2018
Mongólia	2
Casaquistão	7
Rússia	8
Irã	50
China	147
Paquistão	247
Japão	337
Índia	407
Bangladesh	1143

Fontes de pesquisa: United Nations. *World population prospects*. Disponível em: <https://esa.un.org/unpd/wpp/DVD/Files/1_Indicators%20(Standard)/EXCEL_FILES/1_Population/WPP2017_POP_F01_1_TOTAL_POPULATION_BOTH_SEXES.xlsx>. IBGE. *Países*. Disponível em: <https://paises.ibge.gov.br/#/pt>. Acessos em: 3 nov. 2018.

> **Dos países asiáticos apresentados na tabela, verifique quais são os menos povoados e quais são os mais povoados.**

A distribuição da população é bastante desigual dentro de cada país. A maior parte da população chinesa, por exemplo, habita a porção leste do país, região na qual a densidade demográfica chega a mais de 200 hab./km². A porção oeste do território chinês, por sua vez, é bem menos povoada, com densidade demográfica abaixo de 10 hab./km². Observe o mapa a seguir e verifique os contrastes de povoamento na Ásia e também no interior dos países.

Densidade demográfica da Ásia (2016)

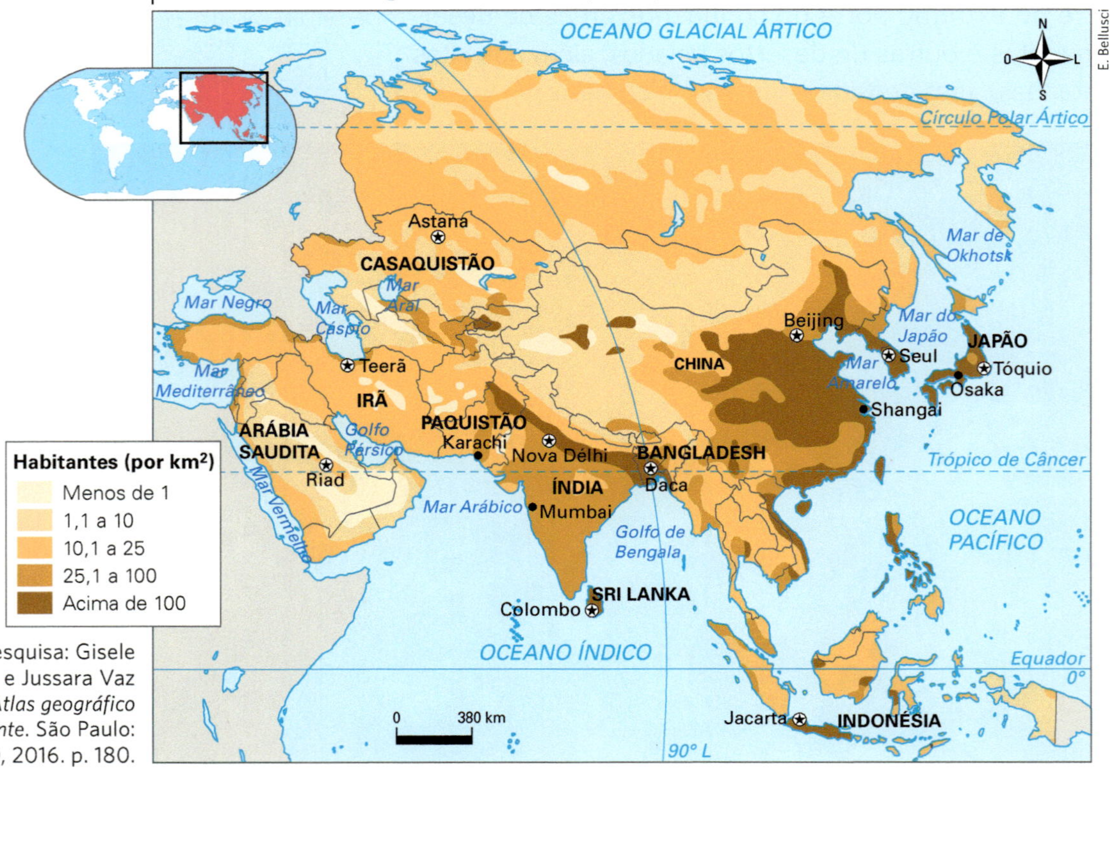

Fonte de pesquisa: Gisele Girardi e Jussara Vaz Rosa. *Atlas geográfico do estudante*. São Paulo: FTD, 2016. p. 180.

Crescimento demográfico

Além de ter uma população numerosa, o continente asiático registrou um elevado aumento populacional, sobretudo a partir da segunda metade do século passado, como é possível observar no gráfico abaixo.

Esse crescimento demográfico tornou-se acelerado porque, enquanto a taxa de natalidade permaneceu elevada, a taxa de mortalidade começou a diminuir em decorrência da melhora e da ampliação dos serviços médico-hospitalares e das condições de higiene (fornecimento de água tratada, saneamento básico, etc.).

Crescimento demográfico da Ásia (1950-2018)

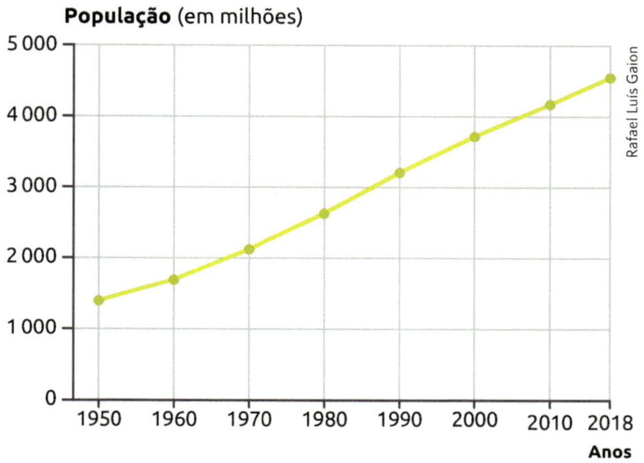

Fonte de pesquisa: United Nations. *World population prospects*. Disponível em: <https://population.un.org/wpp/DataQuery/>. Acesso em: 6 out. 2018.

Alguns países asiáticos mais populosos, entre eles, a China e a Índia, passaram a implantar um rígido controle do crescimento demográfico, com medidas para diminuir a natalidade. Na Índia, por exemplo, foram tomadas medidas como a ampla divulgação de métodos contraceptivos à população. A China, por sua vez, implantou em 1979 a "política do filho único", penalizando com perdas de benefícios sociais e multas os casais que tivessem mais de um filho, com exceção das famílias rurais.

O rigoroso controle populacional implantado na China conseguiu conter sensivelmente seu crescimento populacional. Para se ter uma ideia, de acordo com a ONU, no período de 1950-1960, o número médio de filhos por mulher era de 5,8, já no período de 2010-2020 estima-se a taxa de 1,6 filho.

Em 2013, o governo chinês, preocupado com o processo de envelhecimento da população, realizou mudanças no controle do crescimento demográfico do país, passando a permitir aos casais ter até dois filhos, apenas se um dos pais fosse filho único. A partir de 2016, o governo liberou que todos os casais pudessem ter dois filhos.

Família chinesa formada pelo casal e seus dois filhos em Shenyang, China, em 2016.

UNIDADE 6

Urbanização

O crescimento demográfico ocorrido ao longo das últimas décadas na Ásia também foi acompanhado pelo rápido crescimento da população em cidades, fato que acelerou o processo de urbanização no continente. Embora metade da população asiática ainda esteja vivendo no meio rural, a taxa de crescimento da população urbana é uma das mais altas do mundo. Veja no gráfico.

Taxa média do crescimento urbano por continente e região entre os anos de 2020 e 2025*

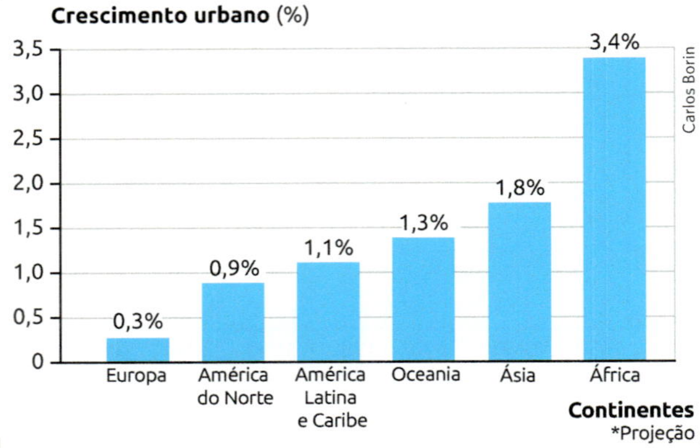

*Projeção

Fonte de pesquisa: United Nations. *World urbanization prospects*. Disponível em: <https://population.un.org/wup/Download/>. Acesso em: 6 out. 2018.

> De acordo com o gráfico, o crescimento urbano da Ásia supera o de quais regiões? Qual região apresentou maior crescimento urbano nesse período?

Esse processo de urbanização, porém, ocorre de maneira muito desigual no continente. Em alguns dos países mais urbanizados, como Japão, Coreia do Sul e Cingapura, o processo de urbanização foi impulsionado principalmente pela industrialização e pela modernização do campo, fatores que levaram boa parte da população camponesa a migrar para as cidades. Já em outros países, como Arábia Saudita, Kuwait, Jordânia e Israel, a taxa de urbanização é elevada em virtude da escassez de terras aráveis. Os extensos desertos áridos existentes nesses territórios dificultam a ocupação e a fixação da população no meio rural.

Veja o gráfico abaixo.

Taxa de urbanização de alguns países asiáticos (2020)

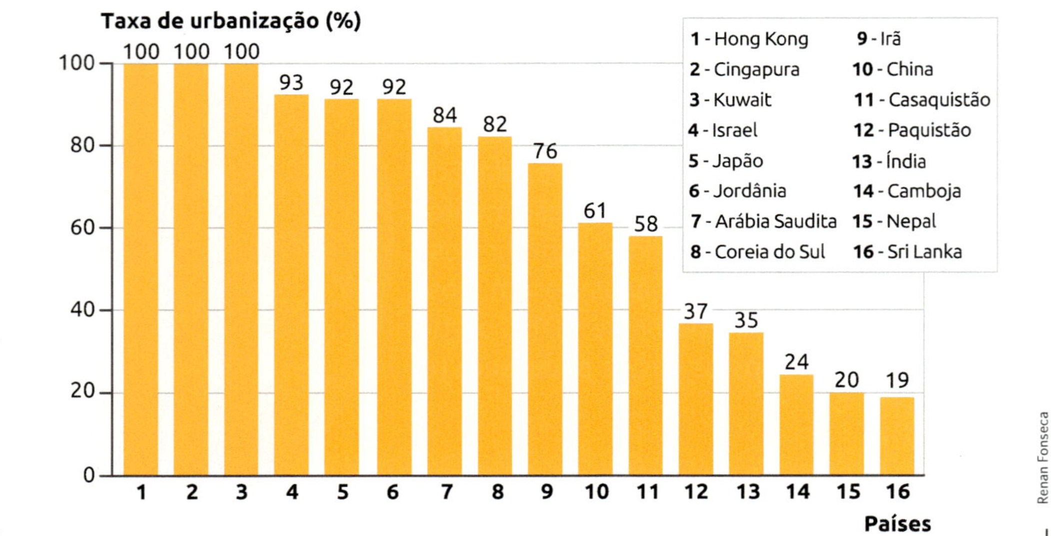

Fonte de pesquisa: United Nations. *World urbanization prospects*. Disponível em: <https://population.un.org/wup/Download/>. Acesso em: 8 out. 2018.

Conforme observamos no gráfico da página anterior, na Ásia, também estão alguns dos países menos urbanizados do mundo, com mais de 75% da população vivendo no campo. Entre eles, estão Nepal, Camboja e Sri Lanka.

Uma das características marcantes do processo de urbanização ocorrido na Ásia diz respeito à formação de gigantescas aglomerações urbanas. Se em 1960 apenas duas cidades asiáticas e localizadas no Japão (Osaka e a capital, Tóquio) contavam com mais de 10 milhões de habitantes, em 2018 o continente já contava com 20 cidades muito populosas, variando entre 10 e 38 milhões de habitantes. Como a população continua aumentando rapidamente nas grandes cidades asiáticas, as projeções para 2025 indicam que, das 36 cidades do mundo com mais de 10 milhões de habitantes, 21 delas estarão localizadas nesse continente.

Entre as cidades mais populosas do continente asiático podemos destacar Beijing (23 milhões de habitantes) na China, Nova Délhi (28 milhões) e Mumbai (22 milhões) na Índia, Jacarta (11 milhões) na Indonésia, Tóquio (38,3 milhões) e Osaka (20,4 milhões) no Japão, Seul (9,8 milhões) na Coreia do Sul, Karachi (18 milhões) no Paquistão e Dacca (19,6 milhões) em Bangladesh.

O processo de crescimento dessas grandes cidades, sobretudo as que se localizam em países subdesenvolvidos, tem se caracterizado também pela precariedade da qualidade de vida e pelo agravamento de inúmeros problemas urbanos, principalmente em suas periferias pobres.

Como o crescimento acelerado dessas cidades não tem sido acompanhado por planejamento adequado e investimentos em infraestrutura e serviços básicos (moradias, saneamento básico, fornecimento de energia, segurança, transporte, limpeza pública, etc.), elas têm se caracterizado pela formação de imensas áreas deterioradas. Essas áreas abrigam um enorme contingente de pessoas que sobrevivem em condições extremamente precárias de saúde, educação, trabalho e renda.

Assim como em outras grandes cidades localizadas em países subdesenvolvidos, as aglomerações urbanas asiáticas também se revelam como espaços de contrastes extremos, pois, além da pobreza dos bairros mais carentes, concentram, em bairros modernos e mais bem equipados, uma parcela mais rica da população, formada principalmente por uma elite econômica e política e com expressiva participação na economia mundial. Na foto, o centro urbano de Shangai, China, em 2017.

Originoo Image Technologies Co. Limited/Alamy/Fotoarena

UNIDADE 6

Os contrastes na qualidade de vida

Observe os dados da tabela abaixo. Por meio deles, podemos observar a existência da disparidade nas condições de vida da população asiática.

Indicadores socioeconômicos de países da Ásia

País	Mortalidade infantil (por grupo de mil nascidos vivos) 2016	Expectativa de vida (em anos) 2015	Renda *per capita* (em mil US$) 2016	IDH 2015
Japão	2	87	38 900	0,903
Coreia do Sul	3	82	27 539	0,901
Indonésia	22	69	3 570	0,689
Nepal	28	70	729	0,558
Afeganistão	53	61	562	0,479

Fontes de pesquisa: The World Bank. *DataBank*. Disponível em: <http://databank.worldbank.org/data/home>. Pnud. *Relatório do desenvolvimento humano 2016*. Disponível em: <http://hdr.undp.org/sites/default/files/2016_human_development_report.pdf>. Unicef. *The state of the world's children 2017.* Disponível em: <https://www.unicef.org/publications/files/SOWC_2017_ENG_WEB.pdf>. Acessos em: 5 nov. 2018.

Com base nos dados dos países selecionados na tabela, quais deles apresentam as melhores e as piores condições socioeconômicas?

Os dados da tabela indicam que, de maneira geral, a população japonesa possui uma elevada qualidade de vida, condição obtida com a grande prosperidade econômica e social alcançada pelo país ao longo da segunda metade do século passado. A reconstrução do país após a Segunda Guerra Mundial (1939-1945), que se deu com a ajuda financeira dos Estados Unidos, trouxe grandes investimentos nas áreas de educação, pesquisa, ciência e tecnologia, modernizando radicalmente a economia japonesa, que cresceu de maneira acelerada e tornou o país uma das nações mais ricas e desenvolvidas de todo o globo.

Muitos países da Ásia enfrentam graves problemas econômicos e sociais, a exemplo do Camboja e do Quirguistão, que estão entre os mais pobres do mundo.

Há países da Ásia, como a Coreia do Sul, em que o maciço investimento em educação foi fundamental para o desenvolvimento econômico e vem melhorando sensivelmente as condições de vida da população, com acesso a saúde, educação, renda e trabalho.

peacefoo/Shutterstock.com/ID/BR

Área de lazer em Seul, Coreia do Sul, em 2018.

Anamorfose e as favelas urbanas no mundo

Ao longo das unidades deste livro, você observou vários mapas representando diferentes informações. Uma outra possibilidade de representarmos algumas dessas informações é por meio de anamorfoses como a mostrada abaixo, que apresenta a distribuição de favelas urbanas no mundo.

Conforme podemos perceber, a anamorfose modificou o contorno político-administrativo dos países, deformando-os de acordo com os valores da informação representada.

Desse modo, as áreas representadas conservaram suas posições, mas a forma e o tamanho foram alterados de acordo com o dado representado.

Observe a seguir uma anamorfose que representa a distribuição de favelas urbanas no mundo.

Distribuição de favelas urbanas no mundo (2007-2014*)

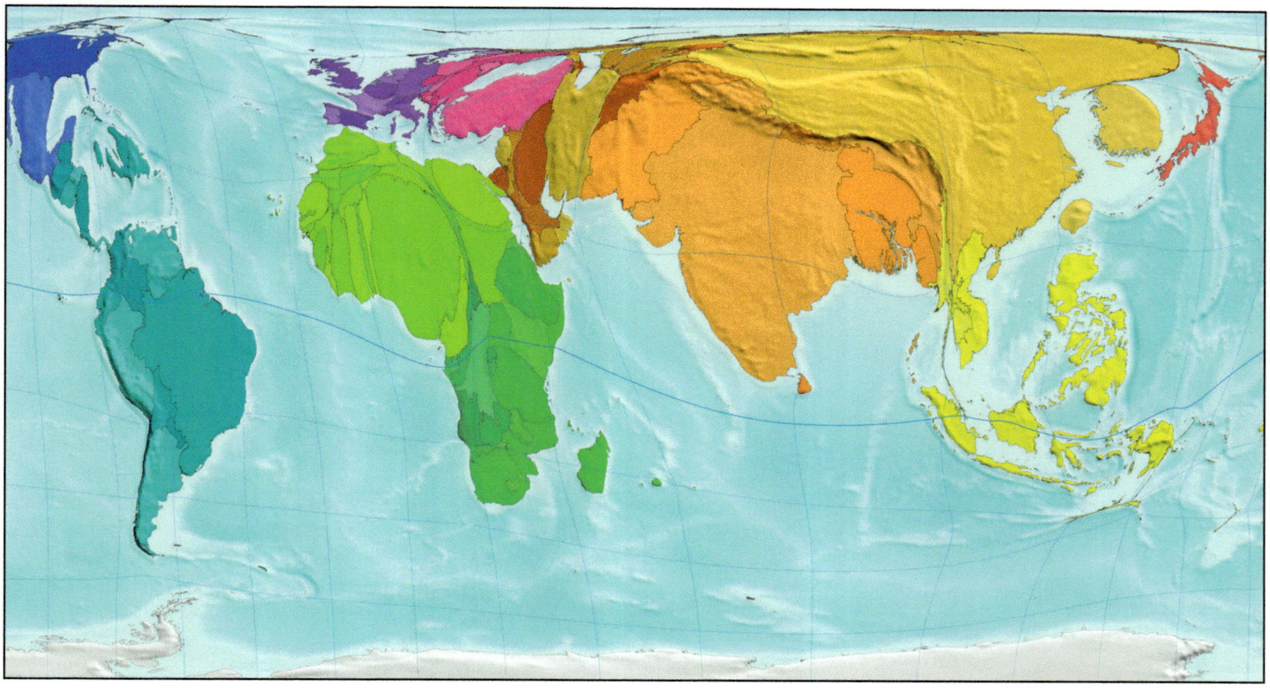

Fonte de pesquisa: Daniel Dorling; Mark Newman; Anna Barford. *The Atlas of the Real World*: Mapping the Way We Live. Londres: Thames & Hudson, 2008. p. 232.
*The World Bank. *DataBank*. Disponível em: <http://databank.worldbank.org>. Acesso em: 21 nov. 2018.

- De acordo com a anamorfose responda as questões a seguir.

1. Quais são as regiões onde estão localizadas as maiores quantidades de favelas urbanas?
2. O que podemos concluir sobre a presença de favelas urbanas na América do Norte e na Europa Ocidental?
3. Se alguém lhe dissesse que a Austrália é um dos países com grande concentração de favelas urbanas, o que você responderia, baseando-se na anamorfose?

Ásia: um berço de religiões

A Ásia é o continente no qual surgiram diversas religiões, sendo que algumas delas estão entre as mais praticadas do mundo atualmente. Essa diversidade é o resultado da riqueza étnico-cultural que se manifesta entre seus habitantes.

As crenças e os valores disseminados pelas religiões impactaram a história da civilização humana e auxiliaram a moldar o mundo em que vivemos. Conheça a seguir algumas religiões originadas na Ásia e suas principais características.

O **cristianismo**, surgido na região da atual Palestina no século I, é a religião majoritária no mundo, com aproximadamente 2,4 bilhões de adeptos. Sua principal concentração está na Europa, América Latina, Caribe e África Subsaariana. Os cristãos dividem-se em católicos (56%); protestantes (21%); ortodoxos (10%) e outras denominações (13%). Essa religião se iniciou por meio dos ensinamentos de Jesus de Nazaré, e suas lições estão reunidas em um livro, a Bíblia. As práticas religiosas dos cristãos costumam ser realizadas em igrejas.

Bíblia.

VladisChern/Shutterstock.com/ID/BR

Alcorão.

kanta_kulat/Shutterstock.com/ID/BR

O **islamismo** surgiu no século VII (em 620 d.C.) em Meca e Medina, na atual Arábia Saudita, região do Oriente Médio. Trata-se de uma religião monoteísta, com base nos ensinamentos de Mohammed, chamado de Maomé pelos ocidentais. Esses ensinamentos foram reunidos em um livro denominado Alcorão, sagrado para seus seguidores (chamados de muçulmanos), e formam o segundo maior grupo religioso do mundo, com cerca de 1,2 bilhão deles pelo mundo e com sua maior concentração do Oriente Médio, África e Ásia. O lugar onde se reúnem para realizar suas práticas religiosas é chamado de mesquita.

O **budismo** foi fundado na Índia em aproximadamente 528 a.C., pelo príncipe Sidarta Gautama, o primeiro Buda. O budismo apresenta várias vertentes, como a zen e a tibetana. Essa religião se baseia em diversos textos, sendo um dos principais o Tripitaka, livro compartimentado em três conjuntos de textos que compreendem os ensinamentos originais de Buda, além do conjunto de regras para a vida monástica e ensinamentos de filosofia. Os passos da doutrina são perseguidos por meio da autodisciplina, da meditação e de outros exercícios espirituais. Atualmente, a maior concentração de seguidores budistas localiza-se na região do leste asiático.

Tripitaka.

Melvyn Longhurst/Alamy/Fotoarena

Monoteísmo: crença na existência de uma única divindade.

1. Em sua opinião, a religião é um aspecto importante na vida das pessoas? Por quê? Converse com os colegas e conheça a opinião e os argumentos deles.

2. No decorrer da história e, até mesmo nos dias de hoje, muitos conflitos têm sido motivados por questões religiosas, levando à disputa por territórios e confrontos entre grupos que não conseguem entrar em acordo. O que você pensa a esse respeito? Converse com os colegas sobre esse assunto.

3. O Brasil também é o cenário de uma grande diversidade religiosa. Várias das crenças aqui existentes são originadas no próprio país ou em outros lugares do mundo. Com seus colegas, organizem-se em grupos e pesquisem algumas das religiões praticadas no Brasil. Cada grupo deverá ficar responsável por estudar uma delas. Por fim, combinem um dia para compartilhar essas informações com os demais colegas e toda a comunidade escolar. Isso pode ser realizado por meio de uma feira, de seminários, com a presença de adeptos das religiões pesquisadas, ou de outras maneiras que acharem interessantes.

O **judaísmo** é a religião monoteísta mais antiga do mundo e possui cerca de 7,2 milhões de seguidores. Os judeus acreditam que YHWH (Javé ou Jeová, em português) é o criador do universo. O livro sagrado dos judeus é a Torá ou Pentateuco, revelado diretamente por Deus, segundo seus seguidores. Os locais de oração são as sinagogas. O primeiro templo judaico foi construído em Jerusalém.

mikhail/Shutterstock.com/ID/BR

Torá.

Bárbara Sarzi

Dinodia Photos/Alamy/Fotoarena

Vedas.

O **hinduísmo** surgiu por volta do ano 3 mil a.C. na região do Vale do Indo. Não possui um fundador nem uma organização central. É uma religião politeísta seguida por 80% da população da Índia. Os textos sagrados do hinduísmo são chamados de Vedas. Os hindus, como são denominados seus seguidores, cultuam um grande número de divindades, mas as principais são Brahma (o princípio criador), Vishnu (deus do sol) e Shiva (deus das tempestades). As peregrinações ou viagens a locais sagrados são comuns no hinduísmo e muitos desses lugares ficam ao longo do rio Ganges.

Fonte de pesquisa: Gisele Girardi e Jussara Vaz Rosa. *Atlas geográfico do estudante*. São Paulo: FTD, 2016. p. 187.

Atividades

Organizando o conhecimento

1. Observe novamente o gráfico mostrado na página **187** e descreva com a população mundial está distribuída entre os continentes.

2. Reveja o mapa de densidade demográfica da página **188** e responda às questões a seguir.

a) Quais são as regiões mais densamente povoadas da Ásia?

b) Quais são as regiões menos povoadas da Ásia? Quais fatores influenciam no baixo povoamento dessas áreas?

3. Escreva, no caderno, quais fatores foram responsáveis pelas elevadas taxas de crescimento populacional a partir da segunda metade do século passado no continente asiático.

4. O que diferencia o processo de urbanização em países como o Japão e a Coreia do Sul de países como Arábia Saudita e Kuwait?

5. No continente asiático podemos observar a existência de grandes disparidades nas condições de vida de suas populações. Caracterize essas desigualdades de acordo com o que você estudou.

Conectando ideias

6. **Leia** a frase abaixo e **observe** a foto a seguir; depois, **responda** se você concorda com essa afirmação. **Justifique** sua resposta.

> O crescimento das grandes cidades no continente asiático tem se caracterizado pela melhoria na qualidade de vida geral da população.

arun sambhu mishra/Shutterstock.com/ID/BR

Paisagem urbana de Mumbai, Índia, em 2018.

7. Leia a manchete e **observe** o gráfico a seguir.

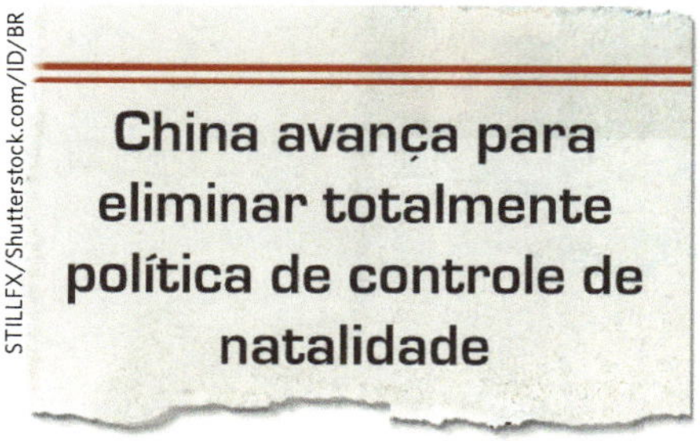
China avança para eliminar totalmente política de controle de natalidade

STILLFX/Shutterstock.com/ID/BR

O Globo, 28 ago. 2018. Disponível em: <https://oglobo.globo.com/sociedade/china-avanca-para-eliminar-totalmente-politica-de-controle-de-natalidade-23018471>. Acesso em: 14 nov. 2018.

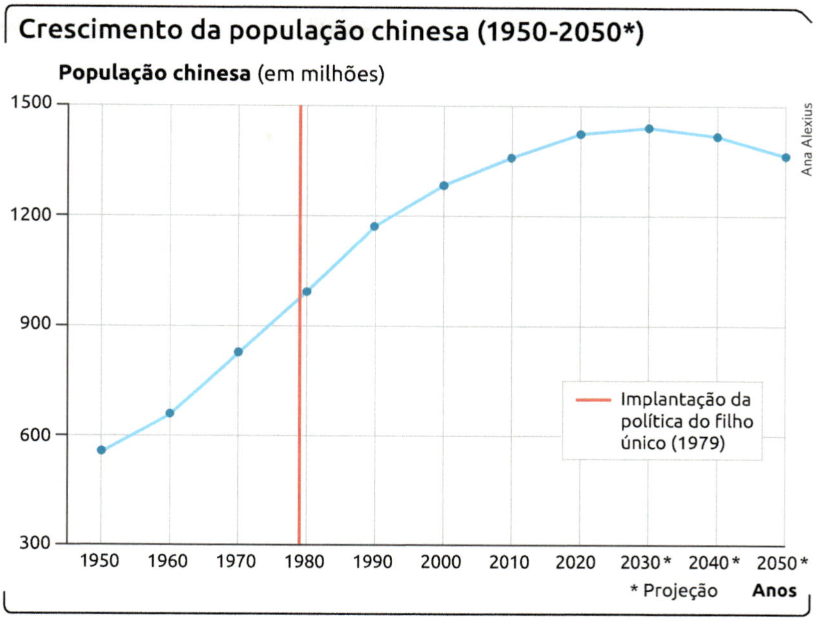

Fonte de pesquisa: United Nations. *World population prospects*. Disponível em: <https://population.un.org/wpp/DataQuery/>. Acesso em: 8 nov. 2018.

a) **Explique** o que foi a "política do filho único" na China.

b) Quais foram as mudanças realizadas pelo governo da China na "política do filho único"? O que levou o governo chinês a tomar essa decisão?

c) De acordo com o gráfico, quais foram os efeitos da política do filho único sobre o crescimento da população chinesa?

ACESSE O RECURSO DIGITAL

UNIDADE 6

Verificando rota

- A Ásia possui extensas áreas de planície, planaltos elevados e grandes cadeias de montanhas.
- Devido a sua localização e grande extensão latitudinal, a Ásia possui vários tipos de clima.
- O continente asiático pode ser regionalizado de acordo com as características histórico-culturais e com a localização geográfica de seu território.
- Os países asiáticos, de modo geral, apresentam elevado ritmo de crescimento populacional e, apesar da maior parte da população residir no espaço rural, a taxa de crescimento da população urbana no continente é uma das mais altas do mundo.
- Parte dos asiáticos possui uma baixa qualidade de vida, decorrente, principalmente, das precárias condições do sistema de saúde pública, da educação e dos baixos salários, com exceção de poucos países, como Japão e Coreia do Sul.
- O rigoroso controle demográfico implantado pela política do filho único na China reduziu sensivelmente o ritmo do crescimento populacional naquele país.
- As religiões mais praticadas no mundo, entre elas, o cristianismo, o islamismo, o budismo, o judaísmo e o hinduísmo, surgiram no continente asiático.

UNIDADE

7

Ásia: aspectos econômicos e geopolíticos

Capítulos desta unidade

- **Capítulo 18** - Oriente Médio
- **Capítulo 19** - A questão Palestina
- **Capítulo 20** - Rússia
- **Capítulo 21** - Japão
- **Capítulo 22** - China
- **Capítulo 23** - Índia
- **Capítulo 24** - Tigres Asiáticos

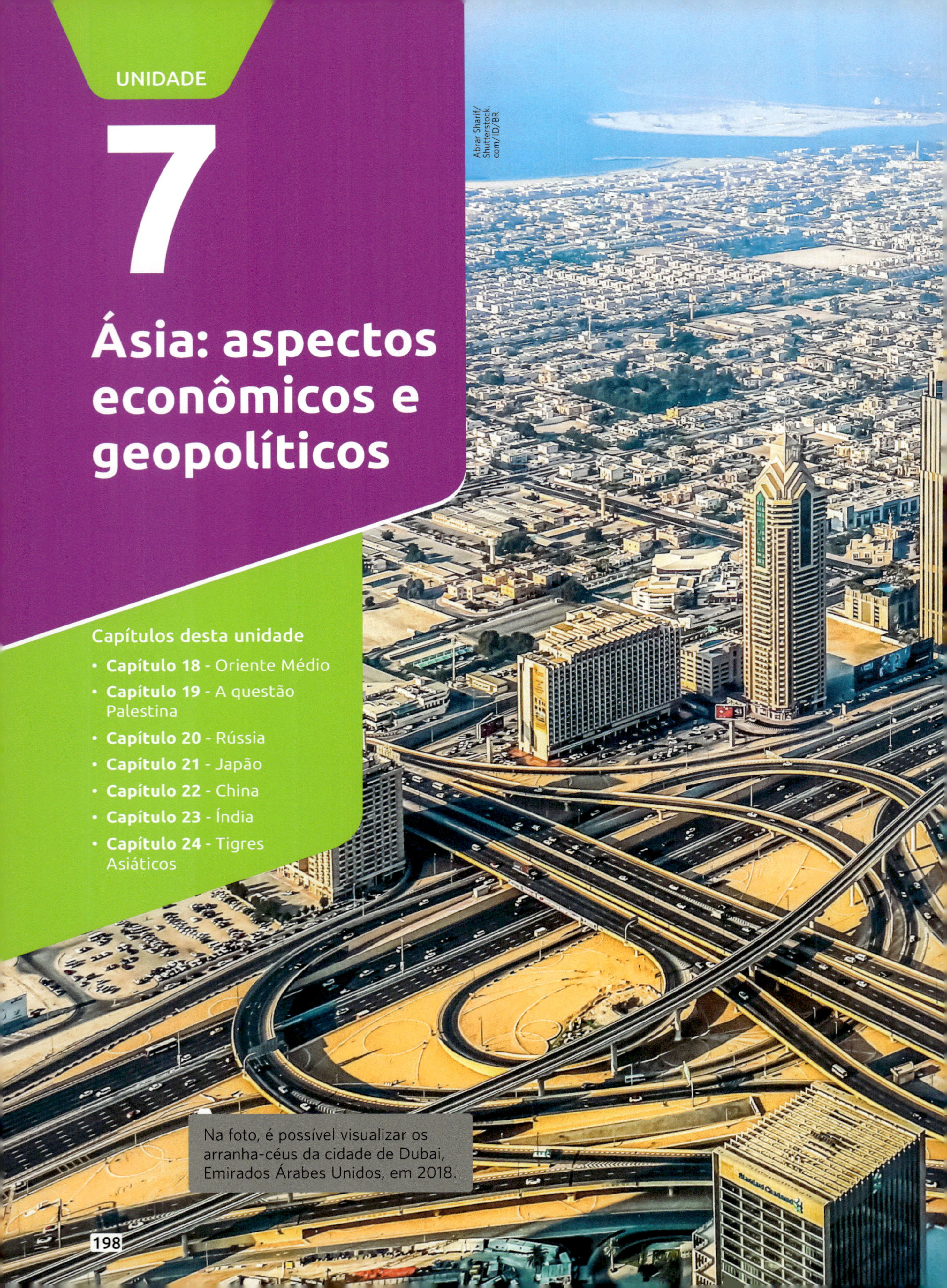

Abrar Sharif/ Shutterstock. com/ID/BR

Na foto, é possível visualizar os arranha-céus da cidade de Dubai, Emirados Árabes Unidos, em 2018.

Iniciando rota

1. A foto mostra uma característica comum a muitos países asiáticos: o acelerado crescimento econômico ocorrido ao longo das últimas décadas. Após observar atentamente a foto, cite os aspectos que mais chamam a sua atenção.
2. O que você sabe sobre o continente asiático? Que países se destacam nesse continente?
3. Que outras características do continente asiático você conhece? Compartilhe as respostas com os colegas.

CAPÍTULO

18 Oriente Médio

O Oriente Médio localiza-se na porção sudoeste do continente asiático, estendendo-se do Afeganistão (ao leste) ao norte da África e ao sudeste da Europa.

Golfo: grande reentrância da costa preenchida pelo mar.

Do ponto de vista físico-geográfico, a região destaca-se pela presença da península Arábica, limitada pelas águas de importantes mares (Mediterrâneo, Vermelho e Arábico) e golfos (Pérsico, Áden, Omã). Veja novamente o mapa da página **174**.

No Oriente Médio, predominam paisagens desérticas e semiáridas. Os trechos mais úmidos localizam-se nas áreas litorâneas ou nos oásis, espalhados em meio aos desertos, e também nos vales dos principais rios (Tigre, Eufrates, Jordão), que foram o berço das primeiras civilizações na região, conhecida como crescente fértil.

Por causa das condições climáticas desfavoráveis, a população do Oriente Médio está distribuída de maneira bastante desigual. Veja novamente o mapa da página **188**. As maiores densidades demográficas concentram-se no litoral e nas áreas mais úmidas do interior. Nas áreas áridas ou semiáridas, a principal ocupação humana é o pastoreio nômade, principalmente a criação de ovinos e caprinos; nas poucas áreas agricultáveis, desenvolve-se uma agricultura tradicional.

Já nas áreas mais úmidas, como nas zonas litorâneas e nos vales fluviais, planta-se trigo, arroz, algodão e frutas cítricas, cultivados com técnicas de irrigação.

Pastoreio de ovelhas em região árida da Arábia Saudita, em 2015.

Reza/Webistan/Photonica World/Getty Images

O petróleo no Oriente Médio

O Oriente Médio detém cerca de 48% das reservas comprovadas de petróleo do mundo, fato que explica a grande importância econômica e estratégica da região.

Veja os dados do gráfico abaixo e observe que dois dos seis maiores exportadores de petróleo do mundo estão no Oriente Médio.

Maiores exportadores de petróleo (2017)

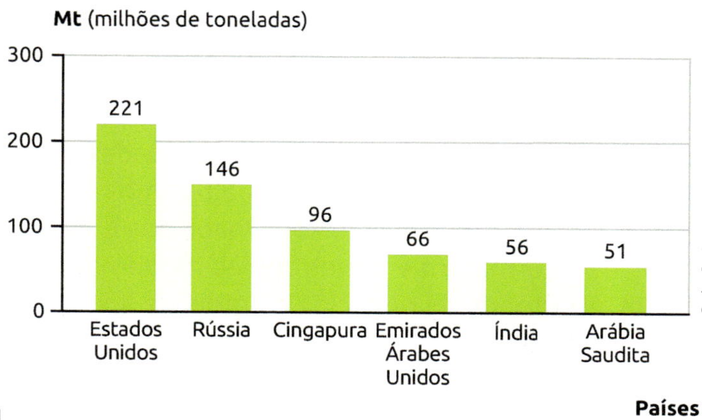

Carlos Borin

John David Bigl III/Shutterstock.com/ID/BR

Fonte: BP. *BP Statistical Review of World Energy 2018*. Disponível em: <https://www.bp.com/content/dam/bp/en/corporate/pdf/energy-economics/statistical-review/bp-stats-review-2018-full-report.pdf>. Acesso em: 8 out. 2018.

As principais jazidas e áreas de exploração petrolíferas situam-se nos países localizados em torno do golfo Pérsico (Arábia Saudita, Irã, Iraque, Kuwait, Emirados Árabes Unidos, Omã e Catar), como podemos ver no mapa.

Depois de extraído, o petróleo em estado bruto ou já processado nas refinarias segue por oleodutos aos portos litorâneos, instalados no golfo Pérsico e também no mar Mediterrâneo, de onde é transportado ao seu destino por imensos navios petroleiros.

Grande parte do petróleo explorado nos países do Oriente Médio abastece o mercado internacional, especialmente as importantes potências econômicas (Estados Unidos, países da Europa e Japão), e demais países dependentes dessa fonte energética.

Com base no que você estudou, explique por que o Oriente Médio tem importância estratégica no espaço mundial.

A exploração de petróleo no Oriente Médio (2012)

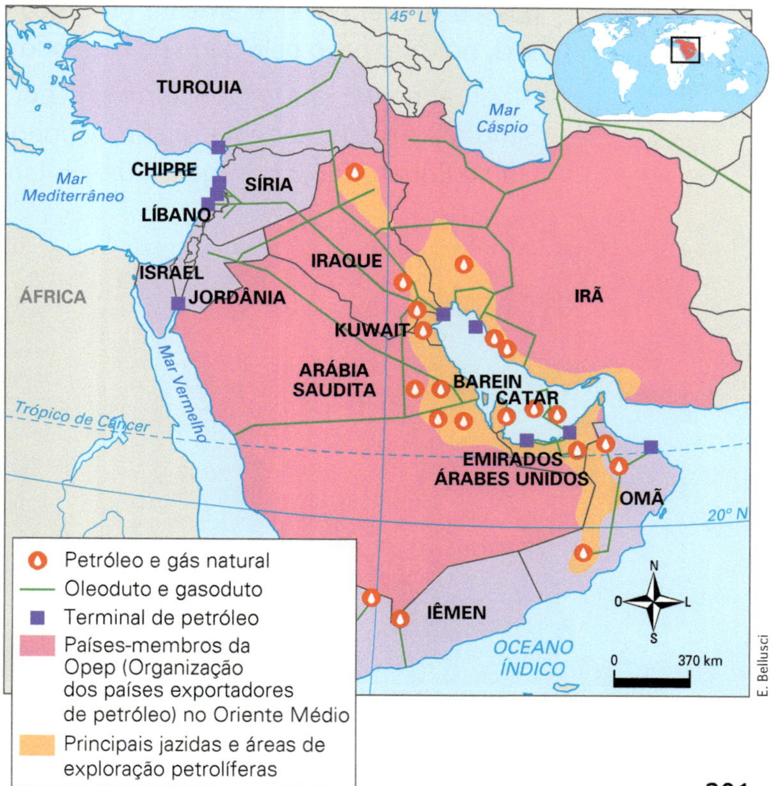

E. Bellusci

Fonte de pesquisa: Graça Maria Lemos Ferreira. *Atlas geográfico*: espaço mundial. 4. ed. São Paulo: Moderna, 2013. p. 102.

Riqueza e desigualdade social

A economia alicerçada na produção de petróleo proporcionou o enriquecimento dos países do Oriente Médio. Os lucros obtidos com a exploração e a exportação de petróleo abasteceram a economia dos países da região com cifras muito altas.

Ao longo de décadas, porém, boa parte dessa riqueza foi apropriada por uma pequena elite, servindo, principalmente, ao enriquecimento da nobreza política (reis, xeiques, sultões) e dos altos funcionários ligados ao governo. A concentração de riqueza em poder dessas elites explica por que parcela significativa da população desses países ainda vive em condições precárias.

Nos últimos anos, a enorme riqueza gerada pelo petróleo vem impulsionando o desenvolvimento de outros setores da economia em diversos países do Oriente Médio. Concentrando boa parte dessa riqueza, algumas cidades transformaram-se em verdadeiros polos de desenvolvimento. Os altíssimos investimentos já realizados em algumas delas, como Dubai e Abu Dhabi, nos Emirados Árabes Unidos, por exemplo, as transformaram em metrópoles modernas, com avenidas largas, *shopping centers*, escritórios de negócios e hotéis de luxo construídos com a mais arrojada arquitetura, como mostra a foto abaixo.

O petróleo e a Opep

O Oriente Médio é uma região de interesse estratégico no cenário geopolítico internacional. Esse interesse aumentou quando os maiores produtores de petróleo do Oriente Médio criaram, em 1960, a Organização dos Países Produtores de Petróleo (Opep), com o objetivo de manter o controle da exploração desse produto. Com isso, a Opep passou a interferir diretamente no preço do petróleo, ou seja, no valor pago pelo barril no mercado internacional.

Natalivector/Shutterstock.com/ID/BR

Símbolo da Opep.

Atualmente, a Opep é formada por um grupo de quinze países: Arábia Saudita, Argélia, Angola, Catar, Congo, Emirados Árabes, Equador, Gabão, Guiné Equatorial, Irã, Iraque, Kuwait, Líbia, Nigéria e Venezuela.

Paisagem de Abu Dhabi, capital dos Emirados Árabes Unidos, em 2017.

Robert Hoetink/Alamy/Fotoarena

Atividades

Organizando o conhecimento

1. Caracterize a distribuição geográfica da população no Oriente Médio destacando como os aspectos naturais influenciam nessa distribuição.

2. Que relações existem entre as atividades agropecuárias e as condições climáticas predominantes no Oriente Médio?

3. Explique por que, embora a economia do Oriente Médio seja dependente da produção de petróleo, parcela significativa da população de seus países vive em condições precárias.

4. De acordo com o que você estudou, qual foi o objetivo dos países produtores de petróleo do Oriente Médio ao criar a Opep?

Conectando ideias

5. **Leia** a manchete e **observe** o gráfico. Depois, **responda** às questões propostas.

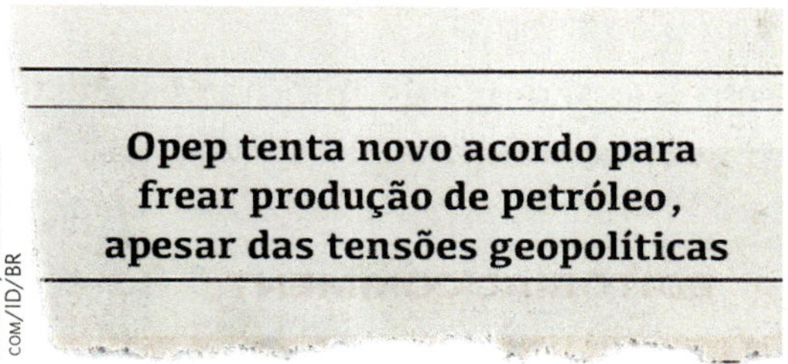

Opep tenta novo acordo para frear produção de petróleo, apesar das tensões geopolíticas

STILLFX/SHUTTERSTOCK.COM/ID/BR

G1, 29 nov. 2017. Disponível em: <https://g1.globo.com/economia/noticia/opep-tenta-novo-acordo-para-frear-producao-de-petroleo-apesar-das-tensoes-geopoliticas.ghtml>. Acesso em: 14 nov. 2018.

Produção mundial de petróleo (2017)

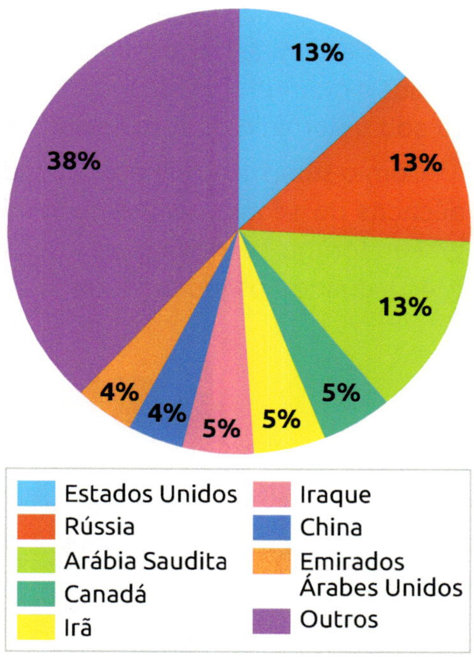

Ana Alexius

Fonte de pesquisa: BP. *BP Statistical Review of World Energy 2018*. Disponível em: <https://www.bp.com/content/dam/bp/en/corporate/pdf/energy-economics/statistical-review/bp-stats-review-2018-full-report.pdf>. Acesso em: 8 nov. 2018.

a) De que maneira os países da Opep conseguem interferir no preço internacional do petróleo?

b) De que maneira a alta do petróleo pode afetar a economia?

c) De acordo com o gráfico, quais são os maiores produtores mundiais de petróleo?

d) Quais países da Opep são representados no gráfico? Qual a participação de cada um deles na produção mundial de petróleo?

CAPÍTULO

19 A questão Palestina

Um dos focos de tensão persistente e que tem provocado repercussão em todo o mundo está relacionado ao conflito entre judeus (israelenses) e árabes (palestinos) pelo controle do território da Palestina, no Oriente Médio.

Para entender as origens desse conflito, é preciso conhecer a história desses povos na região. Dois mil anos antes da Era cristã (2000 a.C.), os judeus, na época chamados de hebreus, fixaram-se nessa região, conhecida hoje como Palestina, que já era ocupada por outros povos.

Séculos mais tarde, esse território foi dominado por outros impérios, como o babilônico (587 a.C.) e o romano (70 d.C.), que expulsaram os judeus de suas terras. As migrações forçadas, às quais os judeus foram submetidos, ficaram conhecidas como **diásporas**. Os judeus, então, se dispersaram por vários países, principalmente os da Europa, onde preservaram sua cultura e mantiveram a esperança de retornar à terra natal, chamada por eles de Sião.

No século VII, a região também foi ocupada por árabes muçulmanos, que, nesses territórios, ficaram conhecidos como palestinos.

No século XIX, os judeus reacenderam a esperança de retornar à Palestina com a disseminação do sionismo, movimento internacional que convocava os judeus a criar um Estado independente na Palestina, que até então se encontrava sob o domínio do Império Britânico.

Com o sionismo, milhares de judeus migraram para a Palestina nas primeiras décadas do século passado e fundaram inúmeras colônias agrícolas. Essa migração tornou-se ainda mais intensa durante a Segunda Guerra Mundial (1939-1945), quando os judeus foram perseguidos pelo nazismo.

Nazismo: movimento político alemão que pregava a suposta superioridade da raça ariana sobre os outros povos. Liderado por Adolf Hitler, durante a Segunda Guerra Mundial, o nazismo perseguiu e matou milhões de judeus, grande parte nos chamados campos de concentração.

Mahmud Hams/AFP

Escombros em área devastada por bombardeio israelense na cidade de Gaza, em 2018. Ataques como esse expressam o impasse vivido entre árabes e israelenses que disputam um mesmo território.

Ao término da Segunda Guerra, os judeus já somavam quase um terço da população total da Palestina, fato que contribuiu para acirrar as hostilidades e os conflitos entre a comunidade judaica e a árabe. Na tentativa de encontrar uma solução pacífica para esses conflitos, os britânicos, que até então mantinham o controle da região, transferiram o problema para a ONU.

Em 1947, a ONU propôs um plano de partilha dividindo o território palestino em dois Estados: um judaico e outro árabe. A divisão dos territórios foi realizada levando-se em consideração a maioria da população de judeus ou árabes neles existentes. O mapa ao lado representa a divisão do território palestino entre judeus e árabes proposta pela ONU.

Partilha da ONU para a região da Palestina (1947)

Fonte de pesquisa: Graça Maria Lemos Ferreira. *Atlas geográfico*: espaço mundial. 4. ed. São Paulo: Moderna, 2013. p. 103.

A tentativa de acordos de paz

O plano de partilha da ONU foi aceito pelos judeus, pois selava os objetivos do movimento sionista de criar um Estado judeu. A proposta, no entanto, foi imediatamente rejeitada pelos árabes da Palestina e também não recebeu apoio dos países árabes vizinhos, como Egito, Síria e Jordânia (Transjordânia).

Em 1948, líderes políticos judeus proclamaram a independência de seus territórios, criando, assim, o Estado de Israel. Em resposta, os exércitos dos cinco países árabes, Egito, Síria, Jordânia, Líbano e Iraque, invadiram Israel na tentativa de acabar com o Estado judeu, dando início aos conflitos na região, que se arrastam até os dias atuais.

O exército israelense venceu a primeira guerra contra os países árabes, e o Estado de Israel ampliou suas fronteiras para além dos limites estabelecidos pela ONU, como podemos ver no mapa ao lado.

Com o cessar-fogo, que pôs fim ao conflito, o Egito passou a controlar militarmente a Faixa de Gaza, e a Jordânia ficou com o controle da Cisjordânia. A cidade de Jerusalém ficou dividida entre Israel e Jordânia. O Estado palestino jamais foi proclamado, e cerca de 1 milhão de palestinos, reprimidos pela guerra, fugiram das áreas ocupadas por Israel em direção aos países vizinhos, onde passaram a viver como refugiados.

Configuração da região da Palestina (1949)

Fonte de pesquisa: Graça Maria Lemos Ferreira. *Atlas geográfico*: espaço mundial. 4. ed. São Paulo: Moderna, 2013. p. 103.

A tomada da Cisjordânia por Israel

Em 1967, temendo uma nova reação dos países árabes, Israel organizou um grande ataque e tomou a Cisjordânia e Jerusalém da Jordânia; a Faixa de Gaza e a península do Sinai do Egito e as colinas de Golã da Síria. Observe o mapa.

Israel (1967)

Fonte de pesquisa: Graça Maria Lemos Ferreira. *Atlas geográfico*: espaço mundial. 4. ed. São Paulo: Moderna, 2013. p. 103.

Sem Estado, a situação do povo palestino motivou o aparecimento de vários grupos de resistência, muitos deles apoiados pelos países árabes. Um dos grupos mais antigos e conhecidos, a chamada Organização para a Libertação da Palestina (OLP), foi criado em meados da década de 1960 pela iniciativa de países árabes, entre eles o Egito, a Jordânia, a Argélia e a Tunísia. Mas, a partir de 1969, um grupo guerrilheiro passou a controlar a organização e a cometer vários atentados terroristas contra Israel.

No decorrer da década de 1970, novos conflitos bélicos eclodiram entre Israel e os países árabes, e os ataques terroristas também se intensificaram. Israel saiu vencedor de todas as guerras travadas com os árabes nessa década e ampliou bastante seu território.

No fim da década de 1970, Israel e os países vizinhos começaram a negociar e assinaram os primeiros acordos que marcaram o início do processo de paz entre árabes e israelenses. Por meio desses acordos, Israel devolveu parte das colinas de Golã à Síria e a península do Sinai ao Egito, que, em troca, reconheceram formalmente o direito de existência do Estado judeu.

Após a assinatura dos acordos de paz com os países vizinhos, Israel passou a promover a ampliação de seus domínios sobre os territórios palestinos com a construção de assentamentos e colônias de judeus na Cisjordânia e na Faixa de Gaza.

No fim da década de 1980, a OLP renunciou aos conflitos armados e ao terrorismo e passou a ser reconhecida como principal representante do povo palestino, empenhada na construção do Estado palestino e nas negociações de paz com os israelenses. Em 1993, a OLP e Israel assinaram, em Oslo, na Noruega, um histórico acordo de paz, prevendo a retirada israelense das áreas ocupadas da Cisjordânia e da Faixa de Gaza, e a transferência desses territórios para o controle dos palestinos.

O processo de paz na região, que finalmente poderia culminar com a aceitação do Estado de Israel e a criação de um Estado palestino, no entanto, enfrenta muitos impasses e retrocessos devido à ação de grupos radicais de ambos os lados.

Em defesa dos palestinos, além da OLP, também atuam grupos armados que adotam a tática do terrorismo para atacar alvos civis israelenses. Entre esses grupos, estão o Hezbollah (Partido de Deus), apoiado pelo Irã; o Hamas (Movimento de Resistência Islâmica) e a Jihad Islâmica (Guerra Santa), sediada na Síria.

Do outro lado, grupos políticos radicais de Israel, apoiados por grande parte dos judeus que vivem nos assentamentos, defendem o uso da força militar contra os palestinos, opondo-se a qualquer acordo para devolver os territórios por eles ocupados.

Em 2005, Israel abandonou a Faixa de Gaza e, em 2007, esse território passou a ser controlado pelo Hamas. No entanto, o espaço aéreo e os acessos marítimos à Faixa de Gaza ainda permanecem sob o controle de Israel. Os mapas abaixo mostram a situação atual dos domínios de Israel e da Palestina.

Domínios de Israel e da Palestina (2011)

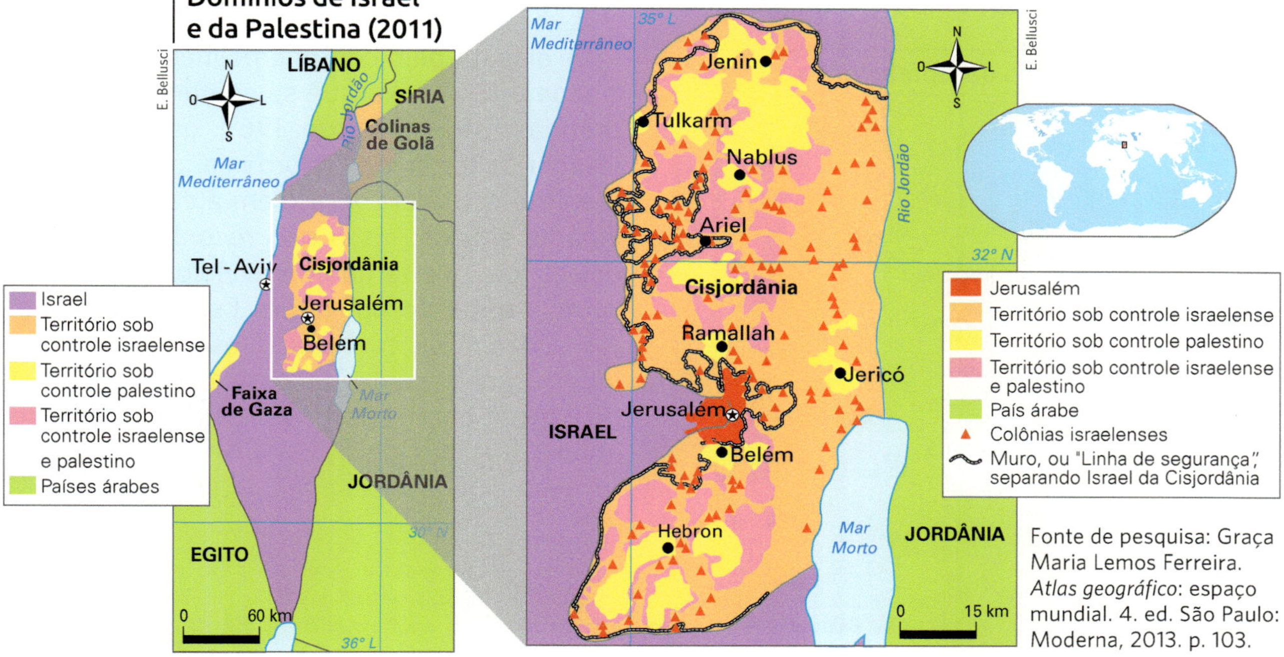

Fonte de pesquisa: Graça Maria Lemos Ferreira. *Atlas geográfico*: espaço mundial. 4. ed. São Paulo: Moderna, 2013. p. 103.

Thomas Coex/AFP

A foto de 2016 mostra o muro erguido por Israel com o objetivo de impedir e controlar a entrada de palestinos nos territórios ocupados pelos israelenses. O muro separa as cidades de Bethlehem (Belém), e Jerusalém.

UNIDADE 7

Jerusalém: cidade sagrada

Monoteísta: que crê na existência de apenas um deus.

Jerusalém ou **Yerushalayim**, "cidade da paz" em hebraico, foi fundada há mais de três mil anos. A cidade, que é uma das mais antigas do mundo, está geograficamente localizada na fronteira entre o Estado de Israel e o território palestino da Cisjordânia, em uma região de planaltos nas montanhas da Judeia, entre o Mar Mediterrâneo (a oeste) e o Mar Morto (a leste).

Atualmente, a cidade possui cerca de 874 mil habitantes, sendo considerada sagrada por três grandes religiões monoteístas: o cristianismo, o judaísmo e o islamismo. Ela também está dividida em duas áreas distintas: a cidade velha, a parte mais antiga, e a cidade nova, onde vive a maior a parte da população.

A cidade velha, que se estende por um pequeno espaço com cerca de apenas 1 km^2, reúne templos, igrejas e monumentos considerados sagrados pelos judeus, cristãos e muçulmanos. Atualmente, a cidade velha está dividida em quatro bairros: o cristão, o muçulmano, o judeu e o armênio (veja o mapa).

Jerusalém – bairros da cidade velha

A disputa pelo controle político sobre essa cidade é tão antiga que se confunde com sua própria história. Desde 1967, quando Israel invadiu as terras da Cisjordânia, o governo israelense considera Jerusalém a capital do seu Estado, situação essa não reconhecida pelos palestinos, que também reivindicam a cidade como capital de um futuro Estado Palestino. Na tentativa de conter a eclosão de conflitos intensos pelo controle dessa cidade, a ONU reconhece como capital do estado israelense apenas a cidade de Tel-Aviv, considerando Jerusalém cidade de domínio internacional.

Fonte de pesquisa: James M. Rubenstein. *The cultural landscape*: an introduction to human geography. 8. ed. New Jersey: Pearson Education, 2005. p. 215.

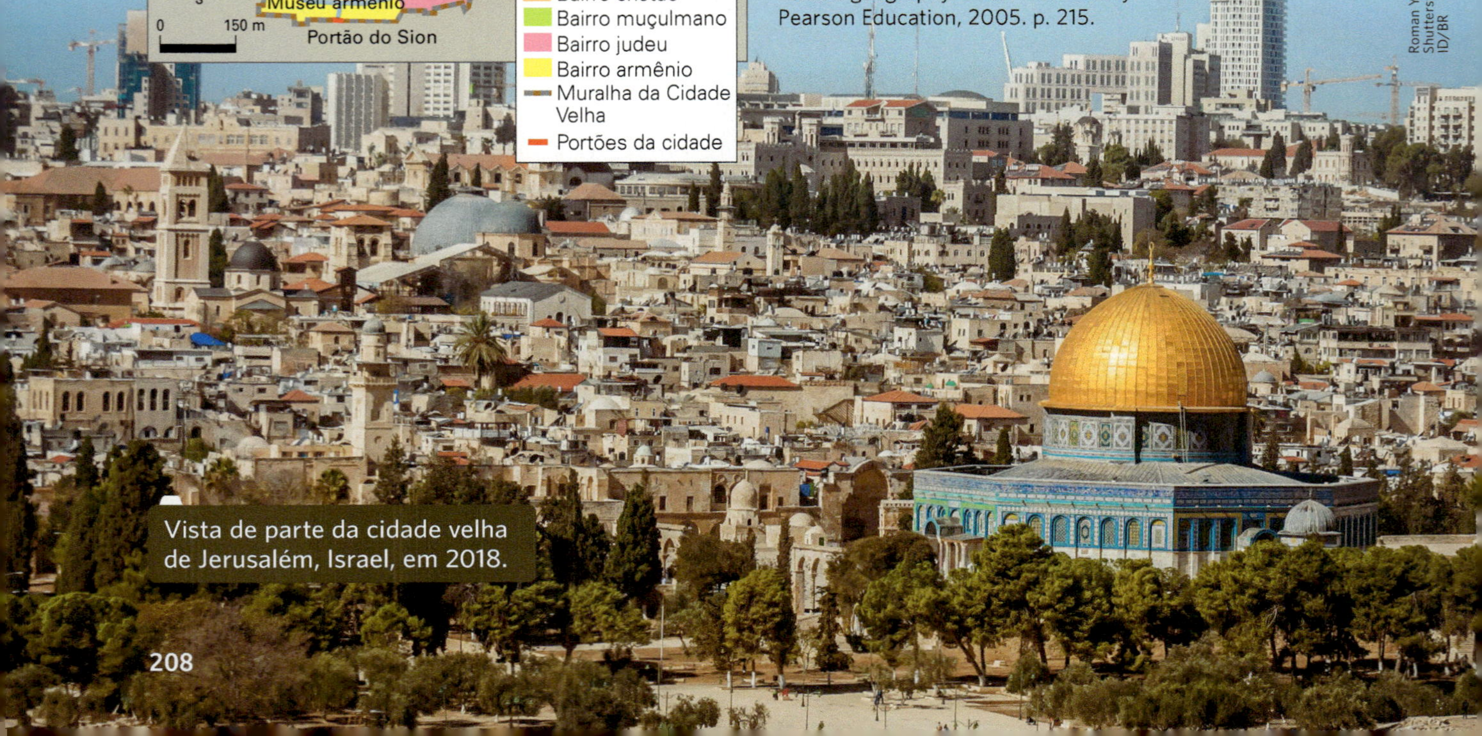

Roman Yanushevsky/Shutterstock.com/ID/BR

Vista de parte da cidade velha de Jerusalém, Israel, em 2018.

A esperança em meio aos conflitos

Viver em áreas de conflito é muito difícil. Em várias situações, as pessoas vivenciam a destruição de lugares que fazem parte de sua história de vida ou ainda convivem com o sofrimento de perder um amigo ou familiar em atos violentos.

Nessas ocasiões, as pessoas, motivadas pela esperança, desenvolvem um sentimento de confiança de que a paz seja alcançada um dia.

Durante a Segunda Guerra Mundial (1939-1945), a garota judia Anne Frank (1929-1945), junto com mais sete pessoas, viveu escondida dos soldados nazistas em cômodos de um prédio comercial localizado em Amsterdã, na Holanda.

Em seu esconderijo, Anne Frank escreveu um diário no qual expôs suas reflexões de viver com a perseguição dos soldados nazistas aos judeus. Ela escreveu sobre a esperança que tinha de ver a situação que vivia chegar ao fim.

O esconderijo de Anne Frank foi descoberto em 1944 e todos acabaram capturados pelos nazistas. Ela morreu em 1945 em um campo de concentração na Alemanha. Leia um trecho do diário de Anne Frank.

> [...] Em tempos assim fica difícil; ideais, sonhos e esperanças crescem em nós, somente para ser esmagados pela dura realidade. É um espanto que eu não tenha abandonado todos os meus ideais, já que parecem tão absurdos e pouco práticos. Mas me agarro a eles porque ainda acredito, a despeito de tudo, que no fundo as pessoas são boas.
>
> [...]

Anne Frank. *O diário de Anne Frank*. Tradução de Ivanir Alves Calado. 23. ed. Rio de Janeiro: Record, 2006. p. 341.

SuperStock RM/Diomedia

Foto de Anne Frank, em 1941.

1. Qual é a mensagem principal desse trecho do diário de Anne Frank?

2. Em qual situação de sua vida você agiu com esperança? Conte para os colegas

UNIDADE 7

Atividades

Organizando o conhecimento

1. Explique o que foi a diáspora judaica.
2. Com base neste capítulo, explique o que foi o movimento sionista.
3. O que tem causado retrocessos e impasses no processo de paz na região da Palestina?
4. O que foi a Partilha da ONU?
5. Quais territórios foram ocupados por Israel na guerra de 1967?
6. De que maneira Israel passou a ocupar os territórios palestinos a partir da década de 1970?
7. Cite o nome de alguns grupos radicais árabes que promovem ataques contra alvos civis israelenses. Qual tem sido a tática utilizada por esses grupos?

Conectando ideias

8. **Observe** as fotos a seguir.

Hatem Moussa/AP Photo/Glow Images

Fumaça decorrente da explosão de mísseis lançados pelo exército israelense contra alvos palestinos na cidade de Gaza, em 2018.

Tsafrir Abayov/AP Photo/Glow Images

Escombros de um edifício destruído por bombas lançadas por palestinos na cidade de Berseba, Israel, em 2018.

- As fotos indicam como o conflito entre judeus e palestinos tem sido uma questão de difícil solução. **Pesquise** em jornais, revistas ou na internet informações sobre os últimos acontecimentos ocorridos entre árabes e judeus na disputa pelo território da Palestina. **Anote** no caderno as principais informações encontradas e, depois, **apresente-as** na sala de aula.

CAPÍTULO 20

Rússia

A Rússia é o maior país do mundo, com um território de cerca de 17 milhões de km^2, quase duas vezes o tamanho do Brasil. Uma parte está localizada na Europa e outra na Ásia. Embora a maior parte do território russo se localize na Ásia, suas principais cidades estão no continente europeu. Veja o mapa.

Rússia (2016)

Fonte de pesquisa: *Atlas geográfico escolar*. 7. ed. Rio de Janeiro: IBGE, 2016. p. 32.

Como era a mais importante das repúblicas soviéticas, a Rússia se tornou a principal herdeira da União Soviética, e após o colapso do regime socialista, no final da década de 1980, enfrentou uma série de dificuldades econômicas no período de transição para a economia capitalista. Uma delas foi a necessidade de modernizar o setor industrial, sobretudo o de bens de consumo, sucateado ao longo do tempo. Uma herança positiva que restou da União Soviética foi a vaga permanente no Conselho de Segurança da ONU.

Atualmente, a Rússia apresenta um papel de destaque na economia internacional, principalmente porque seus recursos naturais fazem do país um dos maiores fornecedores mundiais de recursos energéticos, como carvão mineral, petróleo e gás natural.

No ano de 2016, o valor de seu PIB estava entre os doze maiores do mundo, composto, em grande parte, pela atividade industrial, sobretudo metalúrgica e química, e pela extração mineral e de recursos energéticos, conforme veremos a seguir.

Visão da Praça Vermelha, localizada no centro de Moscou, capital da Rússia, em 2017.

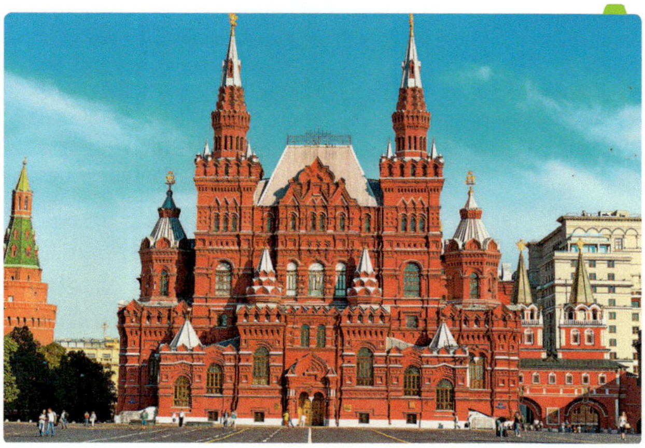

NChutchikov/Shutterstock.com/ID/BR

Economia

Com o fim do sistema socialista soviético, a economia russa passou por um período de transição para o sistema capitalista, no qual privatizou empresas estatais e abriu negociações comerciais com outros países do mundo.

Para consolidar sua economia de mercado, a Rússia fez elevados empréstimos financeiros internacionais e começou a investir pesadamente em seu crescimento econômico. No ano de 2007, por exemplo, enquanto o país cresceu 8,5% ao ano, o Reino Unido e a França apresentaram um crescimento de aproximadamente 2,3% no ano.

O elevado crescimento econômico da Rússia foi favorecido pelos grandes investimentos na modernização de seu parque industrial, bem como na ampliação da exploração de sua riqueza mineral e de recursos energéticos fósseis encontrados em seu subsolo. E, também, em decorrência de um período de elevada valorização do petróleo e seus derivados no mercado internacional.

A maior parte de sua produção industrial se concentra na parte europeia do país, principalmente nas cidades de Moscou e São Petersburgo. Suas indústrias são voltadas, sobretudo, para o beneficiamento de seus recursos naturais, como as indústrias petroquímicas. Além disso, a modernização industrial permitiu um grande desenvolvimento de atividades voltadas ao setor aeroespacial.

Na agricultura, a Rússia se destaca no cultivo de batata, trigo e aveia; no entanto, precisa importar alimentos para suprir o consumo de sua população, principalmente de carne.

Observe no mapa abaixo a organização econômica do espaço geográfico russo.

Atividades econômicas da Rússia (2012)

Fontes de pesquisa: *Atlas national geographic*: Europa II. São Paulo: Abril, 2008. p. 54. *Reference atlas of the world*. 9. ed. London: Dorling Kindersley, 2013. p. 123.

Nos últimos anos, a Rússia vem passando por uma crise econômica devido, entre outros fatores, à elevação das taxas de juros e à queda nos preços do petróleo. Além disso, a Rússia sofre sanções impostas por vários países em razão do seu envolvimento em conflitos civis e militares, ocorridos em diferentes locais do mundo, como o conflito na região da Crimeia - até 2014 pertencente à Ucrânia, quando anexada pela Rússia - e na Síria.

Relações geopolíticas

O posicionamento da Rússia diante dos conflitos civis e militares em diversas regiões do mundo, em geral ao lado dos grupos opressores, tem ocasionado um desconforto geopolítico entre os maiores países do mundo.

Isso porque a Rússia faz parte dos países que compõem a ONU, órgão que visa manter a paz mundial e busca minimizar os conflitos internos e as guerras civis em todo o mundo.

Nesse sentido, ao mesmo tempo em que o país ocupa lugar de pacificador, regulador de conflitos, alia-se aos grupos conflitantes, muitas vezes fornecendo materiais bélicos.

Os conflitos na Síria, iniciados em 2011, são um exemplo. Nesse caso, a população da Síria, que a princípio se manifestava contra o presidente Bashar Al-Assad em busca de um país democrático, passou a enfrentar um conflito armado entre as tropas do governo e rebeldes extremistas, que utilizam a religião muçulmana de maneira equivocada para justificar suas ações de caráter terrorista.

Em meio aos conflitos, enquanto a maioria dos países que compõe o Conselho de Segurança da ONU defende o combate ao terrorismo dos rebeldes extremistas e a saída do presidente sírio do poder para a instalação de um regime democrático, a Rússia se mantém a favor das tropas de Bashar Al-Assad, contrariando, portanto, o posicionamento da ONU em relação ao conflito.

Esse posicionamento em relação aos conflitos na Síria é motivado por interesses econômicos e militares, uma vez que, em conflito, a Síria se torna um grande comprador de materiais bélicos russos e, com Al-Assad no poder, a Rússia garante sua base naval em território sírio, com acesso ao mar Mediterrâneo.

Da mesma forma, a Rússia tem se posicionado de maneira a visar primeiro seus interesses em relação aos demais conflitos no mundo, sobretudo no que diz respeito aos conflitos internos ocorridos em países árabes.

A posição de liderança política no cenário internacional exercida pela Rússia é reforçada pela sua força militar, uma das maiores do mundo, como mostra o quadro abaixo, com dados de 2018.

Países	Aeronaves	Recursos navais	Soldados	Tanques de combate
China	3035	714	2693000	7716
Estados Unidos	13362	415	2083100	5884
França	1262	118	388635	406
Índia	2185	295	4207250	4426
Reino Unido	832	76	279230	227
Rússia	3914	352	3586128	20300

Fonte de pesquisa: Global Fire Power. *Military Strength Power 2018*. Disponível em: <https://www.globalfirepower.com/countries-listing.asp>. Acesso em: 9 nov. 2018.

Atividades

Organizando o conhecimento

1. Caracterize a situação econômica russa após o colapso do regime socialista e o fim da União Soviética, no final da década de 1980.
2. Por que a Rússia apresenta papel de destaque na economia internacional?
3. O que a Rússia fez para consolidar sua economia de mercado?
4. Como se caracteriza a produção industrial russa?
5. Como se caracteriza a produção agrícola russa?
6. Qual é o interesse da Rússia ao apoiar as tropas do governo sírio?

Conectando ideias

7. **Leia** e **interprete** o texto a seguir e **responda** às questões no caderno.

Depois da Europa, EUA anunciam mais sanções contra a Rússia

[...]

Os Estados Unidos anunciaram medidas contra "setores-chave da economia russa", incluindo os de energia, armas e financeiro. Bancos serão atingidos, assim como uma grande companhia de defesa. Além disso, o governo americano bloqueou vendas de produtos de tecnologia para a lucrativa indústria de petróleo da Rússia, em um esforço para minar a capacidade do país de desenvolver recursos nesta área, informou o jornal The New York Times.

Ao anunciar as novas sanções, Obama afirmou que a Rússia "está mais uma vez se isolando da comunidade internacional e recuando em décadas de progresso genuíno". Ele ressaltou que o governo Putin foi além do apoio aos separatistas e agora está participando diretamente no conflito, disparando artilharia através da fronteira, transportando mais equipamento para os rebeldes e usando suas próprias tropas.

[...]

Depois da Europa, EUA anunciam mais sanções contra a Rússia. *Veja*, São Paulo, 29 jul. 2014. Disponível em: <http://veja.abril.com.br/noticia/mundo/depois-da-europa-eua-anunciam-mais-sancoes-contra-a-russia>. Acesso em: 7 nov. 2018.

Tashatuvango/Shutterstock.com/ID/BR

a) **Identifique** se esse texto confirma o que foi estudado no capítulo sobre a economia russa. Depois, **escreva** um texto justificando a sua resposta.

b) Com base no que você estudou, **explique** por que a Europa e os Estados Unidos anunciaram sanções contra a Rússia.

CAPÍTULO 21

Japão

O Japão é uma das maiores economias da Ásia; de acordo com o Banco Mundial, seu PIB foi o terceiro maior do mundo em 2016.

Localizado no extremo leste asiático, o território do Japão ocupa uma área de aproximadamente 378 mil km². É um arquipélago formado por quatro ilhas (Hokkaido, Honshu, Shikoku e Kyushu) e mais de três mil ilhas menores.

O país localiza-se numa área de encontro de placas tectônicas, o que explica a existência de inúmeros vulcões em seu relevo montanhoso, a ocorrência frequente de atividades sísmicas (terremotos) e de *tsunamis*.

Tsunami: imensa onda formada a partir de movimentos tectônicos ou vulcanismo ocorridos no fundo dos oceanos.

Vulcões ativos no Japão

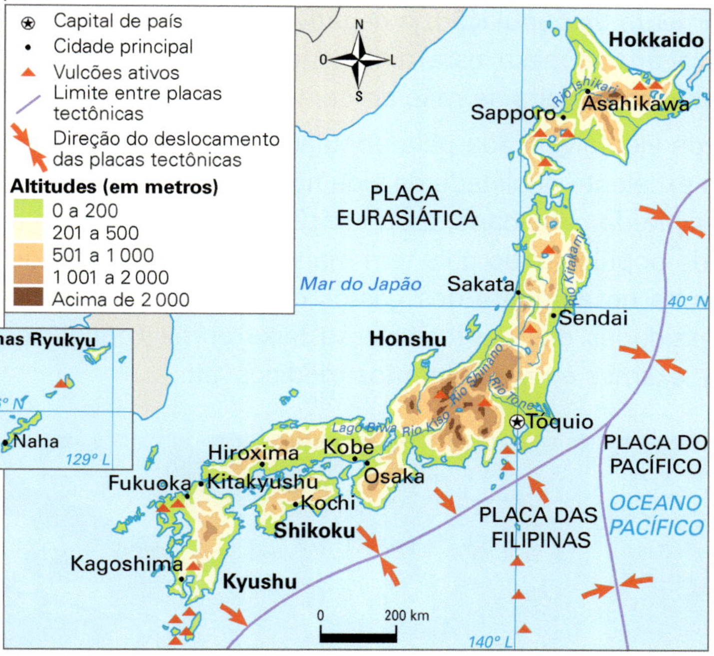

Fonte de pesquisa: Robert Coenraads e John Koivula. *Geológica*. Barcelona: H. F. Ullmann, 2008. p. 109.

Epicentro do terremoto de 2011

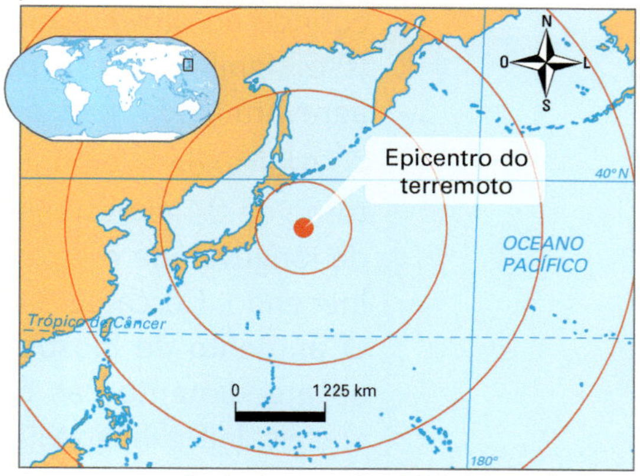

Fonte de pesquisa: BBC. Disponível em: <https://www.bbc.com/portuguese/noticias/2011/03/110311_japao_terremoto_ewerton_pu.shtml>. Acesso em: 10 nov. 2018.

ACESSE O RECURSO DIGITAL

O terremoto de 2011 no Japão

Em 2011, o Japão foi atingido por um *tsunami*, provocado por um terremoto no fundo do oceano Pacífico, próximo à ilha de Honshu. Várias cidades do litoral foram inundadas e sua infraestrutura, destruída. Milhares de pessoas ficaram desabrigadas. O terremoto abalou a estrutura da usina nuclear de Fukushima, também atingida pela "onda gigante", provocando vazamento radioativo. Esse terremoto seguido de *tsunami* é considerado o maior da história do Japão, com 8,9 graus de magnitude na escala Richter.

The Asahi Shimbun/Getty Images

Estragos provocados em Kensennuma, Japão, pelo *tsunami* ocorrido em 2011.

Com cerca de 127 milhões de habitantes, o Japão está entre os países mais populosos do mundo. Em razão de sua extensão territorial relativamente pequena, o país também é bastante povoado, com densidade demográfica média em torno de 336 hab./km^2.

A maior parte da população japonesa está concentrada nas estreitas faixas das planícies litorâneas e nas encostas baixas das áreas montanhosas. Nessas regiões, estão as maiores aglomerações populacionais do país, imensas regiões urbano-industriais, onde se localizam cidades como Tóquio (38 milhões de habitantes), Yokohama (3,7 milhões), Osaka (20 milhões) e Nagoya (9,4 milhões), as mais populosas do país.

Do ponto de vista demográfico, a população japonesa destaca-se por dois aspectos relevantes: baixa taxa de natalidade e elevada expectativa de vida.

A queda acentuada da natalidade ao longo das últimas décadas vem repercutindo no ritmo de crescimento da população, já negativo, em torno de -0,2%. Isso significa que a população japonesa está diminuindo, e isso certamente agravará ainda mais o problema da falta de mão de obra, já escassa no país.

A elevada expectativa de vida alcançada pela população japonesa, hoje em torno de 84 anos, revela a excelente qualidade de vida no país. Com o aumento da longevidade e a diminuição da natalidade, a população japonesa está envelhecendo. Cerca de 34% da população do país tem mais de 60 anos de idade. O aumento de idosos resulta no aumento dos gastos do governo destinados ao atendimento das necessidades das pessoas dessa faixa etária (benefícios sociais, leitos hospitalares, exames e procedimentos médicos, etc.).

Tomohiro Ohsumi/Getty Images

A população japonesa é a que possui a maior expectativa de vida do mundo. Na foto, idosos praticando exercícios em Tóquio, Japão, em 2017.

A potência econômica japonesa

O Japão apresenta-se atualmente como uma das maiores potências econômicas do mundo, destacando-se por abrigar um dos mais complexos e desenvolvidos parques industriais do planeta.

O processo de industrialização do Japão teve início em 1868 com a chamada **Revolução Meiji**, que acelerou o processo de industrialização e modernização da economia japonesa. Investimentos maciços em setores como educação (do ensino primário ao universitário), infraestrutura (ferrovias, portos) e indústrias de base (siderúrgicas) impulsionaram o crescimento econômico do país, apoiado na formação de fortes conglomerados empresariais familiares - os chamados *zaibatsus*.

Ao ser derrotado pelas forças militares dos Estados Unidos e seus aliados (Inglaterra, França e União Soviética) na Segunda Guerra Mundial (1939-1945), o Japão sofreu muitas perdas, ficando praticamente falido e com sua economia e território destruídos. A reconstrução econômica do país se iniciou na década de 1950 com o apoio financeiro dos Estados Unidos, que tinham o objetivo principal de conter a expansão do socialismo soviético na região do Pacífico.

Outros fatores que também contribuíram para o desenvolvimento econômico do Japão no pós-guerra foram: disponibilidade de mão de obra barata vinda do campo para as indústrias; altos investimentos em educação voltados para a qualificação da mão de obra e o desenvolvimento científico-tecnológico.

Perati Komson/ Shutterstock. com/ID/BR

Essa área de Hiroshima foi transformada em memorial em homenagem aos mortos na Segunda Guerra Mundial. Ao fundo, é possível observar escombros do edifício que resistiu à bomba atômica que atingiu a cidade durante o conflito, em foto de 2017.

Indústria japonesa

Os pesados investimentos em pesquisas científicas voltadas para o aprimoramento tecnológico do setor produtivo ao longo da segunda metade do século passado colocaram as indústrias japonesas entre as mais modernas e competitivas do mundo. Com a automação e a robotização utilizadas em larga escala no interior das fábricas, as indústrias japonesas aumentaram muito sua produtividade, diminuíram seus custos de produção e ampliaram expressivamente seus lucros.

Indústrias e recursos minerais no Japão (2013)

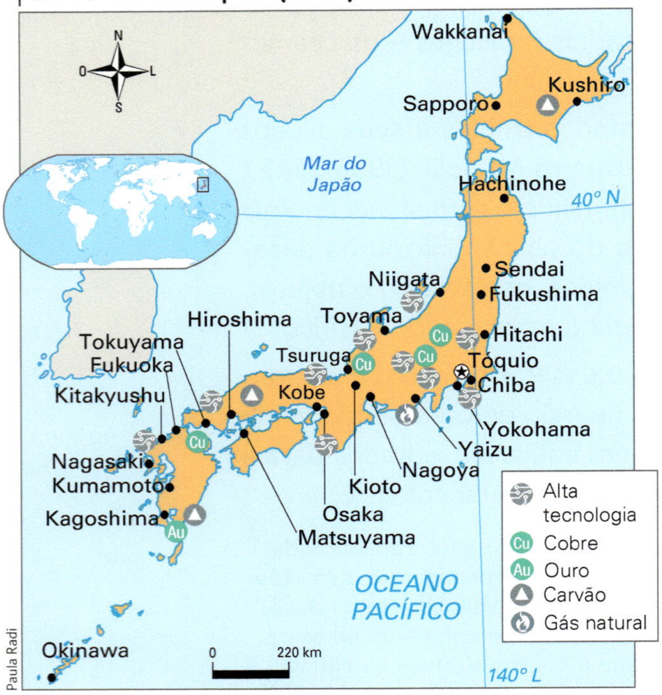

Fonte de pesquisa: *Reference atlas of the world*. 9. ed. London: Dorling Kindersley, 2013. p. 165.

Porém, o Japão possui um território relativamente pobre em recursos minerais e energéticos, insuficientes para suprir o elevado consumo de seu parque industrial, por isso, depende muito da importação de minério de ferro, cobre, manganês, bauxita (recursos minerais); e de petróleo, carvão e gás natural (recursos energéticos).

Observe no mapa ao lado as principais indústrias e os principais recursos minerais presentes no Japão.

Aproveitando esse desempenho favorável, muitas empresas japonesas passaram a implantar filiais em outras partes do mundo como forma de conquistar novos mercados. A expansão dessas empresas contribuiu de maneira significativa para o crescimento acelerado da economia japonesa, cujo PIB saltou de 212 bilhões de dólares em 1970 para mais de 3 trilhões de dólares em 1990. Em 2016, ultrapassou 4,9 trilhões de dólares.

Com esse notável crescimento, o Japão tornou-se uma das maiores potências econômicas do planeta, um grande exportador de produtos industrializados de alta tecnologia, com destaque para os componentes e equipamentos de informática e robótica, produtos eletrônicos, automóveis, químicos e petroquímicos, siderúrgicos e navios.

Processo de produção de automóvel feito por robôs, em Aichi, Japão, em 2017.

No entanto, nas últimas duas décadas, a economia japonesa vem sendo afetada por crises decorrentes principalmente da retração do consumo interno. Com a economia estagnada, muitas empresas faliram, e a taxa de desemprego aumentou. Mesmo assim, o país se mantém como a terceira maior economia do mundo, atrás apenas dos Estados Unidos e da China.

Agropecuária

O relevo montanhoso e a pequena extensão territorial do Japão impõem sérios limites à expansão das atividades agropecuárias, desenvolvidas basicamente nas pequenas propriedades rurais existentes nas poucas áreas de planícies e também em encostas montanhosas mais baixas.

Entre os principais gêneros produzidos no país destacam-se o arroz, os legumes, as verduras, as frutas e as hortaliças. Mesmo com a alta produtividade obtida pelo emprego de modernas técnicas de cultivo, a produção de alimentos no Japão, com exceção do arroz, é insuficiente para abastecer o mercado interno, fato que o obriga a importar grande parte dos alimentos que consome. A pecuária tem um papel quase insignificante na economia do país, com pequenas criações de aves (galinhas) e rebanhos pouco numerosos de porcos e gado leiteiro. A maior parte da proteína animal consumida pela população é obtida da pesca marinha.

Cercado por águas oceânicas ricas em plânctons, o Japão apresenta um enorme potencial pesqueiro. A pesca é uma das atividades econômicas mais importantes do país, que conta com uma das maiores e mais modernas frotas pesqueiras do mundo, condição que o coloca entre os maiores produtores mundiais de pescado. Além da pesca, a aquicultura também é importante para o país.

Plâncton: organismo geralmente microscópico, que vive em meio a águas doces e salgadas. Encontra-se na base da cadeia alimentar dos ecossistemas aquáticos, uma vez que serve de alimento a organismos maiores.

Aquicultura: cultivo de organismos no meio aquático.

Agropecuária e pesca no Japão (2013)

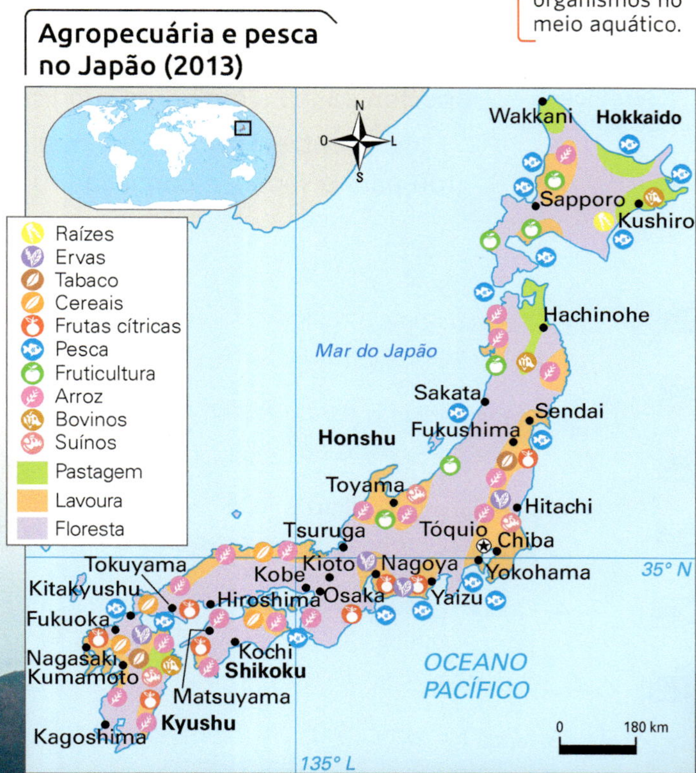

Fonte de pesquisa: *Reference atlas of the world*. 9. ed. London: Dorling Kindersley, 2013. p. 164-165.

Aquicultura de ostras, em Okayama, Japão, em 2018.

Geografia e Língua Portuguesa

Entrevista

Você já leu uma entrevista? A entrevista é um gênero textual que apresenta o registro de uma conversa previamente combinada com o objetivo de obter informações sobre determinado assunto. Os interlocutores têm papéis definidos: o entrevistado deve manifestar o seu conhecimento sobre o assunto, de acordo com o que é perguntado; e o entrevistador organiza um conjunto de perguntas e registra as respostas. As entrevistas podem circular em periódicos, jornais e revistas. Veja o exemplo a seguir.

Decasségui: uma experiência no Japão

Você estudou que o Japão é uma das maiores potências econômicas do mundo, com um dos mais desenvolvidos parques industriais do planeta. Nas décadas de 1980 e 1990, devido às sucessivas crises econômicas e ao aumento no desemprego, milhões de brasileiros emigraram para o Japão em busca de oportunidades e melhores condições de vida.

Leia a **entrevista** a seguir, realizada com uma decasségui brasileira que migrou para o Japão, e conheça um pouco sobre essa experiência.

Decasségui: descendente de japoneses nascida no Brasil.

1. *Qual seu nome completo?*
   Heloisa Hatsue Lima.
2. *Quando migrou para o Japão?*
   Em 30 de agosto de 1990.
3. *Por que migrou para o Japão?*
   Para conhecer o país e a cultura.
4. *Qual era a sua idade quando migrou para o Japão?*
   32 anos.
5. *Você foi sozinha ou com a família?*
   Sozinha.
6. *Já conhecia alguém no Japão?*
   Apenas um primo, que estava no Japão há 6 meses.
7. *Onde se estabeleceu no Japão?*
   Na cidade de Ueda, estado de Nagano.
8. *Em que trabalhou no Japão?*
   Em duas fábricas de peças automobilísticas e em uma de esquadrias de alumínio.

José Vitor Erloza/ASC Imagens

Qual era o contexto econômico do Japão, nesse período?

vovan/Shutterstock.com/ID/BR

f11photo/Shutterstock.com/ID/BR

Tao Jiang/Shutterstock.com/ID/BR

9. *Você enviava dinheiro para o Brasil?*
Esporadicamente.

10. *Quais foram as principais dificuldades que enfrentou? (Qual a principal dificuldade de ser imigrante no Japão?)*
O idioma, a jornada de trabalho (fazia 2 horas extras por dia) e a adaptação ao modo de vida, aos costumes do país.

11. *Você sentiu muita diferença social e cultural em relação ao Brasil?*
Sim, porém coisas muito positivas e funcionais. Por exemplo, a forma de separar e descartar o lixo (tudo muito organizado), o atravessar a rua somente na faixa de pedestre, entre outros.

12. *Sofreu discriminação? Se sim, de que tipo?*
Não.

13. *Quais os principais desafios dos brasileiros no Japão?*
Adaptar-se aos costumes, hábitos do dia a dia, e superar a saudade dos que ficaram no Brasil. Hoje isso é mais fácil com a internet.

14. *Quanto tempo viveu no Japão?*
7 anos.

15. *Depois de tanto tempo no Japão, a sua visão em relação ao Brasil mudou?*
Foi difícil me readaptar no Brasil. Fazer comparações é inevitável e isso causa muita tristeza e decepção. Perceber o quanto o seu país poderia ser diferente em aspectos como política, meio ambiente, educação e outros, em que o Japão é mais organizado.

16. *Por que decidiu voltar para o Brasil?*
Para o nascimento do meu filho.

17. *Em sua avaliação, a migração para o Japão foi importante para sua vida? Em quê?*
Sem dúvida. Importante no aspecto financeiro, a oportunidade de conhecer o país e principalmente pela vivência e aprendizado que pude ter com a cultura oriental.

vovan/Shutterstock.com/ID/BR

- De acordo com a entrevista, responda:

a) Identifique elementos que indicam se a experiência da emigração foi boa ou ruim para a entrevistada.

b) Em sua opinião, as informações e experiências relatadas na entrevista são úteis? Explique.

c) No seu ponto de vista, a partir das informações apresentadas na entrevista e no seu conhecimento sobre o assunto, a emigração é uma alternativa interessante? Você emigraria? Para onde? Por quê?

KPG_Payless/Shutterstock.com/ID/BR

A vida de estrangeiro e a determinação para vencer as dificuldades

Todos os anos, por diversos motivos, milhares de brasileiros migram para outros países. O motivo mais comum é a procura de novas oportunidades de trabalho e de melhores condições de vida.

De acordo com o Ministério das Relações Exteriores, em 2017, cerca de 1,6 milhão de brasileiros vivia fora do país.

A vida de um estrangeiro, a exemplo de um brasileiro em outro país, não é nada fácil. Entre as principais dificuldades enfrentadas pelos imigrantes podemos citar as diferenças culturais, como hábitos alimentares, práticas religiosas e, principalmente, a língua da população nativa. O preconceito também faz parte dessa lista em alguns lugares.

Além disso, a saudade da terra natal, geralmente, é muito forte. Mesmo que as pessoas precisem migrar em busca de uma vida melhor, o sentimento de afeição pelo lugar onde nasceram ou onde viviam anteriormente pode permanecer por toda a sua existência.

A determinação para superar as dificuldades e conseguir viver em outro país é muito forte entre imigrantes no mundo todo, não apenas de brasileiros. Ser determinado é permanecer firme diante de um objetivo, sem se deixar abater diante de qualquer frustração.

1. Reflita sobre algumas dificuldades que você já enfrentou em seu dia a dia. Com base nessa reflexão, você se considera uma pessoa determinada? Comente com os colegas.
2. Converse com os colegas da sala e identifique algumas situações vividas por vocês que necessitam ser vencidas com determinação.

doom.ko/Shutterstock.com/ID/BR

Atividades

Organizando o conhecimento

1. Descreva a localização e as características geográficas do território do Japão.

2. O que foi a Revolução Meiji?

3. O que são os chamados zaibatsus?

4. Mesmo derrotado na Segunda Guerra Mundial, por que a economia japonesa se reconstruiu tão rapidamente após esse conflito?

5. Além da ajuda externa, que outros fatores contribuíram para a recuperação da economia japonesa no pós-guerra?

6. De que maneira as indústrias japonesas se tornaram as mais modernas e competitivas do mundo?

7. Os recursos minerais e energéticos existentes no território japonês são suficientes para suprir o consumo de seu parque industrial? Justifique sua resposta.

8. Apesar da alta produtividade agrícola, o Japão não produz o suficiente para abastecer seu consumo interno. Quais fatores inviabilizam a expansão da agropecuária no território japonês?

Conectando ideias

9. **Leia** e **interprete** o texto abaixo e observe a foto. Depois, responda à questão a seguir.

Sankei/Getty Images

Um terremoto de 8,9 graus na escala Richter atingiu na tarde desta sexta-feira (horário local) a costa nordeste do Japão. [...]

Após o tremor, um tsunami com ondas de até 10 metros atingiu cidades costeiras. [...]

Foto da destruição ocasionada pelo *tsunami* que atingiu o Japão, em 2011.

STILLFX/Shutterstock.com/ID/BR

Terremoto de 8,9 graus sacode Japão e causa tsunami. *Veja*, 11 mar. 2011. Disponível em: <http://veja.abril.com.br/noticia/mundo/terremoto-de-8-9-graus-atinge-japao-e-gera-alerta-de-tsunami>. Acesso em: 9 nov. 2018.

- **Relacione** o texto com as características geológicas do território japonês.

China

Com uma população de mais de 1,4 bilhão de habitantes, a China é o país mais populoso do mundo, representando um quinto da população mundial. Sua densidade demográfica, em torno de 147 hab./km², não chega a ser tão elevada por causa da grande extensão de seu território: 9,6 milhões de km². A maior parte da população chinesa está concentrada na parte leste do território, onde estão localizadas as principais áreas agrícolas, urbanas e industriais do país. Veja no mapa.

Densidade demográfica da China (2015)

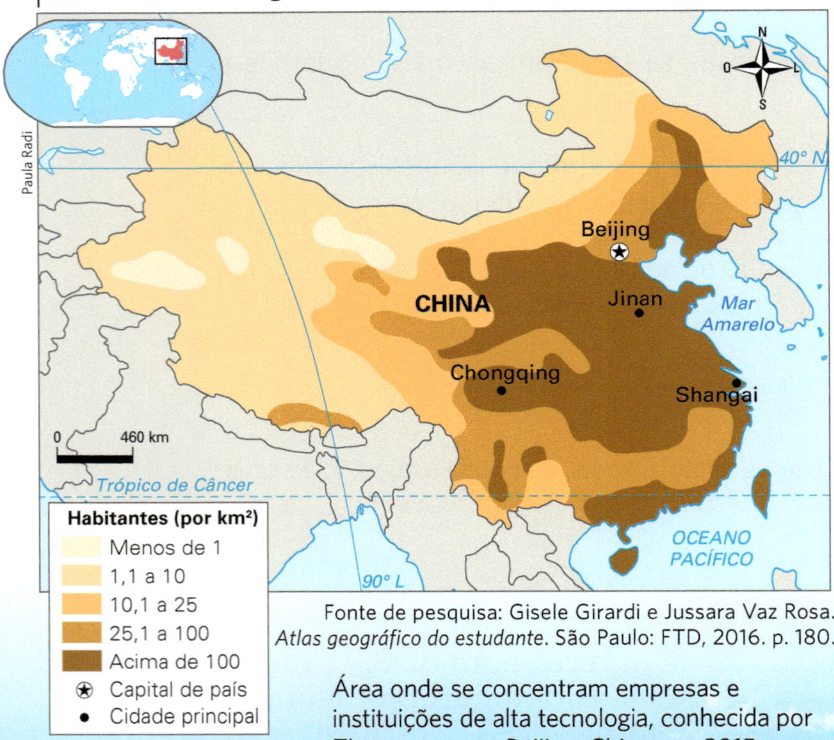

Fonte de pesquisa: Gisele Girardi e Jussara Vaz Rosa. *Atlas geográfico do estudante*. São Paulo: FTD, 2016. p. 180.

O governo socialista controla o país de modo autoritário e antidemocrático. O único partido existente na China, chamado Partido Comunista Chinês (PCC), centraliza sob o seu comando todas as questões políticas que envolvem o país, estabelecendo intenso controle sobre os meios de comunicação e reprimindo a realização de manifestações sociais.

Antidemocrático: atitude que, por ser contrária à democracia, restringe a liberdade de expor opiniões, direito de escolhas individuais, entre outros.

Área onde se concentram empresas e instituições de alta tecnologia, conhecida por Zhongguancun, Beijing, China, em 2015.

testing/Shutterstock.com/ID/BR

Economia

Ao longo das últimas décadas, a China apresentou taxas muito elevadas de crescimento econômico, destacando-se como a mais nova grande potência emergente no cenário mundial.

Desde a implantação do socialismo na China, em 1949, os dirigentes do Partido Comunista Chinês (PCC), liderados por Mao Tsé-Tung, buscaram acelerar o crescimento econômico do país, investindo no desenvolvimento da atividade industrial, sobretudo na implantação das indústrias de base (siderúrgicas, metalúrgicas, mineradoras).

No entanto, as grandes mudanças econômicas ocorreram a partir do final da década de 1970, quando o governo de Deng Xiaoping (que assumiu o poder após a morte de Mao Tsé-Tung) promoveu um amplo conjunto de reformas nas áreas da agricultura, ciência, tecnologia e defesa. Conhecidas como as "quatro modernizações", essas reformas também foram acompanhadas pela abertura econômica do país, mesmo sob o rígido controle político do partido comunista.

As chamadas Zonas Econômicas Especiais (ZEEs), criadas nas províncias litorâneas da costa leste do país, como Xiamen, Shantou e Shenzen, permitiram a entrada de grandes empresas estrangeiras (estadunidenses e europeias), que, além de aproveitarem os impostos reduzidos e a mão de obra barata, trouxeram enormes investimentos em capital e tecnologia à região. Ao mesmo tempo, os chineses investiram amplamente em setores estratégicos para o desenvolvimento econômico (educação, ciência e tecnologia, infraestrutura de transportes e comunicações, fontes de energia).

Com essas reformas econômicas, o país passou a adotar um sistema político-econômico chamado de **economia socialista de mercado**, ou seja, que mistura a política socialista com economia de mercado.

Lewis Tse Pui Lung/Shutterstock.com/ID/BR

As marcas apresentadas são utilizadas para fins estritamente didáticos, portanto não representam divulgação de qualquer tipo de produto ou empresa.

Multinacionais estadunidenses instaladas em Shenzen, China, em 2018.

Indústria, agropecuária e extrativismo

Essas medidas trouxeram grande prosperidade econômica ao país, marcada pela expansão dos empreendimentos nos mais diversos setores da economia, pela expansão dos empregos, da renda e do mercado consumidor interno, e também pelo expressivo crescimento das exportações. Ao longo dos últimos anos, a economia chinesa vem crescendo mais de 7% ao ano, bem acima da média mundial, que em 2016 não ultrapassou 3,2% ao ano. Com esse ritmo de crescimento tão elevado, a China já se tornou a segunda maior economia mundial, superada apenas pelos Estados Unidos.

Crescimento econômico chinês (1965-2016)

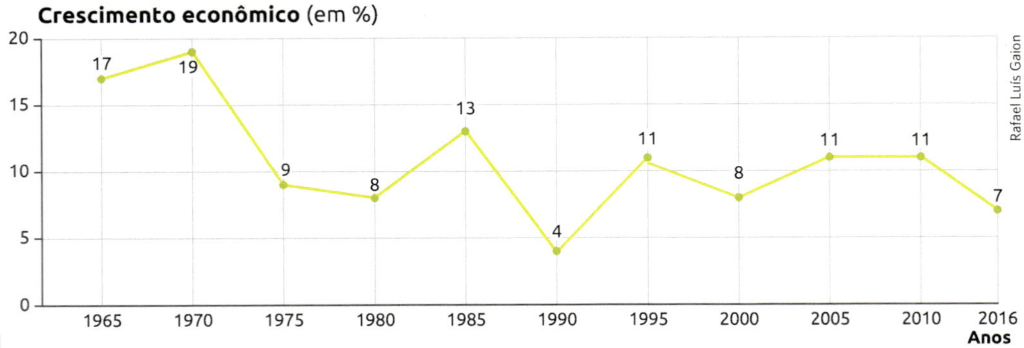

Fonte de pesquisa: The World Bank. *Databank*. Disponível em: <www.worldbank.org>. Acesso em: 22 out. 2018.

De acordo com o gráfico, em que ano a China apresentou maior crescimento econômico?

O setor industrial chinês, responsável por grande parte desse crescimento econômico, é composto tanto por profissionais altamente qualificados que atuam em indústrias de alta tecnologia quanto por profissionais com menor qualificação, cuja mão de obra se torna mais barata, destinada a setores nos quais não é necessário o conhecimento especializado.

A agropecuária também é uma importante atividade econômica chinesa. Os principais cultivos são algodão, milho, trigo, sorgo, soja, cana-de-açúcar, com destaque para a produção de arroz, com a qual o país ocupa a posição de maior produtor mundial.

jiraphoto/Shutterstock.com/ID/BR

Cultivo de arroz em terraços, em Longsheng, China, em 2016.

Terraços: técnica de nivelamento do relevo por meio da construção de curvas de nível, que retêm a água das chuvas, impedindo a formação das enxurradas e, consequentemente, a ocorrência ou o aumento da erosão.

Na criação animal os chineses se destacam como os maiores produtores mundiais de suínos, sendo o país o segundo maior criador de equinos. Também são numerosos os rebanhos de ovinos e bovinos.

A grande disponibilidade de recursos minerais e energéticos existentes no território chinês contribuiu de maneira significativa para o crescimento econômico do país. Suas mais diversas formações geológicas concentram reservas minerais (minério de ferro, bauxita, cobre, níquel, urânio) e de recursos energéticos fósseis (carvão, petróleo, gás natural). A exploração desses recursos supre parte das matérias-primas e fontes energéticas que abastecem o parque industrial chinês.

A matriz energética da China está apoiada no uso do carvão mineral. Cerca de 86% da energia elétrica no país é gerada em usinas termelétricas movidas pela queima de carvão mineral, recurso encontrado com abundância em grandes jazidas espalhadas pelo país. Embora essa energia seja bastante atrativa do ponto de vista econômico, em virtude dos baixos custos de exploração, a queima do carvão tem grandes impactos ambientais, motivo pelo qual o país também vem investindo em fontes energéticas renováveis. No rio Yang-tsé, por exemplo, foi construída a usina de Três Gargantas, uma das maiores usinas hidrelétricas do mundo em geração de energia. Veja a foto.

Aprenda mais

O filme brasileiro **Made in China** aborda, de uma maneira bastante divertida, o modo como os produtos chineses chegaram às ruas do Rio de Janeiro e o impacto que isso teve no comércio local.

Made in China. Direção de Estevão Ciavatta. Brasil, 2014 (93 min).

Barragem e usina hidrelétrica de Três Gargantas, em Yichang, China, em 2016.

Zoran Karapancev/Shutterstock.com/ID/BR

Problemas ambientais na China

Os investimentos aplicados no desenvolvimento industrial da China contribuíram para que esse país se destacasse no cenário econômico mundial, tornando-se a mais nova potência emergente.

No entanto, a prosperidade econômica da China, proporcionada pela expansão do setor industrial, também é responsável por vários problemas ambientais. Observe a seguir alguns desses problemas gerados pelo intenso processo de industrialização chinês.

ACESSE O RECURSO DIGITAL

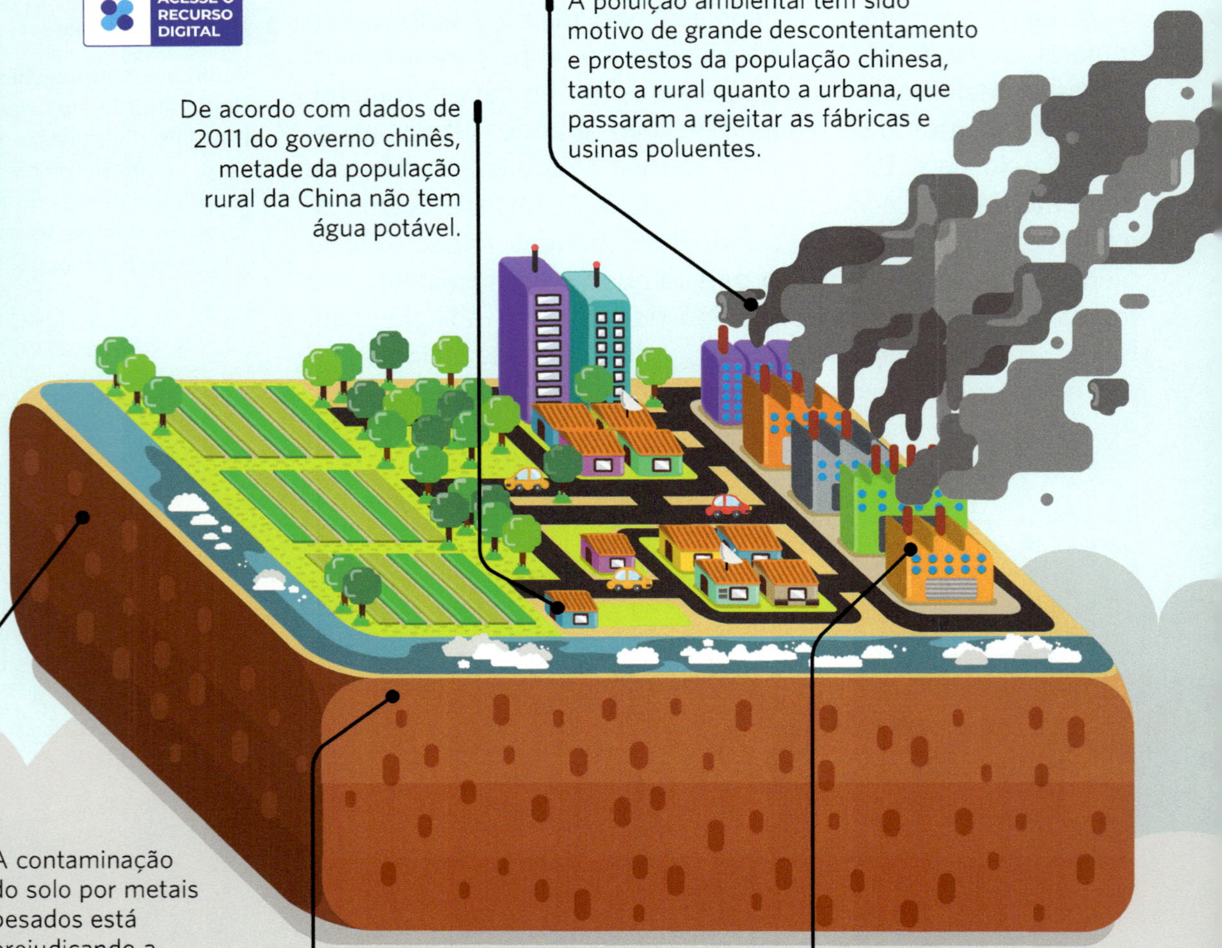

O governo chinês está consciente da situação e tem anunciado medidas para combater a poluição no país. No entanto, embora desde setembro de 2013 estejam sendo realizados investimentos vultosos, os especialistas não estão certos de que esses investimentos são suficientes para mudar a situação.

1. Qual das informações apresentadas mais chamou a sua atenção? Por quê? Converse com os colegas e conheça o ponto de vista deles.

2. O desenvolvimento industrial trouxe inúmeros prejuízos ambientais para a China. Em sua opinião, os objetivos econômicos devem ser buscados a qualquer custo? Deve-se priorizar a preservação ambiental e impedir a instalação de indústrias, por exemplo? Troque ideias com seus colegas.

3. No Brasil, com a chamada **Lei de Crimes Ambientais**, os órgãos ambientais e o Ministério Público possuem mecanismos para punir infratores do meio ambiente. Além disso, o Instituto Brasileiro do Meio Ambiente e dos Recursos Naturais Renováveis (Ibama) e órgãos estaduais atuam na concessão e fiscalização de licença ambiental, buscando garantir a conservação do meio ambiente antes da instalação de qualquer empreendimento.

   a) Como a concessão e a fiscalização de licença podem contribuir para a proteção do meio ambiente?

   b) A existência de leis garante que não ocorram crimes ambientais no Brasil? Caso sua resposta seja negativa, o que mais é necessário para que elas sejam efetivas?

4. Realize uma pesquisa sobre a Lei de Crimes Ambientais buscando conhecer a classificação dos crimes ambientais, assim como os canais e maneiras de realizar denúncias. Depois, em grupos, organizem uma campanha de divulgação dessas informações para a comunidade escolar. Podem ser elaborados cartazes, vídeos, letras de música ou encenações teatrais, de acordo com a criatividade de vocês.

Bárbara Sarzi

Made in China

Quando você estiver em sua casa, observe a etiqueta de suas roupas, nos aparelhos eletrônicos, utensílios de cozinha, entre outros. Não raro, você encontrará a frase "*Made in* China" gravada nesses produtos.

Isso acontece porque nos últimos anos a produção industrial da China, bem como o comércio internacional desses produtos, tomou grandes proporções.

Dos mais simples brinquedos aos mais sofisticados produtos eletrônicos, mercadorias de diversos tipos são enviadas das fábricas chinesas para vários países do mundo.

No entanto, para sustentar essa elevada produção industrial, muitas vezes os trabalhadores enfrentam condições precárias de trabalho, com extensas jornadas e baixa remuneração. Além disso, o intenso funcionamento fabril eleva os índices de poluição atmosférica, ocasionando problemas ambientais e de saúde à população.

Veja a seguir alguns produtos exportados pela China para diferentes países do mundo.

Valores obtidos com os principais produtos exportados pela China – em milhões de dólares (2014)

Fonte de pesquisa: Conselho Empresarial Brasil-China. Disponível em: <www.cebc.org.br/>. Acesso em: 15 nov. 2018.

Representação ilustrativa sem escala.

Pesquise entre os objetos que você utiliza diariamente, como aparelhos eletrônicos, roupas, materiais escolares, entre outros, se algum deles foi fabricado na China. Conte o resultado da sua pesquisa para seus colegas.

Atividades

Organizando o conhecimento

1. De que maneira o Partido Comunista Chinês buscou acelerar o desenvolvimento econômico do país?

2. Reescreva as frases a seguir no caderno, completando-as corretamente com as palavras do quadro abaixo.

capital e tecnologia • agricultura • impostos reduzidos • defesa • quatro modernizações

a) A partir da década de 1970, o governo de Deng Xiaoping promoveu reformas na ■, ciência, tecnologia e ■, que ficaram conhecidas como as "■".

b) A criação das ZEEs permitiu a entrada de grandes empresas estrangeiras que, além de aproveitarem os ■ e a mão de obra barata, trouxeram investimentos em ■ [...].

3. Por que a China passou a ser considerada um país que adota um sistema político-econômico chamado de *economia socialista de mercado*?

4. Explique a importância do carvão mineral para a economia chinesa e a questão ambiental envolvida nisso.

Conectando ideias

5. **Observe** o mapa a seguir.
   - **Compare** este mapa com o mapa da página **224**, observando a distribuição da população chinesa no território. Qual relação você estabelece entre as características físicas do território da China com a distribuição da sua população? **Explique** a sua resposta.

Relevo e hidrografia da China

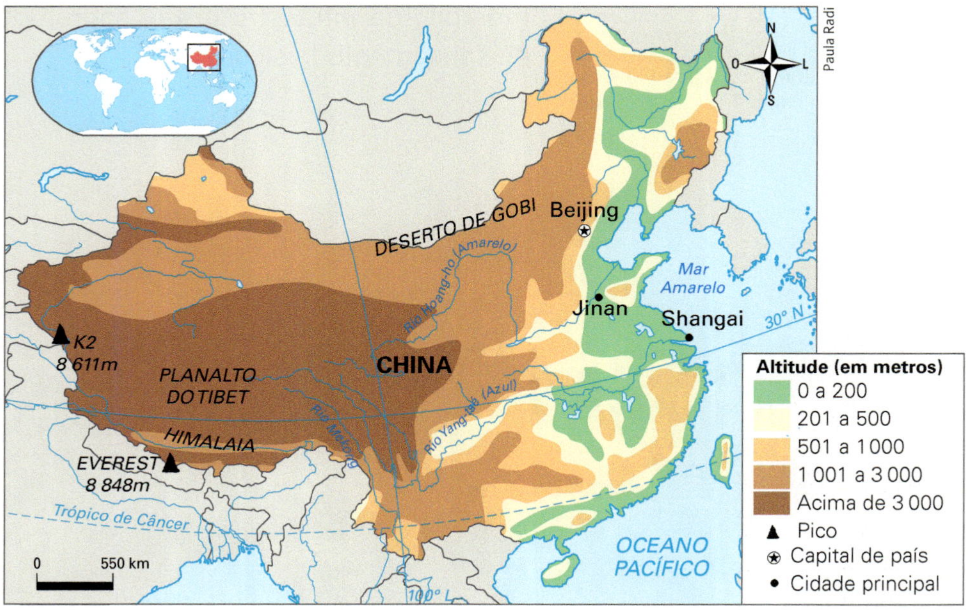

Fonte de pesquisa: *Atlas geográfico escolar*. 7. ed. Rio de Janeiro: IBGE, 2016. p. 46.

CAPÍTULO

23 Índia

Com cerca de 1,3 bilhão de habitantes, a Índia é o segundo país mais populoso do mundo. Seu povoamento também é elevado, com densidade demográfica média em torno de 412 hab./km^2. Como sua taxa de crescimento demográfico se mantém elevada, em torno de 1,1% ao ano (o que significa um acréscimo anual de cerca de 14 milhões de pessoas), de acordo com projeções da ONU, a população indiana deverá se tornar a mais numerosa do mundo, ultrapassando a chinesa a partir de 2022.

Mesmo com imensas aglomerações urbanas abrigando milhões de pessoas, a Índia ainda é um país predominantemente rural, com cerca de 66% de sua população vivendo no campo.

Densidade demográfica da Índia (2015)

E. Bellusci

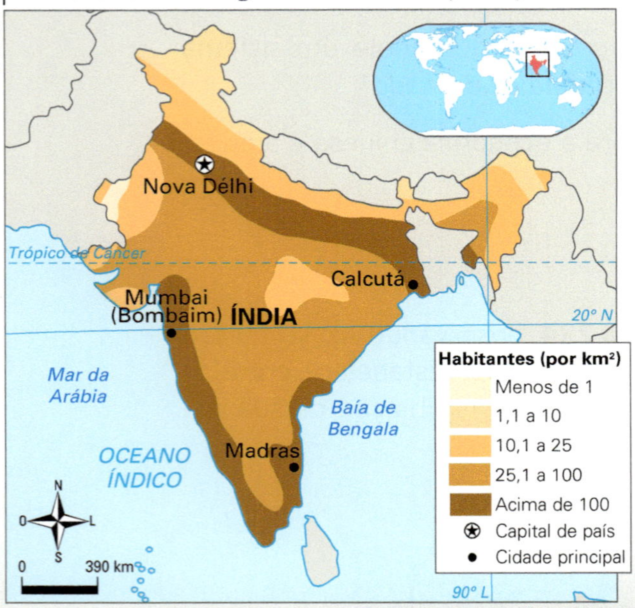

Fonte de pesquisa: Gisele Girardi e Jussara Vaz Rosa. *Atlas geográfico do estudante*. São Paulo: FTD, 2016. p. 180.

Veja no mapa ao lado que o grande contingente populacional indiano encontra-se distribuído de maneira irregular pelo território. As maiores concentrações demográficas ocorrem na região norte do país, ao longo do vale do rio Ganges, e também nas imediações dos grandes centros urbanos localizados tanto na região costeira (Madras, Calcutá, Chennai) como no interior do país (Nova Délhi, Bangalore, Kanpur).

Impulsionadas pelo intenso êxodo rural que vem ocorrendo ao longo das últimas décadas, essas imensas aglomerações urbanas tornaram-se grandes metrópoles típicas do mundo subdesenvolvido, caracterizadas por problemas como violência, pobreza, falta de moradia, de infraestrutura e, sobretudo, falta de saneamento básico.

Skorodum/Shutterstock.com/ID/BR

Área central da cidade de Nova Délhi, Índia, em 2016.

Economia

Nas últimas décadas, a Índia vem se destacando no cenário mundial em virtude do acelerado crescimento de sua economia. Observe o gráfico a seguir.

Crescimento econômico da Índia (1965-2016)

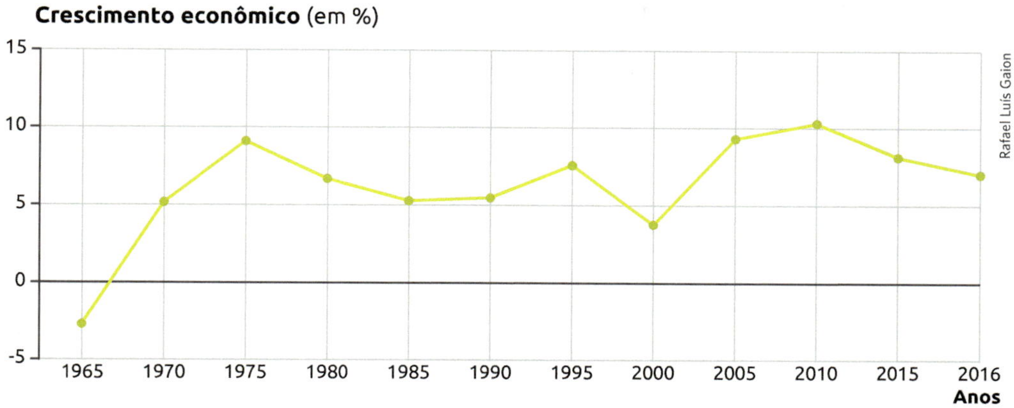

Fonte de pesquisa: The World Bank. *Databank*. Disponível em: <www.worldbank.org>. Acesso em: 27 out. 2018.

De acordo com o gráfico, quais os períodos em que a Índia apresentou seus maiores índices de crescimento econômico?

A modernização econômica da Índia teve início na década de 1950, após o país se libertar da dominação inglesa. A partir de então, a política econômica do governo indiano deu prioridade ao desenvolvimento das indústrias de base (mineradoras, siderúrgicas, metalúrgicas, petroquímicas). Posteriormente, nas décadas de 1970 e 1980, foram feitos investimentos em infraestrutura (energia, transporte e comunicação) e também no desenvolvimento científico e tecnológico.

Grandes empresas estrangeiras se instalaram no país a partir do início da década de 1990, atraídas pelo baixo custo da mão de obra e incentivos fiscais (redução e isenção de impostos) concedidos nas chamadas Zonas de Processamento de Exportação (ZPEs), áreas criadas especificamente para atrair capital estrangeiro.

Udit Kulshrestha/Bloomberg/Getty Images

Interior de importante multinacional de automóveis japonesa instalada em Chakan, Índia, em 2018.

UNIDADE 7

Indústria, agropecuária e extrativismo

Com a expansão da atividade industrial, o parque fabril indiano se diversificou. O país também dispõe de um grande potencial mineral, com importantes jazidas de minérios de ferro, bauxita, carvão e manganês, o que contribui para o crescimento econômico do país.

Outro destaque industrial do país está ligado à ampliação dos setores de alta tecnologia, como a produção de artefatos nucleares, satélites espaciais e informática (*softwares*, componentes eletrônicos, fibras óticas). Ele mostra as principais atividades agropecuárias da Europa.

Espaço econômico na Índia (2013)

Paula Radi

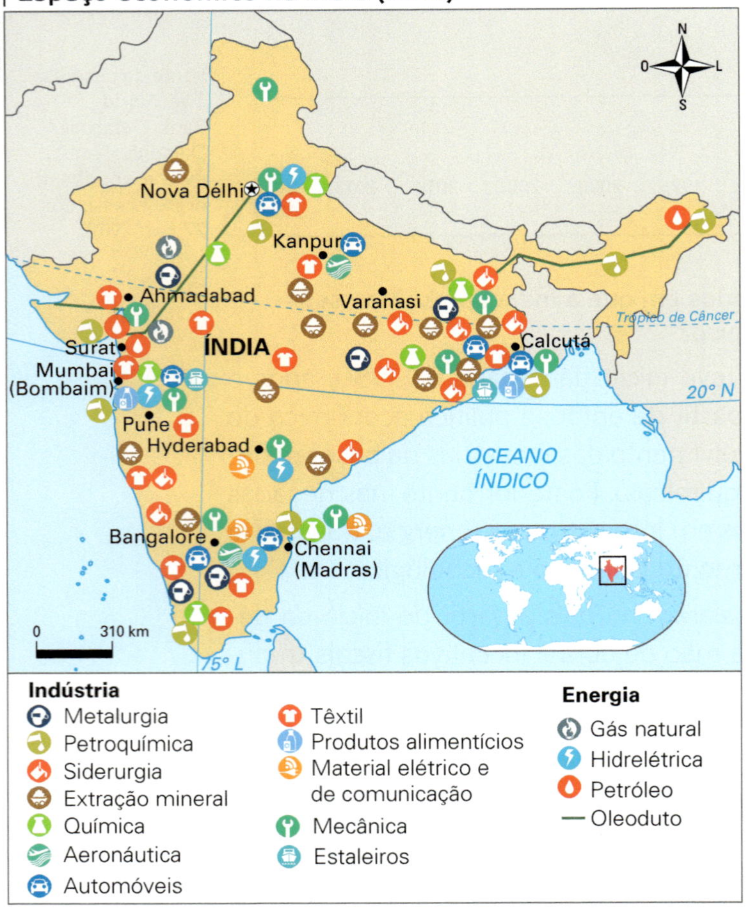

Fonte de pesquisa: *Atlas national geographic*: Ásia II. São Paulo: Abril, 2008. v. 8. p. 30. *Reference atlas of the world*. 9. ed. London: Dorling Kindersley, 2013. p. 153-154.

O país já desponta como um dos maiores exportadores mundiais de *softwares*, cuja produção se concentra principalmente em Bangalore, conhecida como o "Vale do Silício indiano". O desenvolvimento desse setor tem se apoiado em grandes investimentos em instituições e centros de pesquisa e ensino universitário, voltados para a formação de uma mão de obra qualificada para as indústrias de alta tecnologia.

Veja no mapa as principais regiões industriais e os recursos minerais da Índia.

Um dos setores responsáveis por grande parte do PIB gerado no país é o de prestação de serviços. Na Índia, por exemplo, é comum um grande número de pessoas trabalhar em *call-centers* ligados a empresas cuja produção se localiza em diversos países do mundo.

Call-center: central de atendimento. Empresa especializada em atendimento ao cliente, seja por meio de ligação telefônica ou por meio de programas de conversação pela internet.

Taylor Weidman/Bloomberg/Getty Images

Trabalhadores de uma empresa de *call-center*, em Calcutá, Índia, em 2017.

O setor agropecuário também é bastante significativo na economia indiana. O campo emprega cerca de 43% dos trabalhadores do país e contribui com aproximadamente 16% de toda a riqueza produzida. O aproveitamento das terras no espaço rural também é bastante elevado, pois as lavouras chegam a ocupar em torno de 55% da área total do país.

A partir de meados do século XX, a Índia apresentou um aumento significativo da população, gerando grande temor quanto à disponibilidade de alimento. Por isso, da década de 1960 em diante, foram realizados grandes investimentos em pesquisas agrícolas com o objetivo de aumentar a produtividade das lavouras. Foram desenvolvidas novas variedades de arroz e trigo, pautadas no uso de defensivos agrícolas e na mecanização do campo. Com isso, houve o aumento da produção de cereais, e a Índia passou a ser um dos maiores produtores do mundo. Observe no mapa os principais produtos agrícolas da Índia.

1 **Com base nesse mapa, quais são os principais produtos cultivados na Índia?**

2 **Escolha um dos produtos cultivados no território indiano e identifique as áreas onde ele é cultivado.**

Produção agropecuária na Índia (2013)

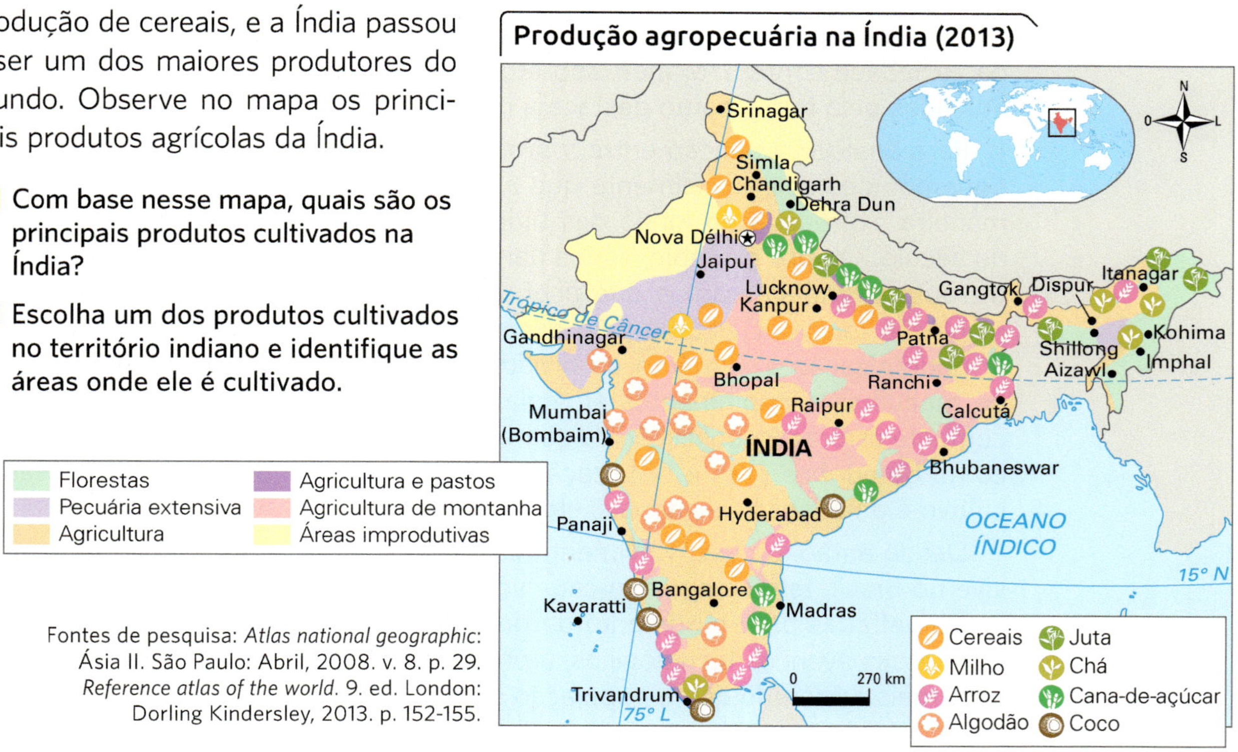

Paula Radi

Fontes de pesquisa: *Atlas national geographic*: Ásia II. São Paulo: Abril, 2008. v. 8. p. 29. *Reference atlas of the world*. 9. ed. London: Dorling Kindersley, 2013. p. 152-155.

Observando o mapa, é possível verificar que alguns dos principais cultivos na Índia são cana-de-açúcar, arroz, algodão, chá e milho. Alguns desses produtos são cultivados no sistema de monocultura para exportação (*plantation*), herdado do período colonial.

A importância dos cultivos de exportação se deu em detrimento da produção de alimentos para a população. Desse modo, atualmente, a Índia apresenta um grande número de pessoas que convive com a fome e a desnutrição. Alguns programas desenvolvidos pelo governo indiano, nos últimos anos, vêm tentando reverter essa situação.

AJP/Shutterstock.com/ID/BR

Cultivo de chá em Vagamon, Índia, em 2017.

A importância da produção de alimentos e a fome no mundo

Leia a manchete a seguir.

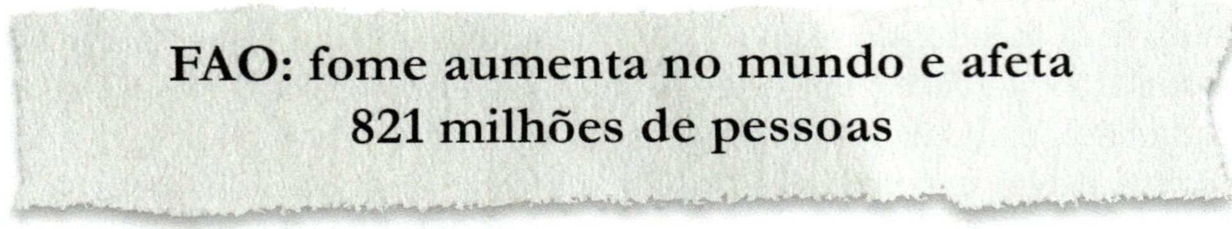
FAO: fome aumenta no mundo e afeta 821 milhões de pessoas

STILLFX/Shutterstock.com/ID/BR

Nações Unidas, 11 set. 2018. Disponível em: <https://nacoesunidas.org/fao-fome-aumenta-no-mundo-e-afeta-821-milhoes-de-pessoas/>. Acesso em: 15 nov. 2018.

A produção de alimentos no mundo está entre as grandes preocupações da sociedade contemporânea, sobretudo diante do grande número de pessoas atingidas pela fome, como destaca a manchete apresentada acima.

Para analisar a relação entre a produção de alimentos e a fome no mundo, podemos destacar inicialmente que a produção agrícola tem se expandido de maneira expressiva ao longo das últimas décadas. Desde a segunda metade do século XX, por exemplo, vários países, incluindo Brasil, Índia, Argentina, entre outros, implantaram o que ficou conhecido como Revolução Verde. Essa revolução foi caracterizada pelo desenvolvimento de pesquisas voltadas para a modernização e aumento da produção do campo, principalmente pelo uso de máquinas e implementos agrícolas, aplicação intensiva de agrotóxicos no combate às pragas, utilização de sementes mais resistentes e produtivas, assim como de adubos para a fertilização dos solos, emprego de novas técnicas de cultivo e de criação de animais, etc.

Desde então, o desenvolvimento das atividades agrárias pelo mundo, inclusive no Brasil, tem se apoiado cada vez mais na incorporação de novas tecnologias voltadas para o aumento da produtividade das lavouras e das criações. Com esses avanços tecnológicos, a produção de alimentos cresceu a um ritmo bem mais acelerado que a população do planeta. Porém, se a oferta de alimentos aumentou, a fome também cresceu em proporções ainda maiores.

Atualmente, segundo dados da Organização das Nações Unidas para a Alimentação e a Agricultura (FAO), mais de 800 milhões de pessoas no mundo não conseguem suprir suas necessidades alimentares diárias. Observe o gráfico ao lado que mostra a distribuição da fome no mundo.

1 De acordo com o gráfico, quais são as regiões do planeta mais afetadas pela fome?

2 Quais são as regiões do planeta menos afetadas pela fome?

Distribuição da fome no mundo (2017)

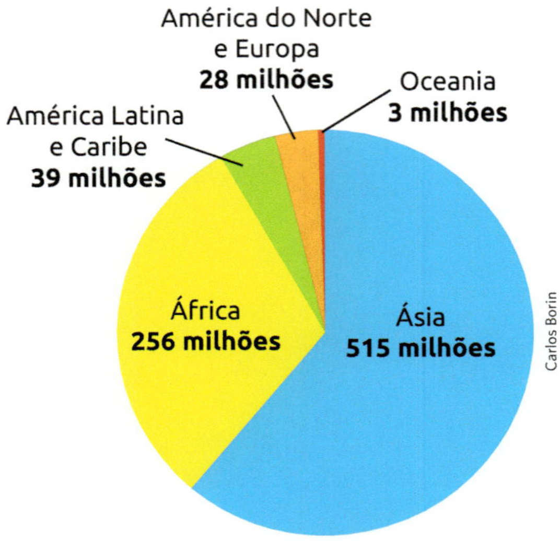

Fonte de pesquisa: FAO. *The State of Food Security and Nutrition in the World 2018*. Disponível em: <http://www.fao.org/3/I9553EN/i9553en.pdf#page=22>. Acesso em: 8 nov. 2018.

A fome: um problema complexo

Mas por que tantas pessoas passam fome em nosso planeta se existe comida suficiente para alimentar toda a população mundial? A resposta para essa questão é bastante complexa, pois envolve várias questões.

Em primeiro lugar, devemos ressaltar que o problema da fome não está ligado à falta de alimentos. A quantidade total de alimentos produzidos atualmente no mundo seria suficiente para alimentar a todos os seus habitantes. Ocorre, porém, que nem todas as pessoas conseguem ter acesso aos alimentos produzidos. Isso porque as populações pobres não dispõem de recursos financeiros suficientes para comprar os alimentos de que precisam.

Além disso, em muitos países subdesenvolvidos a organização do espaço agrário está voltada para a produção de gêneros para a exportação, enquanto os pequenos agricultores, aqueles que se dedicam à produção de alimentos para o consumo da população, ficam sem apoio técnico e financeiro. Com isso, o desenvolvimento das lavouras alimentares fica comprometido, o que reduz a oferta de alimentos e, consequentemente, encarece o preço nos mercados, dificultando sua compra pelas populações mais empobrecidas.

Por fim, outro fator que agrava essa situação está ligado ao grande desperdício de alimentos. Segundo a FAO, cerca de 1/3 dos alimentos produzidos no mundo são desperdiçados e estima-se que somente 25% dos alimentos descartados seriam suficientes para acabar com o problema da fome em todo o mundo. Isso ocorre por falhas no processo de produção, estocagem, distribuição, comercialização e também no preparo e consumo dos alimentos, além dos restos de comida que diariamente são descartados. Veja a seguir, alguns números sobre o desperdício de alimentos no mundo.

Desperdício de alimentos, por tipo (2012)

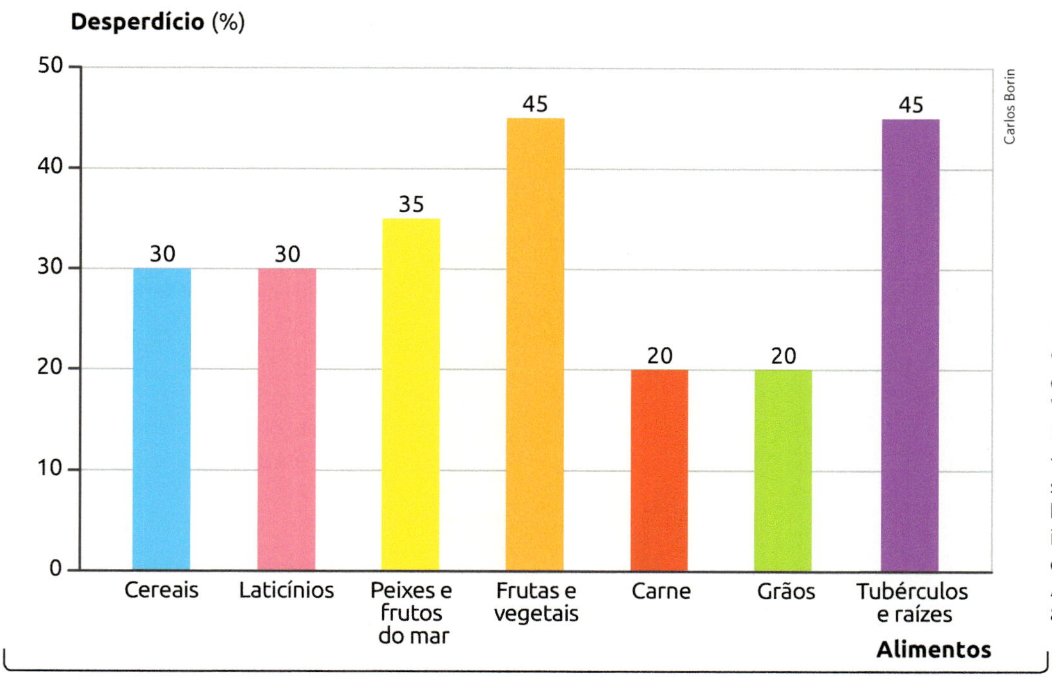

Fonte de pesquisa: FAO. *Save Food*: Global Initiative on Food Loss and Waste Reduction. Disponível em: <http://www.fao.org/save-food/resources/keyfindings/infographics/oilseeds/en/>. Acesso em: 8 nov. 2018.

Mapa batimétrico

Assim como o relevo dos continentes terrestres apresenta diferentes altitudes, o relevo do fundo dos oceanos, rios e lagos também possui uma topografia variada.

Para conhecer as diferentes profundidades do relevo submerso, são utilizadas várias técnicas, sendo a mais comum o uso de sensores acústicos chamados de **ecobatímetros**.

O uso do ecobatímetro consiste em emitir verticalmente ondas sonoras na água em direção ao solo submerso. Em seguida, é detectada a onda refletida pelo solo que atinge um receptor fixado na embarcação, localizada na superfície da água.

O tempo transcorrido entre a emissão das ondas sonoras e sua recepção refletida pelo solo é calculado em profundidade.

Com os dados produzidos pelo ecobatímetro, é possível representar, por mapas chamados de **batimétricos**, a variação da profundidade do mar.

A seguir, observe o mapa com a altimetria (altitudes do relevo terrestre) e a batimetria da Índia. Nele, os tons de azul indicam diferentes profundidades do relevo oceânico.

Altimetria e batimetria da Índia

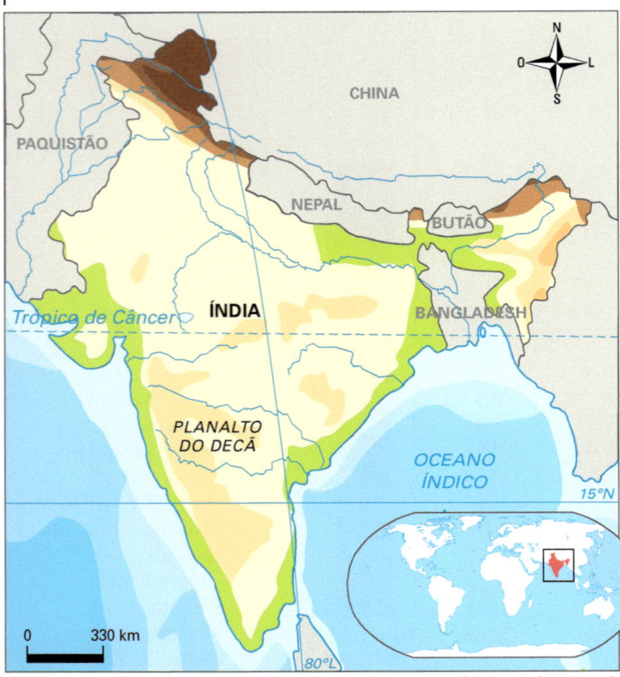

Altitude (em metros)
- 0 a 150
- 151 a 600
- 601 a 1 200
- 1 201 a 1 800
- 1 801 a 3 000
- 3 001 a 4 800
- Acima de 4 800

Profundidade (em metros)
- 0 a –1 000
- –1 001 a –2 000
- Abaixo de –2 000

Fonte de pesquisa: *Atlas geográfico escolar*. 7. ed. Rio de Janeiro: IBGE, 2016. p. 33.

1. Qual é a profundidade do relevo oceânico mais próximo do litoral da Índia?
2. Comparando as costas leste e oeste da Índia, em qual delas podemos identificar uma mudança mais suave no aumento da profundidade do relevo oceânico?

Topografia: descrição e representação das características (naturais e construídas artificialmente) da superfície de um terreno.

Atividades

Organizando o conhecimento

1. Onde estão localizadas as maiores concentrações urbanas da Índia?

2. Como se caracterizam as grandes aglomerações populacionais da Índia?

3. Sobre o processo de modernização econômica da Índia, responda às questões.

a) Quando teve início a modernização econômica desse país?

b) Quais foram os principais investimentos do governo indiano para alavancar o desenvolvimento econômico do país?

c) Escreva, no caderno, como se caracteriza o setor industrial de alta tecnologia na Índia.

Conectando ideias

4. Na página anterior vimos a batimetria do litoral da Índia, agora, **observe** no mapa abaixo, a batimetria do litoral brasileiro.

Altimetria do litoral brasileiro

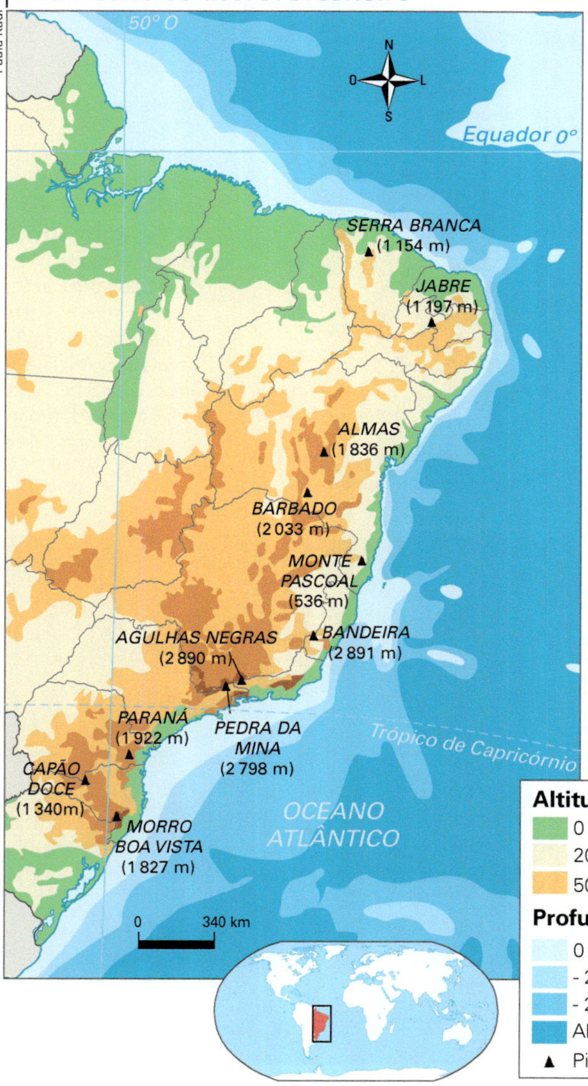

a) Quais informações o mapa ao lado representa?

b) **Compare** a profundidade do relevo oceânico do litoral do estado de São Paulo com o do estado da Bahia. Qual desses estados possui mudança mais abrupta na profundidade do relevo oceânico?

c) Agora, **compare** a profundidade do relevo oceânico do litoral brasileiro com o litoral da Índia, na página **238**. Qual deles possui mudanças mais abruptas na profundidade do relevo oceânico?

Fontes de pesquisa: *Atlas geográfico escolar*. 7. ed. Rio de Janeiro: IBGE, 2016. p. 88. Gisele Girardi e Jussara Vaz Rosa. *Atlas geográfico do estudante*. São Paulo: FTD, 2016. p. 58.

CAPÍTULO

24 Tigres Asiáticos

A partir da década de 1970, alguns países do leste e do sudeste da Ásia apresentaram um rápido crescimento econômico, impulsionado por uma expressiva arrancada industrial. Por esse motivo, Coreia do Sul, Taiwan, Hong Kong e Cingapura ficaram conhecidos como "Tigres Asiáticos". Na década seguinte, outros países da região também cresceram econômica e industrialmente e ficaram conhecidos como "Novos Tigres Asiáticos": Tailândia, Malásia, Indonésia, Filipinas e Vietnã. Veja o mapa abaixo.

Tigres Asiáticos e Novos Tigres Asiáticos (2017)

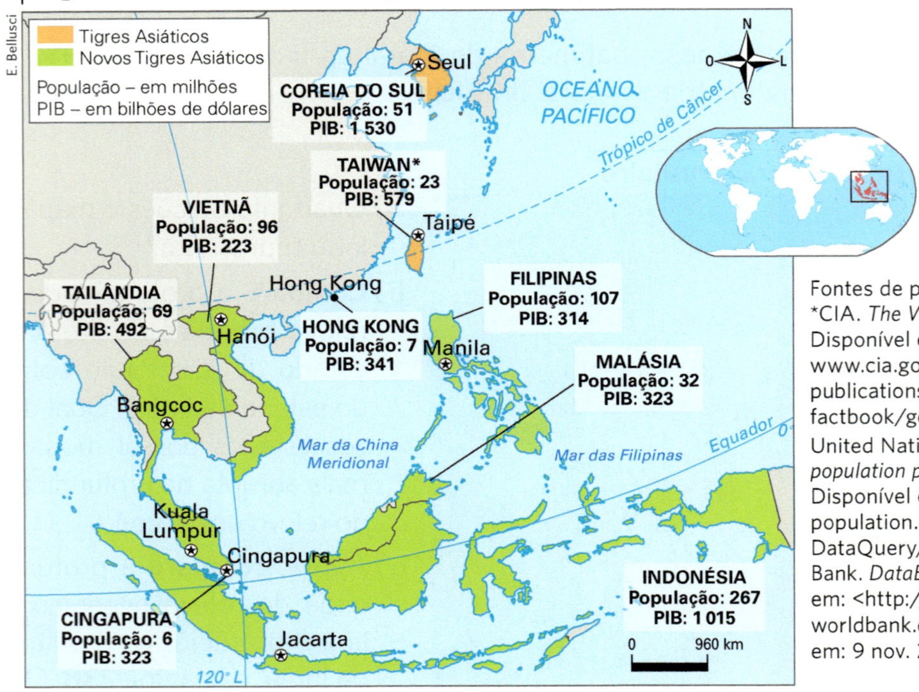

Fontes de pesquisa: *CIA. *The World Factbook*. Disponível em: <https://www.cia.gov/library/publications/the-world-factbook/geos/tw.html>. United Nations. *World population prospects*. Disponível em: <https://population.un.org/wpp/DataQuery/>. The World Bank. *DataBank*. Disponível em: <http://databank.worldbank.org>. Acessos em: 9 nov. 2018.

Área urbana de Hong Kong, em 2018.

Economia

O rápido e elevado crescimento econômico alcançado pelos Tigres Asiáticos foi favorecido por diversos fatores, entre eles a existência de mão de obra abundante e de baixo custo e as longas jornadas de trabalho (entre 48 e 50 horas semanais). Houve também maciços investimentos de capital estatal e privado para promover a industrialização, visando à melhoria da infraestrutura (sistemas de transporte, portos, meios de comunicação e rede elétrica), capacitação de mão de obra (educação e qualificação profissional), redução dos tributos alfandegários e incentivos à exportação.

Na década de 1970, o Japão, que se encontrava em plena ascensão econômica, também favoreceu a expansão econômica dos países vizinhos. Outro fator que atraiu grandes investimentos para esses países foi o período da Guerra Fria, no qual os Estados Unidos, assim como o Japão, destinaram volumosos montantes de capitais a eles com a estratégia de impedir a influência soviética e a expansão do socialismo já implantado em outros países da região, como Coreia do Norte e China.

Sean Yeh/Shutterstock.com/ID/BR

Paisagem de Taipé, Taiwan, em 2018.

Além do desenvolvimento do setor industrial, o crescimento econômico dos Tigres Asiáticos também se estendeu aos setores de comércio (empresas de exportação e importação) e serviços financeiros (bancos, bolsas de valores, corretoras, seguradoras).

Em relação ao setor industrial, os Tigres Asiáticos e os Novos Tigres Asiáticos destacam-se pela fabricação e exportação de bens de consumo duráveis e não duráveis, com predomínio de indústrias ligadas aos setores de eletrônica, automobilístico, têxtil, de vestuário e alimentício. Também são importantes as indústrias de alta tecnologia, como as de informática, telecomunicações e aeroespacial.

Pesquise se algum produto utilizado em sua casa foi produzido em um país pertencente aos Tigres Asiáticos.

Com a arrancada industrial, esses países tornaram-se grandes exportadores mundiais de produtos manufaturados, ampliando sua participação no comércio internacional. Atualmente, respondem por aproximadamente 16% do total das mercadorias exportadas no mundo. A tabela abaixo mostra algumas das principais características desses países.

País		Área (em km²) 2018	População (em mil habitantes) 2018	PIB (em bilhões de US$) 2016	Renda *per capita* (em US$) 2016
Tigres Asiáticos	Coreia do Sul	99900	51164	1411	27539
	Cingapura	710	5792	297	52963
	Hong Kong	1108	7429	321	43741
	Taiwan*	35980	23694	579	49700
Novos Tigres Asiáticos	Tailândia	513120	69183	407	5911
	Indonésia	1904570	266795	932	3570
	Filipinas	300000	106512	305	2951
	Vietnã	331051	96491	205	2171
	Malásia	330800	32042	297	9508

Fontes de pesquisa: IBGE. *Países*. Disponível em: <https://paises.ibge.gov.br/#/pt>. United Nations. *World Population Prospects*. Disponível em: <https://esa.un.org/unpd/wpp/DVD/Files/1_Indicators%20(Standard)/EXCEL_FILES/1_Population/WPP2017_POP_F01_1_TOTAL_POPULATION_BOTH_SEXES.xlsx>. The World Bank. *World Development Indicators*. Disponível em: <http://databank.worldbank.org/data/>. *CIA. *The World Factbook*. Disponível em: <https://www.cia.gov/library/publications/the-world-factbook/geos/tw.html>. Acessos em: 9 nov. 2018.

1 **Qual dos países apresentados na tabela possui o maior PIB?**

2 **Esse país também possui a maior renda *per capita*?**

Graças aos elevados investimentos em áreas sociais, como educação e saúde, Coreia do Sul, Cingapura, Taiwan e Hong Kong também se destacam por terem promovido o crescimento econômico juntamente com o desenvolvimento social. Em outros países emergentes, como Índia e Brasil, por exemplo, os reduzidos investimentos em áreas sociais fizeram com que o desenvolvimento social acontecesse à margem do crescimento econômico.

Foto da cidade de Cingapura, em 2018.

Eviart/Shutterstock.com/ID/BR

As Coreias

A península da Coreia formou um único país por mais de 13 séculos, e nesse período seu território esteve sob influência da China. Em 1910, após um conflito entre China e Japão, o território da Coreia passou a ser controlado pelo Japão e assim permaneceu até o fim da Segunda Guerra Mundial.

Com a derrota japonesa ao final do conflito mundial, a Coreia foi palco das disputas entre as duas grandes potências durante o período da Guerra Fria. Entre 1950-1953, a ocorrência de um conflito armado dividiu o território do país em duas áreas de influência estabelecidas pelo famoso paralelo 38°N. A região norte da península ficou sob o controle da antiga União Soviética e a região sul passou a ser controlada pelos Estados Unidos. Desde então, a Coreia ficou dividida em dois países: a Coreia do Sul (capitalista) e a Coreia do Norte (socialista). Veja no mapa ao lado.

Atualmente, a Coreia do Sul, capitalista, tem economia altamente desenvolvida e estabelece relações comerciais com diversos países.

Enquanto isso, a Coreia do Norte, socialista, mantém-se economicamente distante dos países ocidentais, mas possui um poder militar com avançadas pesquisas em tecnologia bélica nuclear.

Península da Coreias

Fonte de pesquisa: *Atlas geográfico escolar*. 7. ed. Rio de Janeiro: IBGE, 2016. p. 47.

Tanques de guerra durante desfile militar em Piongiang, Coreia do Norte, em 2015.

Atividades

Organizando o conhecimento

1. Quais países compõem os Tigres Asiáticos e os Novos Tigres Asiáticos? Por que receberam essa denominação?

2. Qual a relação entre o fim da Guerra Fria e o aumento do crescimento econômico dos países chamados Tigres Asiáticos?

3. Quais foram os setores de maior crescimento econômico nesses países?

4. Como se caracteriza a economia da Coreia do Sul? E da Coreia do Norte?

Conectando ideias

5. **Observe** os gráficos abaixo e **responda** às questões a seguir.
   a) **Identifique** qual característica econômica dos Tigres Asiáticos e dos Novos Tigres é apresentada nos gráficos.
   b) **Explique** os principais fatores que favoreceram o rápido e elevado crescimento econômico dos Tigres Asiáticos e dos Novos Tigres.
   c) **Compare** a pauta de exportação de Hong Kong e Tailândia com a do Brasil. A que conclusão você pode chegar ao comparar a participação do setor industrial nas exportações brasileiras com a participação desse mesmo setor na economia de Hong Kong e Tailândia?

Pauta de exportações de países selecionados (2015)

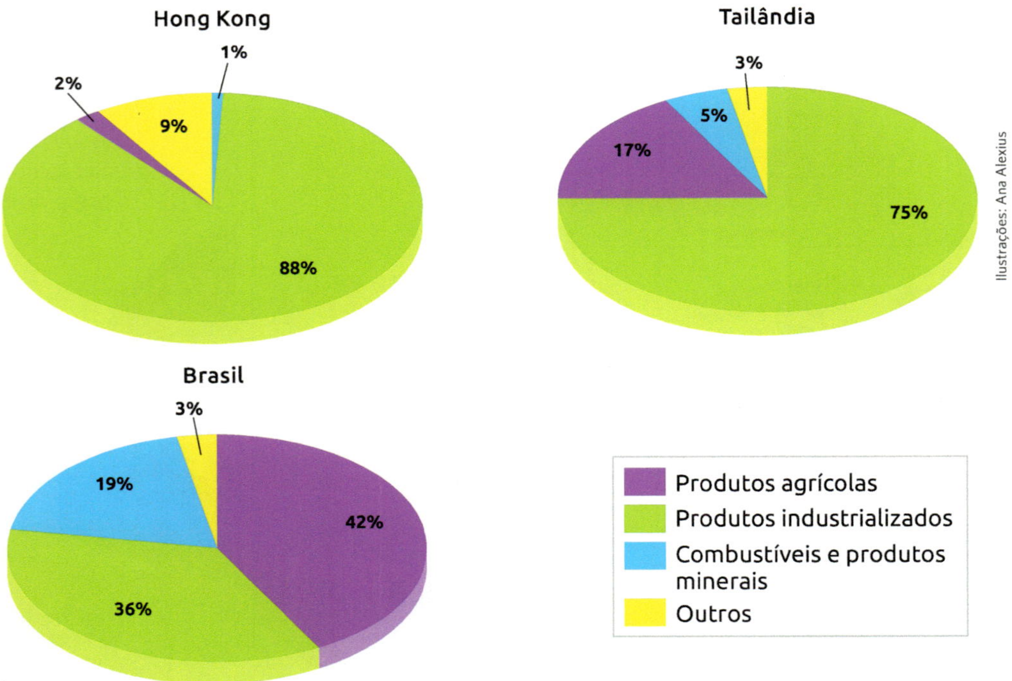

Fonte de pesquisa: WTO. *Trade profiles 2017*. Disponível em: <https://www.wto.org/english/res_e/booksp_e/trade_profiles17_e.pdf>. Acesso em: 9 nov. 2018.

6. Desde o final da Guerra da Coreia (1950-1953), a fronteira entre as Coreias tornou-se uma das mais vigiadas e guarnecidas do mundo. As cicatrizes dessa separação perduram até o presente, com períodos de maior ameaça e tensões e períodos de relativa estabilidade política e militar entre os lados. Leia as manchetes abaixo.

Presidente sul-coreano cita "possibilidade" de conflito com a Coreia do Norte

STILLFX/Shutterstock.com/ID/BR

UOL notícias, 17 maio 2017. Disponível em: <https://noticias.uol.com.br/ultimas-noticias/afp/2017/05/17/presidente-da-coreia-do-sul-cita-alta-possibilidade-de-conflito-com-o-norte.htm>. Acesso em: 15 nov. 2018.

Coreia do Norte e do Sul prometem acordo de paz e fim de armas nucleares

STILLFX/Shutterstock.com/ID/BR

Folha de S.Paulo, 24 abr. 2018. Disponível em: <https://www1.folha.uol.com.br/mundo/2018/04/lideres-de-coreia-do-norte-e-do-sul-prometem-acordo-de-paz-e-fim-de-armas-nucleares.shtml>. Acesso em: 15 nov. 2018.

- Pesquise em jornais, revistas ou na internet informações sobre os últimos acontecimentos políticos e militares ocorridos na península coreana. Anote no caderno as principais informações encontradas e, depois, apresente-as na sala de aula.

ACESSE O RECURSO DIGITAL

Verificando rota

- A exploração do petróleo tem muita importância econômica para os países do Oriente Médio.
- O Oriente Médio possui grande importância estratégica devido às expressivas reservas de petróleo existentes na região.
- A Questão Palestina se originou cerca de dois mil anos antes da Era cristã (2000 a.C.).
- O conflito entre israelenses e palestinos eclodiu após o final da Segunda Guerra Mundial, quando a região foi dividida pela ONU, criando um território judeu e outro árabe.
- O Japão apresenta intenso desenvolvimento industrial, sobretudo relacionado ao ramo da tecnologia.
- A ajuda financeira dos Estados Unidos contribuiu diretamente para a retomada do crescimento da economia japonesa no pós-guerra.
- A Rússia é um dos principais fornecedores de recursos energéticos para os países da Europa. Além disso, a economia do país está entre as maiores do mundo, destacando-se pelo crescimento de sua produção industrial.
- A criação das ZEEs na China permitiu a entrada de grandes empresas estrangeiras e o investimento em capital e tecnologia, o que impulsionou a economia chinesa, elevando as exportações do país.
- A Índia possui um parque industrial bastante diversificado, no qual se destaca a produção de artefatos que exigem alta tecnologia, contribuindo para o desenvolvimento econômico do país. Além disso, o país se sobressai no setor de serviços.
- Os países que compõem os Tigres Asiáticos tiveram um rápido crescimento econômico devido a investimentos no setor industrial, cujos produtos são exportados para todo o mundo.

UNIDADE

8 Oceania

Capítulos desta unidade

- **Capítulo 25** - Aspectos naturais da Oceania
- **Capítulo 26** - População e economia da Oceania

Na foto, paisagem com vista de corais em ilha da Polinésia Francesa, Oceania, em 2017.

Seaphotoart/Alamy/Fotoarena

Iniciando rota

1. Qual(is) característica(s) da paisagem mostrada nesta foto mais lhe chamou a atenção? Conte para os colegas.
2. Você sabe quais são os países que formam a Oceania?
3. O que você sabe sobre esses países?

CAPÍTULO

25 Aspectos naturais da Oceania

Formada por vários países e territórios pertencentes a outros países como Estados Unidos, França e Reino Unido, a Oceania é o menor continente da Terra, com cerca de 8,5 milhões de km² (área semelhante à do Brasil).

A Austrália corresponde a aproximadamente 90% do território desse continente e, por isso, é considerada uma ilha-continente. O restante do território da Oceania é formado por pequenas ilhas originadas de atividades vulcânicas, como a Nova Zelândia, e por atóis.

A grande quantidade de ilhas presentes na Oceania está organizada em três grupos:

- Polinésia: a leste do continente, onde estão localizadas algumas ilhas, como Mururoa e Bora Bora, pertencentes ao arquipélago da Polinésia Francesa;
- Melanésia: no centro do continente, abrigando os arquipélagos de Vanuatu, Salomão e Fiji;
- Micronésia: localizada na porção norte do continente, onde se encontram as ilhas Marianas, Marshall e Palau.

Atol: ilha em meio ao oceano, com formato circular, formada a partir de um recife de corais.

Arquipélago: conjunto de ilhas.

Oceania

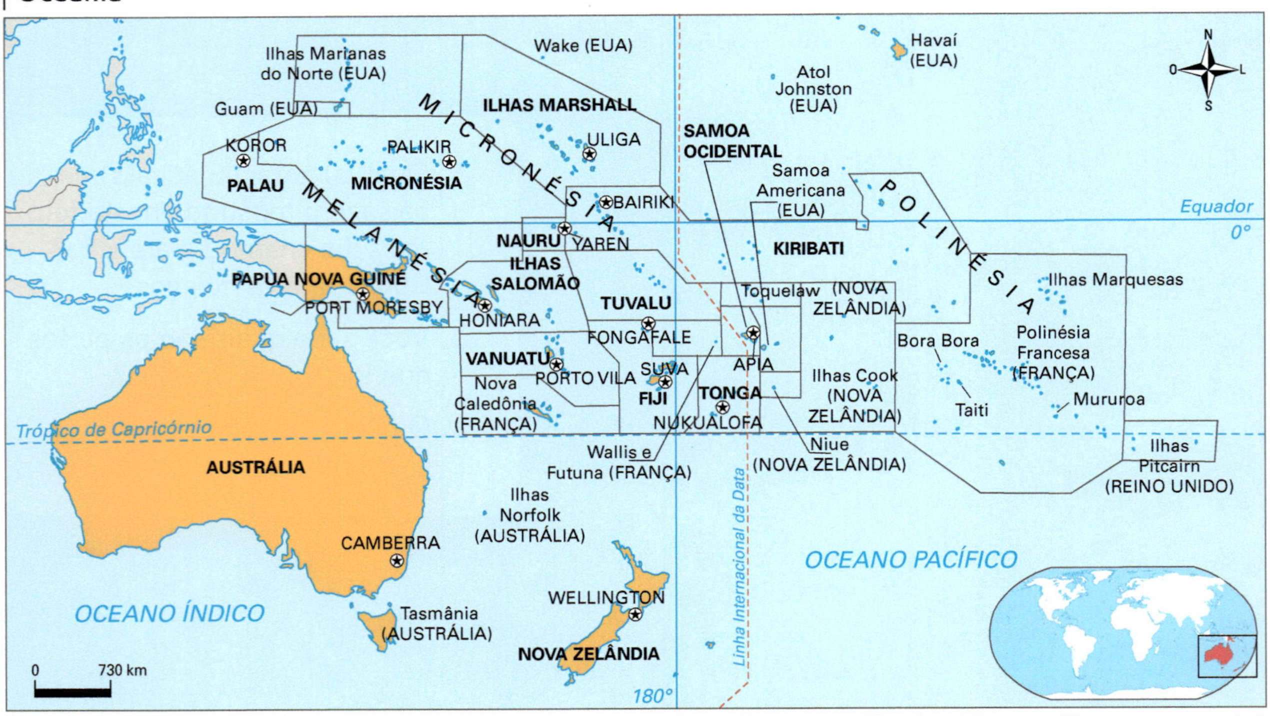

E. Bellusci

Fonte de pesquisa: Graça Maria Lemos Ferreira. *Atlas geográfico*: espaço mundial. 5. ed. São Paulo: Moderna, 2013. p. 110.

Observe o mapa acima e cite o nome de alguns países situados em outros continentes que possuem domínios territoriais nessa região.

Relevo e hidrografia

O relevo da Oceania é formado por terrenos de idades geológicas distintas. Na Austrália, as formações rochosas são muito antigas (era Pré-Cambriana, com mais de 2 bilhões de anos) e o relevo apresenta altitudes modestas. Nesse país, os planaltos encontram-se intensamente desgastados pelos processos erosivos, apresentando, assim, altitudes relativamente baixas (geralmente abaixo de 500 metros). Já as planícies (com altitudes inferiores a 200 metros) abrangem as faixas litorâneas e uma área que vai do sul ao centro do país. As áreas mais elevadas do relevo são formadas pela cordilheira Australiana e pelos Alpes Australianos na região leste da Austrália.

O restante do território da Oceania é formado por terrenos de idade geológica mais recente e composto de centenas de ilhas de origem vulcânica (entre elas, a Nova Zelândia). De modo geral, essas ilhas são montanhosas ou formadas por recifes de corais que apresentam terrenos mais planos, com poucas elevações.

Relevo e principais rios da Oceania

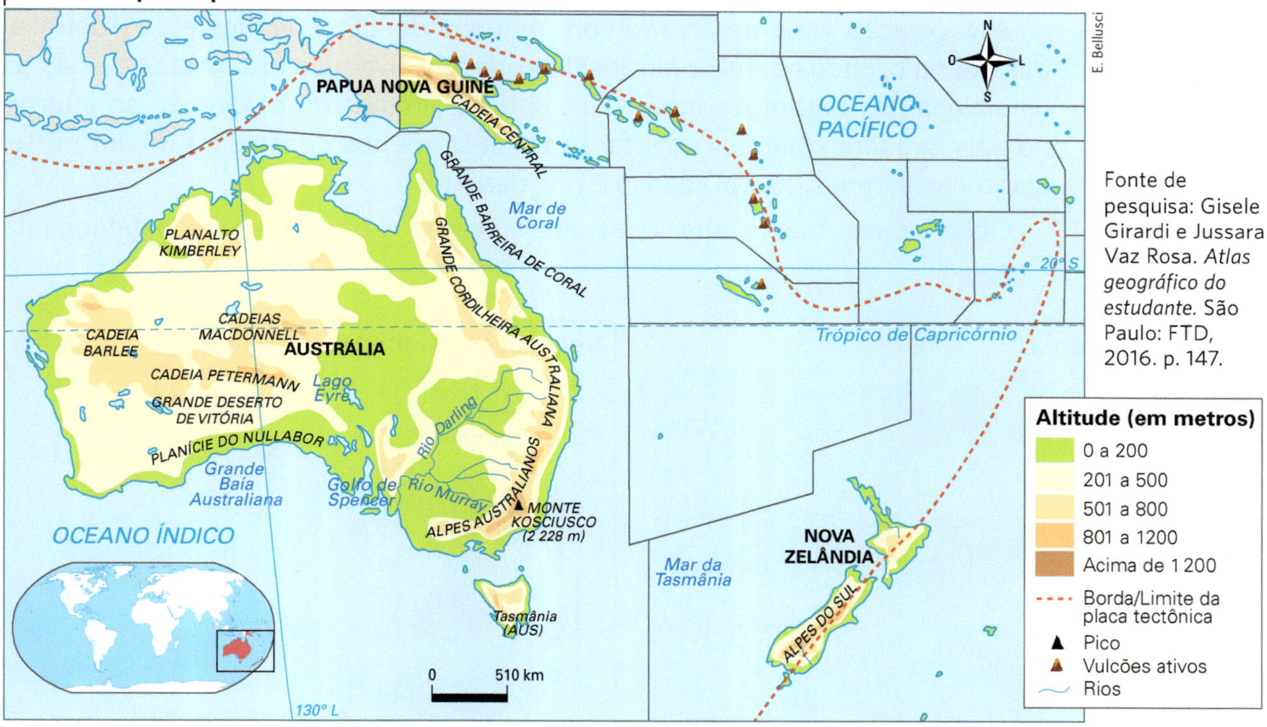

Fonte de pesquisa: Gisele Girardi e Jussara Vaz Rosa. *Atlas geográfico do estudante*. São Paulo: FTD, 2016. p. 147.

Como podemos observar nesse mapa, na Oceania há um encontro de placas tectônicas. Isso explica a existência das ilhas vulcânicas e a constante ocorrência de terremotos, erupções vulcânicas e, algumas vezes, *tsunamis*.

A rede hidrográfica da Austrália está distribuída de maneira irregular pelo território.

A principal bacia hidrográfica localiza-se no sudeste do país e tem como principal rio o Murray, cuja nascente se encontra nos Alpes Australianos. As áreas drenadas por esse rio são utilizadas para a agricultura.

No caso das áreas insulares, devido ao seu tamanho reduzido, os rios não são extensos. Na Nova Zelândia, os rios são numerosos e de pequena extensão e apresentam grande importância para o turismo e para a geração de eletricidade.

Clima e formações vegetais

Grande parte da Oceania encontra-se localizada na região tropical da Terra (o continente é atravessado pelo trópico de Capricórnio). Desse modo, uma extensa área desse continente encontra-se sob o domínio de climas quentes, como o tropical, o equatorial, o semiárido e o desértico.

Os climas desértico e semiárido atuam em boa parte do território australiano e somente as faixas litorâneas do país apresentam clima mais úmido. No norte e nordeste, por exemplo, a média de pluviosidade ao longo do ano pode alcançar 1000 mm.

Devido à presença da cordilheira Australiana no leste do país, os ventos úmidos vindos do oceano Pacífico ocasionam chuvas orográficas na região. Os climas desértico e semiárido que atuam no interior do território se devem à ocorrência de uma zona de alta pressão atmosférica que impede a chegada de ventos úmidos e a formação de nuvens e chuvas.

A vegetação varia de acordo com os tipos de clima. No leste da Austrália, por exemplo, onde há maior pluviosidade, desenvolvem-se as florestas e as áreas de savana. No entanto, conforme as chuvas diminuem em direção ao interior do país, gradativamente a vegetação torna-se menos densa e de menor porte, como nas estepes, nas pradarias e nos desertos.

Observe, nos mapas abaixo, os diferentes tipos de clima e de vegetação na Oceania.

Clima da Oceania

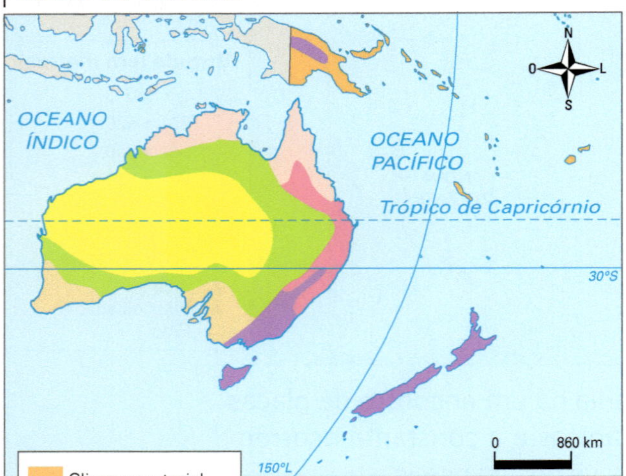

Clima equatorial
Clima tropical
Clima subtropical
Clima temperado
Clima mediterrâneo
Clima desértico
Clima semiárido

Fonte de pesquisa: Graça Maria Lemos Ferreira. *Atlas geográfico*: espaço mundial. 4. ed. São Paulo: Moderna, 2013. p. 22.

Vegetação original da Oceania

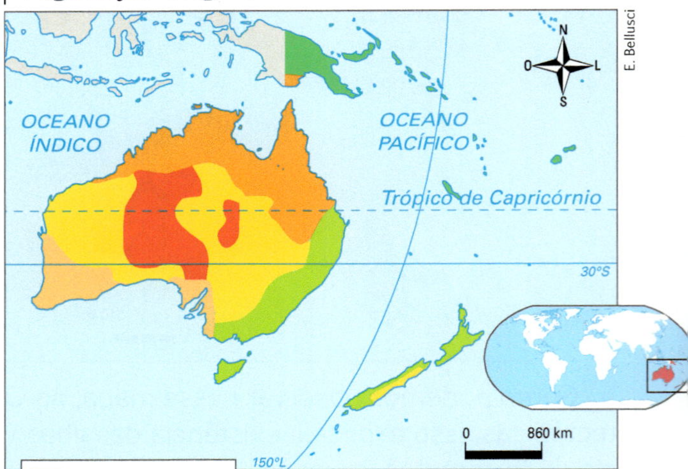

Floresta tropical e equatorial
Floresta temperada e subtropical
Savana
Estepe e pradaria
Vegetação mediterrânea
Deserto (quente)

Fonte de pesquisa: Graça Maria Lemos Ferreira. *Moderno atlas geográfico*. 5. ed. São Paulo: Moderna, 2011. p. 72.

Observando o clima e a vegetação da Austrália representados nesses mapas, que relação é possível estabelecer entre eles?

Clima equatorial

Ocorre em grande parte das ilhas que compõem a Oceania e é caracterizado por elevadas temperaturas durante todo o ano, geralmente superiores a 25 °C. As intensas precipitações ao longo do ano, com totais pluviométricos que variam de 2000 mm a 3000 mm anuais, propiciam o desenvolvimento da floresta equatorial, marcada pela grande diversidade de espécies vegetais.

featherCollector/iStock Photo/Getty Images

Floresta equatorial, Papua Nova Guiné, em 2017.

Clima tropical

Ocorre principalmente nas regiões norte e nordeste da Austrália, apresenta temperaturas elevadas durante todo o ano (médias entre 22 °C e 25 °C), verões chuvosos e invernos secos. As chuvas ao longo do ano apresentam totais pluviométricos em torno de 500 mm a 1500 mm.

Sob influência desse clima, a vegetação que se desenvolve é a savana, composta de árvores, arbustos e gramíneas.

domonabike/Alamy/Fotoarena

Vegetação de savana no norte da Austrália, em 2018.

Clima subtropical

Ocorre nas latitudes médias ao longo da costa leste da Austrália. Apresenta temperaturas mais amenas no inverno e elevedas no verão, com chuvas bem distribuídas ao longo do ano. Nessas áreas, a vegetação natural que se destaca na paisagem é a floresta subtropical, formada por grande diversidade de espécies de plantas, com árvores de grande e médio porte, além de arbustos e plantas rasteiras. No inverno, com a queda da temperatura, algumas dessas espécies perdem parcialmente as folhas.

Ilhan Ryustem/Shutterstock.com/ID/BR

Floresta subtropical na Austrália, em 2015.

Horizon Images/Motion/Alamy/Fotoarena

Floresta temperada na Nova Zelândia, em 2015.

Clima temperado

Clima característico da região sudeste da Austrália e da Nova Zelândia. Em razão da forte influência das massas de águas oceânicas, que não permitem grandes amplitudes térmicas, esse clima apresenta verões com temperaturas mais amenas e invernos pouco rigorosos. A temperatura média é de 15 °C e as precipitações, que são regulares ao longo do ano, ficam entre 500 mm e 1000 mm anuais.

A vegetação que se desenvolve nessas áreas é a floresta temperada, composta principalmente de árvores caducifólias.

Ingo Oeland/Alamy/Fotoarena

Vegetação mediterrânea na Austrália, em 2017.

Clima mediterrâneo

O clima mediterrâneo está presente no sul da Austrália. Nessa área, os verões costumam ser quentes e secos; já os invernos são um pouco mais úmidos e com temperaturas amenas.

A vegetação nessa área, chamada mediterrânea, é formada, sobretudo, por pequenas árvores e arbustos adaptados aos períodos de pouca chuva.

David Hewison/Alamy/Fotoarena

Paisagem com vegetação típica de clima semiárido na Austrália, em 2017.

Clima semiárido

Ocorre em uma larga faixa que margeia as áreas de deserto, na região central da Austrália. As áreas onde esse clima predomina apresentam temperaturas médias elevadas no verão e mais baixas no inverno, as chuvas são irregulares (cerca de 250 mm a 500 mm anuais) e concentradas em alguns períodos do ano.

A vegetação que se desenvolve nessas áreas é denominada estepe e é composta basicamente de arbustos e gramíneas.

Clima desértico

Com baixos totais pluviométricos (geralmente abaixo de 250 mm anuais) e temperaturas bastante elevadas no verão e mais baixas nos meses de inverno, o clima desértico predomina na região central da Austrália, como nos desertos de Vitória e de Gibson. Quando há vegetação nas áreas de deserto, ela é adaptada às elevadas temperaturas e à baixa umidade. É formada sobretudo por plantas rasteiras e cactos.

Luca Roggero/Alamy/Fotoarena

Paisagem desértica da região central da Austrália, em 2018.

Ayers Rock

Na região central da Austrália, em meio ao deserto, uma imensa formação rochosa se destaca na paisagem. Chamada de Ayers Rock, ela está localizada no Parque Nacional de Uluru-Kata Tjuta. Sagrada para o povo aborígine, que a chama de Uluru, essa imensa rocha, de aproximadamente 350 metros de altura e 8 quilômetros de circunferência, é um remanescente de uma cadeia de montanhas erodida pela ação da água e do vento.

Aldo Manganaro/Shutterstock.com/ID/BR

Na foto, monumento natural de Ayers Rock, localizado em uma área de deserto da região central da Austrália, em 2018.

Testes nucleares na Oceania

A Oceania foi o local escolhido para a realização de testes nucleares desenvolvidos por diversos países, em diferentes momentos.

Uma explosão nuclear de teste é uma experiência que envolve a detonação de uma arma nuclear. Geralmente, esses testes têm o objetivo de estudar como as armas funcionam, e também avaliar os seus efeitos, permitindo analisar como elas se comportam em situações diversas e quais são as consequências das explosões.

Em muitos casos, esses testes também representam uma demonstração da força militar e científica dos países que os realizam.

Os testes nucleares ocasionam diversas situações de perigo. Além da potência dessas armas e da capacidade de destruição, há as consequências geradas pelas cinzas radioativas, que espalham altos níveis de radiação pelo ar, contaminando imensas áreas e provocando queimaduras. Outro problema detectado é que a radiação provoca uma elevada taxa de câncer e de malformações congênitas.

Conheça, a seguir, outras informações sobre os testes nucleares realizados nessa região.

Arma nuclear: denominação dada às armas, como a bomba nuclear, que transporta elementos radioativos e libera grande quantidade de energia por fissão nuclear (quebra do núcleo atômico), destruindo o local onde são lançadas. Os efeitos radioativos dessas armas podem alterar o código genético do ser vivo.

Malformação congênita: doença que afeta a constituição de algum órgão ou conjunto de órgãos, causando anomalia morfológica estrutural ao embrião ou ao feto durante a gestação.

1. Desde o primeiro teste atômico (realizado nos Estados Unidos, em 16 de julho de 1945), 2 055 testes nucleares foram realizados no mundo.

2. Entre 1946 e 1958, na região das 23 ilhas que compõem o Atol de Bikini, no oceano Pacífico, foram realizados outros testes nucleares. Essa região foi escolhida devido à sua posição geográfica: estavam longe das rotas de navegação e não ofereciam riscos a populações humanas. No entanto, as cinzas radioativas se espalharam e atingiram várias regiões habitadas. Entre as diversas consequências, os níveis de radiação impediram a presença humana na região por 40 anos.

Países que possuem armas nucleares (2018)

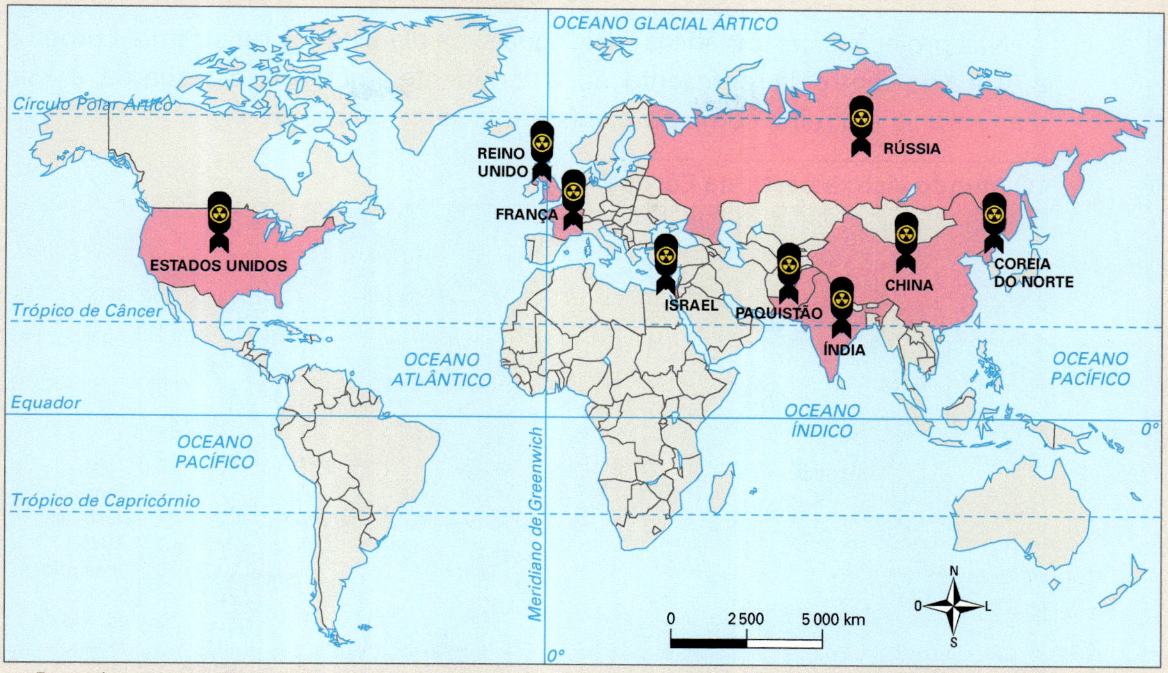

Fonte de pesquisa: Sipri. Disponível em: <https://www.sipri.org/media/press-release/2018/modernization-nuclear-weapons-continues-number-peacekeepers-declines-new-sipri-yearbook-out-now>. Acesso em: 28 set. 2018.

1. Em sua opinião, o desenvolvimento de armas nucleares é importante? Por quê?

2. Você concorda que os países que realizaram testes nucleares sejam responsabilizados pelos problemas de saúde gerados pela exposição da população à radiação? Converse com os colegas.

3. Em grupos de até quatro alunos, façam uma pesquisa com o objetivo de conhecer os países que realizaram testes nucleares após 1998. Procurem saber a reação da comunidade internacional e a posição do Brasil e da ONU em relação a esse assunto.

Depois, conversem com os colegas sobre as informações pesquisadas. Elaborem materiais explicativos em um mural e, se possível, exponham os trabalhos para a comunidade escolar.

Bárbara Sarzi

3 A França realizou cerca de 180 testes nucleares na região dos atóis de Mururoa e Fangataufa, localizados na Polinésia Francesa. Os últimos testes causaram muita polêmica na França e também na comunidade internacional. Devido a esses testes, a assembleia da Polinésia Francesa está solicitando uma reparação dos danos causados por eles.

4 Em 1963, foi criado o **Tratado de Interdição Parcial de Ensaios Nucleares**, no qual países se comprometeram a não testar armas nucleares na atmosfera, debaixo da água ou no espaço exterior. No entanto, o tratado permitia testes subterrâneos. Índia e Paquistão não assinaram o tratado e realizaram os últimos testes nucleares em 1998.

5 Alguns testes nucleares também foram realizados com fins pacíficos. Nesses casos, foram realizados para avaliar se explosões nucleares serviriam para fins não militares, como a escavação de canais e portos artificiais, ou para explorar campos de petróleo e gás. No entanto, os resultados foram extremamente radioativos e comprovadamente desfavoráveis, tanto econômica quanto politicamente.

O mundo visto a partir da Oceania

Nas projeções cartográficas mais usuais, os planisférios mostram a Europa e a África no centro da representação, o continente americano à esquerda, a Ásia e a Oceania à direita, como no planisfério a seguir. Observe-o.

O mundo visto a partir da Europa

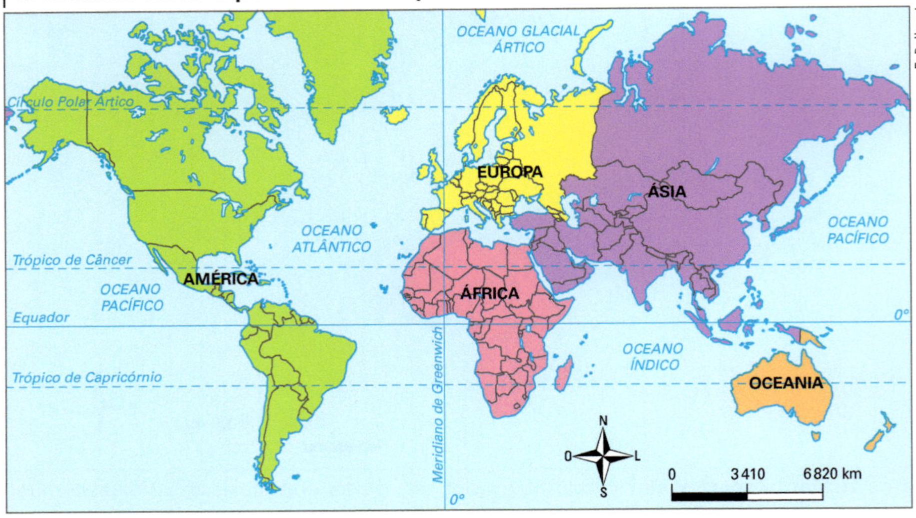

E. Bellusci

Fonte de pesquisa: *Atlas geográfico escolar.* 7. ed. Rio de Janeiro: IBGE, 2016. p. 23.

Porém, como a Terra tem a forma semelhante a uma esfera, o mundo pode ser representado a partir de qualquer local ou ponto da superfície no centro da representação, onde há menor deformação. Ou seja, podemos ter um planisfério com projeções que colocam a China, os Estados Unidos, o Brasil, a Austrália ou qualquer outro país no centro do mapa.

O planisfério abaixo, representado a partir de uma projeção plana, tem a Oceania como centro do mundo. Observe-o.

O mundo visto a partir da Oceania

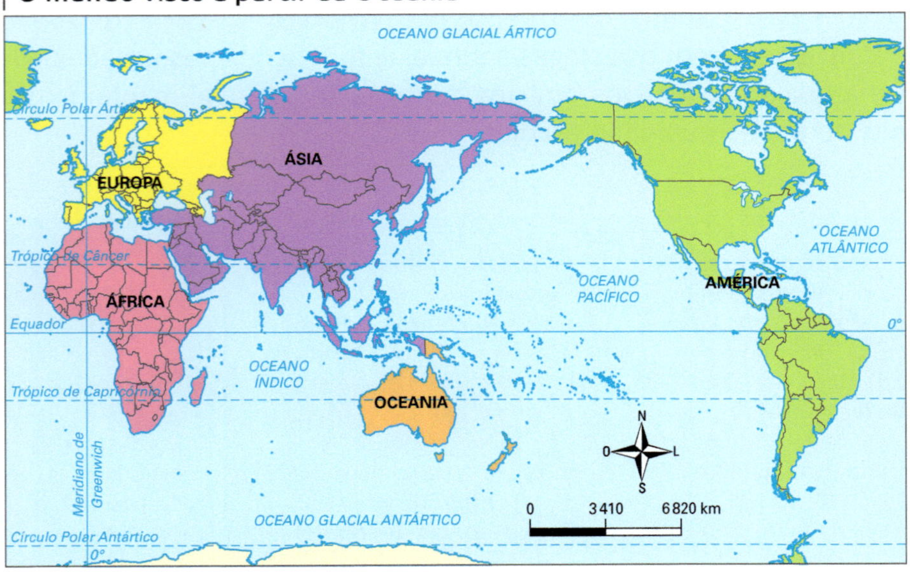

E. Bellusci

Fonte de pesquisa: *Atlas geográfico escolar.* 7. ed. Rio de Janeiro: IBGE, 2016. p. 23.

Descreva a posição dos continentes nessa projeção cartográfica.

Atividades

Organizando o conhecimento

1. Por que podemos considerar a Austrália uma ilha-continente?

2. Observe o mapa do relevo da Oceania, na página **249**, e responda às questões a seguir.
   a) De modo geral, por que o relevo da Austrália não apresenta elevadas altitudes?
   b) Como é caracterizado o relevo da região leste da Austrália?

3. Por que grande parte do território da Oceania está sob o domínio de climas quentes?

4. Como está distribuída a rede hidrográfica australiana?

Conectando ideias

5. O climograma abaixo representa o clima temperado da Oceania.
   - De acordo com o que estudou, quais argumentos você utilizaria para confirmar essa afirmação?

Climograma – Sydney, Austrália

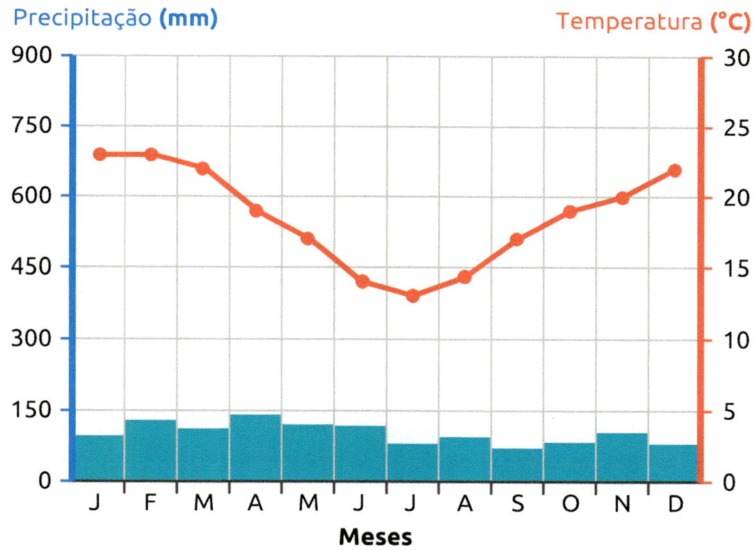

Rafael Luis Gaion

Fonte de pesquisa: WMO. Disponível em: <http://worldweather.wmo.int>. Acesso em: 24 abr. 2016.

6. **Leia** a manchete abaixo.

STILLFX/Shutterstock.com/ID/BR

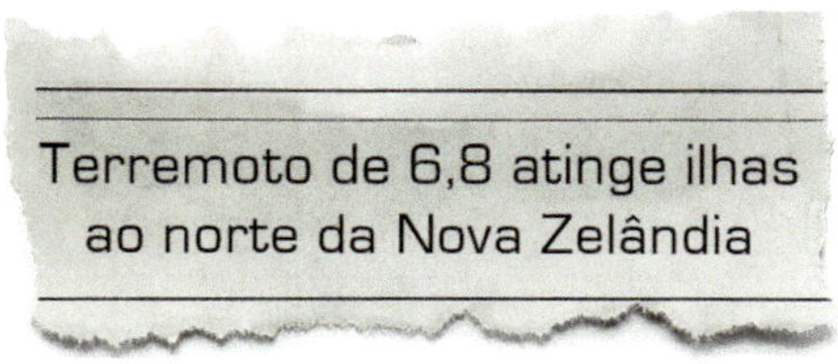
Terremoto de 6,8 atinge ilhas ao norte da Nova Zelândia

R7, 10 set. 2018. Disponível em: <https://noticias.r7.com/internacional/terremoto-de-68-atinge-ilhas-ao-norte-da-nova-zelandia-10092018>. Acesso em: 7 out. 2018.

   - Frequentemente, a Oceania é atingida por atividades tectônicas como a citada nessa manchete. Com base no que você estudou, **explique** por que isso acontece.

CAPÍTULO

26 População e economia da Oceania

A população da Oceania é de aproximadamente 41,2 milhões de habitantes. Nesse continente, a maior concentração de pessoas está na Austrália, na Nova Zelândia e em Papua Nova Guiné, países que abrigam cerca de 38 milhões de pessoas, ou seja, 92% da população total do continente. O restante da população, cerca de 8%, está distribuído em suas pequenas ilhas.

Densidade demográfica da Austrália e da Nova Zelândia (2015)

Fonte de pesquisa: Gisele Girardi e Jussara Vaz Rosa. *Atlas geográfico do estudante*. São Paulo: FTD, 2016. p. 180.

Ao observar o mapa, percebemos que a Austrália e a Nova Zelândia são países pouco povoados, com a população distribuída de maneira desigual pelo território.

> **De acordo com o mapa ao lado, quais são as áreas de maior concentração populacional na Austrália?**

Na Austrália, as diferentes densidades demográficas são decorrentes, por exemplo, da influência de diversos fatores naturais, principalmente a presença de clima seco e de desertos na região central do território, que dificultam a ocupação humana. As áreas com maior concentração populacional encontram-se no litoral leste e sudeste, onde estão as principais cidades, como Camberra e Sydney.

Além de concentrar parte significativa da população do continente, a Austrália e a Nova Zelândia também apresentam as maiores taxas de urbanização da Oceania. Observe a tabela.

População total e população urbana de alguns países da Oceania (2018)

País	População total (em mil habitantes)	População urbana (em %)
Austrália	24 772	86
Nova Zelândia	4 750	86
Ilhas Salomão	623	24
Papua Nova Guiné	8 418	13

Fonte de pesquisa: United Nations. *World Population Prospects*. Disponível em: <https://population.un.org/wpp/DVD/Files/1_Indicators%20(Standard)/excel_files/1_population/wpp2017_pop_f01_1_total_population_both_sexes.xlsx>. Acesso em: 5 nov. 2018.

A colonização europeia e os povos nativos

O processo de colonização da Austrália e da Nova Zelândia ocorreu entre os séculos XVIII e XIX.

Embora os ingleses tenham sido os principais colonizadores, outros imigrantes europeus, como italianos, gregos e irlandeses, também participaram da colonização desses países, o que, somado à diversidade dos povos nativos, contribuiu para a atual diversidade étnica da população.

ACESSE O RECURSO DIGITAL

Com a chegada dos europeus à Oceania, muitos povos nativos da Austrália (aborígines) e da Nova Zelândia (maoris) foram massacrados, seja por combate decorrente da resistência à colonização, seja por doenças trazidas pelos colonizadores. Em muitos casos, para o desenvolvimento da agricultura, pecuária e exploração mineral, os povos nativos foram expulsos de suas terras.

Atualmente, tanto na Austrália como na Nova Zelândia, os povos nativos são a minoria da população. Assim, os maoris representam 16% na Nova Zelândia e os aborígines não atingem 5% do total da população australiana.

Mark Baker/Pool/Bloomberg/Getty Images

Jovens do povo maori realizando a Haka (dança típica) na Nova Zelândia, em 2015.

Nas últimas décadas, os maoris receberam de volta parte de suas terras e nelas buscaram preservar aspectos de sua cultura tradicional. Grande parte dos aborígines vive em parques e reservas no interior da Austrália. Aqueles que vivem nas cidades, na maioria das vezes, sofrem com a marginalização e a discriminação étnica por parte da população. Na Nova Zelândia, por sua vez, houve uma valorização da cultura tradicional maori, com a oficialização da língua maori no país.

PomInOz/iStock Photo/Getty Images

Na foto, dançarinos e músicos aborígines durante festival denominado *Homeground* em Sydney, Austrália, em 2016. O *Homeground* é a maior celebração da cultura dos povos nativos da Austrália.

UNIDADE 8

A população e seus contrastes socioeconômicos

Observe a tabela abaixo, que apresenta informações socioeconômicas sobre alguns países da Oceania.

Indicadores socioeconômicos de alguns países da Oceania

País	IDH 2015	Renda *per capita* (em US$) 2016	Mortalidade infantil (por grupo de mil nascidos vivos) 2016	Expectativa de vida (em anos) 2015	PIB (em bilhões de US$) 2016
Austrália	0,939	49755	3	82	1205
Nova Zelândia	0,915	39412	5	82	185
Fiji	0,736	5233	19	70	5
Papua Nova Guiné	0,516	2500	42	63	20
Ilhas Salomão	0,515	2005	22	68	1

Fontes de pesquisa: The World Bank. *DataBank*. Disponível em: <http://databank.worldbank.org/>. Pnud. *Relatório de Desenvolvimento Humano 2016*. Disponível em: <http://hdr.undp.org/sites/default/files/2016_human_development_report.pdf>. Unicef. *The state of the world's children 2017*. Disponível em: <https://www.unicef.org/publications/files/SOWC_2017_ENG_WEB.pdf>. Acessos em: 5 nov. 2018.

1 **Comparando os indicadores socioeconômicos dos países mostrados na tabela, é possível perceber os contrastes entre eles?**

2 **De acordo com esses indicadores, como você descreveria as condições de vida de um australiano e de um neozelandês?**

A Austrália e a Nova Zelândia são os países com maior desenvolvimento econômico da Oceania. Além de proporcionar maior geração de riquezas, o desenvolvimento econômico desses países promoveu uma elevada qualidade de vida à sua população.

Os grandes investimentos do governo, sobretudo nas áreas sociais, como saúde, educação, emprego, previdência social e programas assistenciais, proporcionaram aos australianos e aos neozelandeses um amplo acesso a serviços que beneficiaram sua qualidade de vida. Isso explica por que esses dois países apresentam os melhores indicadores socioeconômicos da Oceania, tal como observamos na tabela acima.

Embora grande parte da população australiana e neozelandesa desfrute de excelente qualidade de vida, há uma parcela da população, incluindo parte dos aborígines e maoris, que vive marginalizada e, muitas vezes, não tem acesso a bens e serviços como a maioria da população.

Ao contrário da Austrália e da Nova Zelândia, os demais países da Oceania são subdesenvolvidos e, por isso, apresentam problemas característicos de nações pobres, como elevados índices de mortalidade infantil, baixa expectativa de vida e baixa renda *per capita*, como verificamos na tabela da página anterior.

Para efeito de comparação, a taxa de mortalidade infantil em Papua Nova Guiné é quase dez vezes maior do que na Austrália e na Nova Zelândia. Além disso, Papua Nova Guiné possui a menor expectativa de vida entre os países apresentados na tabela da página anterior: os habitantes do país vivem, em média, vinte anos a menos que os australianos e os neozelandeses.

Photononstop/Alamy/Fotoarena

Moradias precárias em vilarejo em Papua Nova Guiné, em 2017.

Bairro com boas condições de moradia e infraestrutura em Auckland, Nova Zelândia, em 2017.

AsiaTravel/Shutterstock.com/ID/BR

UNIDADE 8

Atividades econômicas

As atividades econômicas desenvolvidas na Oceania são bastante diversificadas. A Austrália e a Nova Zelândia apresentam uma indústria mais estruturada. Já os demais países possuem economias com baixo desenvolvimento industrial, baseadas em atividades como pesca e agropecuária.

Vamos estudar a seguir, com mais detalhes, as duas principais economias do continente: Nova Zelândia e Austrália.

Nova Zelândia

Mark Eden/Alamy/Fotoarena

Rebanho de ovelhas na Nova Zelândia, em 2015.

Embora a Nova Zelândia possua indústrias de diversos ramos (como mecânico, metalúrgico e siderúrgico, grande parte do parque industrial encontra-se atrelada à atividade pecuária, no processamento de produtos como leite (laticínios), carne (frigoríficos) e lã (têxtil). Atualmente a indústria responde por 24% do PIB da Nova Zelândia.

A pecuária é uma das atividades de maior destaque na Nova Zelândia, com a criação de bovinos, suínos e, principalmente, ovinos.

A agricultura, desenvolvida basicamente nas áreas de planícies localizadas na porção leste da Ilha do Sul, apresenta excelentes índices de produtividade. Isso é consequência das condições climáticas favoráveis do clima temperado, e também dos elevados investimentos em tecnologias agrícolas realizados pelos neozelandeses. Entre os principais cultivos agrícolas, destacam-se trigo, cevada, centeio, aveia e milho.

Além da agropecuária, entre as atividades primárias, também merecem destaque a extração madeireira praticada em áreas de reflorestamento e a pesca realizada ao longo do litoral. Veja, no mapa desta página, como estão organizadas as atividades econômicas pelo território neozelandês.

Atividades econômicas da Nova Zelândia (2013)

Paula Radi

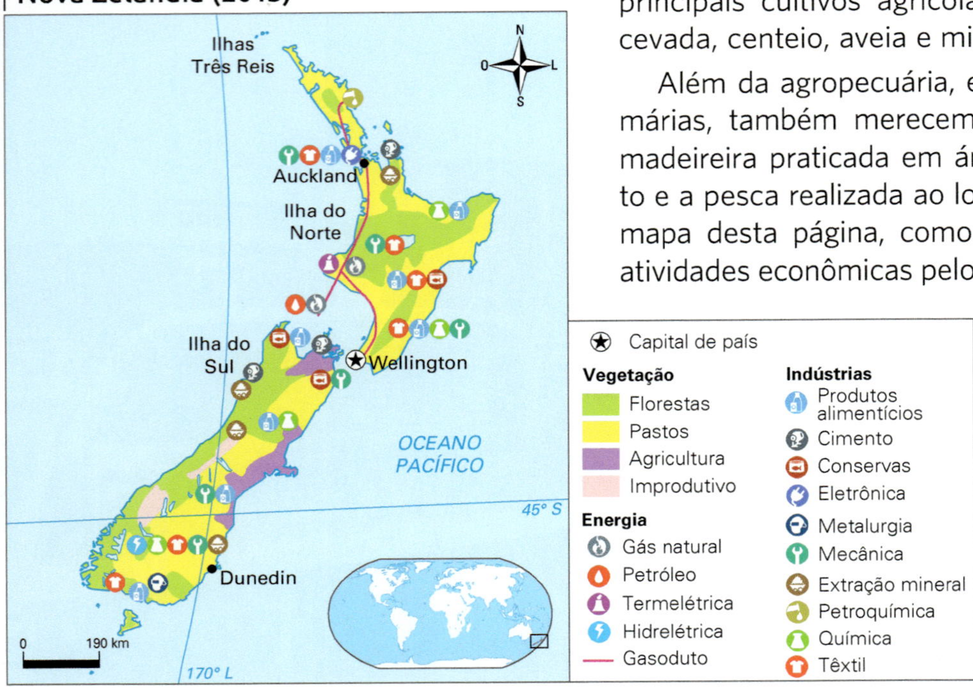

Fonte de pesquisa: *Atlas National Geographic*: Oceania, polos e oceanos. São Paulo: Abril, 2008. v. 11. p. 40-41. *Reference atlas of the world*. 9. ed. London: Dorling Kindersley, 2013. p.185.

Austrália

A Austrália destaca-se pela grande diversidade de atividades econômicas que movimentam sua economia. O setor industrial, presente principalmente nas regiões Sul e Sudeste do território, é bastante desenvolvido, com um parque industrial composto de indústrias de variados ramos, entre eles siderúrgico, metalúrgico, químico, automobilístico e de informática.

A diversidade de recursos minerais e combustíveis fósseis presentes no território australiano foi muito importante para o desenvolvimento industrial do país. As principais jazidas australianas são: carvão mineral, minério de ferro, bauxita, cobre, ouro e manganês.

Como vimos no início desta unidade, em grande parte do território australiano predominam os climas semiárido e desértico, ou seja, climas secos que dificultam o desenvolvimento da agricultura.

No entanto, em razão do elevado nível de modernização das atividades agropecuárias, a Austrália apresenta altos índices de produtividade agrícola e pecuária. Na agricultura, destaca-se a produção de trigo, aveia, cevada, cana-de-açúcar e algodão; na pecuária, as criações de ovinos, caprinos e bovinos são bastante expressivas.

Observe nos mapas ao lado.

Agropecuária da Austrália (2013)

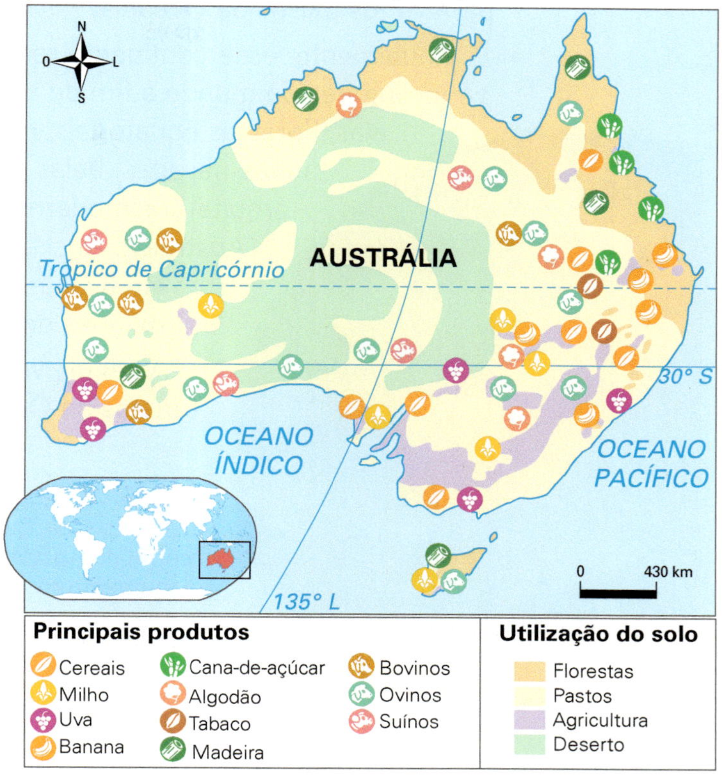

Paula Radi

Recursos minerais e regiões industriais da Austrália (2013)

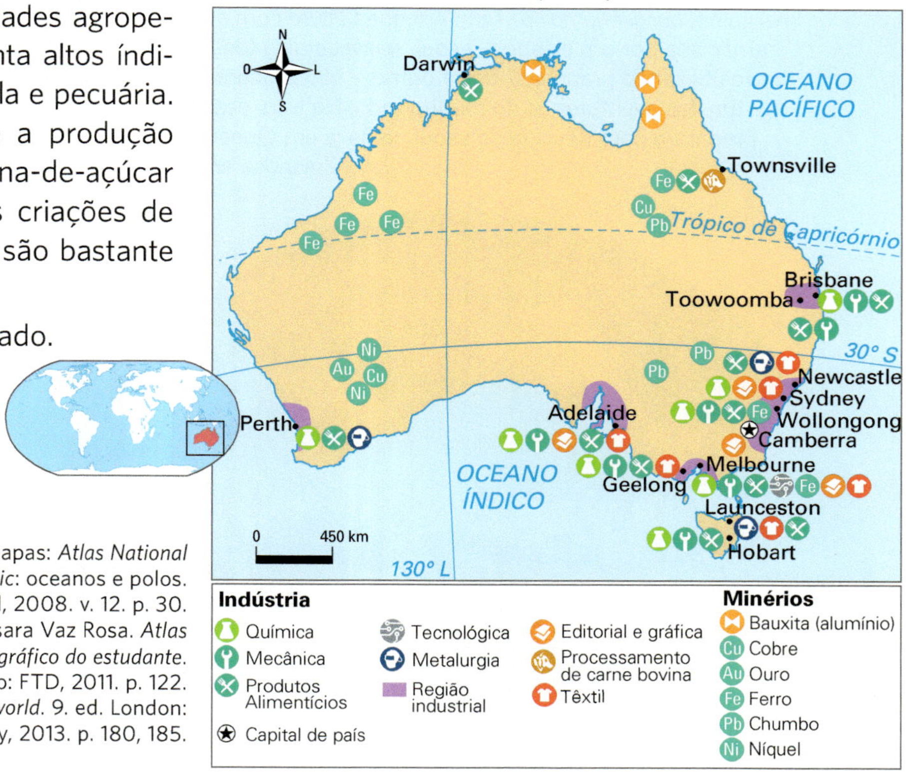

Paula Radi

Fontes de pesquisa dos mapas: *Atlas National Geographic*: oceanos e polos. São Paulo: Abril, 2008. v. 12. p. 30. Gisele Girardi e Jussara Vaz Rosa. *Atlas geográfico do estudante*. São Paulo: FTD, 2011. p. 122. *Reference atlas of the world*. 9. ed. London: Dorling Kindersley, 2013. p. 180, 185.

O turismo na Oceania

Nos últimos anos, o turismo tornou-se uma importante fonte de riquezas para vários países da Oceania.

Anualmente, esse continente recebe milhares de turistas provenientes de vários lugares do mundo a fim de apreciar suas exuberantes paisagens. Entre elas, florestas equatoriais, recifes de coral, formações rochosas, montanhas nevadas, belas praias e extensos desertos. Além disso, a arquitetura moderna de cidades como Sydney e Melbourne (Austrália), Auckland e Wellington (Nova Zelândia) também é um atrativo turístico. Em 2017, a Austrália recebeu cerca de 8,8 milhões de turistas.

A seguir, veja alguns lugares muito procurados pelos turistas na Oceania.

Turistas visitam o Parque Nacional de Uluru-Kata Tjuta, na região central da Austrália, em 2015. O monumento rochoso de Ayers Rock é uma das grandes atrações do parque.

Esportes de aventura – atividades como *trekking* (trilhas em meio à floresta), asa-delta, balonismo, canoagem, *rafting*, mergulho, *bungee-jumping* (salto em queda livre com a pessoa amarrada por um elástico), esqui, *snowboarding* (descida na neve utilizando pranchas), entre outras – são procurados por turistas aventureiros do mundo todo. Na foto, pessoas se preparam para descida de esqui na neve em Queenstown, Nova Zelândia, em 2018.

Opera House é um edifício símbolo da cidade de Sydney, Austrália. Nesse complexo, encontram-se salas de teatro, auditórios, restaurantes, bares e lojas. Ao lado, foto de 2018.

Atividades

Organizando o conhecimento

1. Comparando o mapa da página **250** (tipos de clima da Oceania) com o mapa da página **258** (Densidade demográfica da Austrália e da Nova Zelândia - 2015), descreva como as condições naturais exercem influência na distribuição da população no território da Austrália e da Nova Zelândia.

2. Que fatores proporcionam à maioria da população australiana e neozelandesa sua elevada qualidade de vida e os melhores indicadores socioeconômicos da Oceania?

3. Quais são os principais cultivos agrícolas na economia da Nova Zelândia e que fatores contribuem para os elevados índices de produtividade agrícola no país?

4. De acordo com o que você estudou sobre a economia australiana, qual é a relação entre o grande desenvolvimento industrial do país e a diversidade de recursos minerais em seu território?

5. O que explica os altos índices de produtividade alcançados pela atividade agropecuária australiana?

6. Por que o turismo é considerado uma atividade de destaque na Oceania?

Conectando ideias

7. **Observe** o gráfico abaixo e **responda** às questões no caderno.

Composição das exportações da Nova Zelândia (2015)

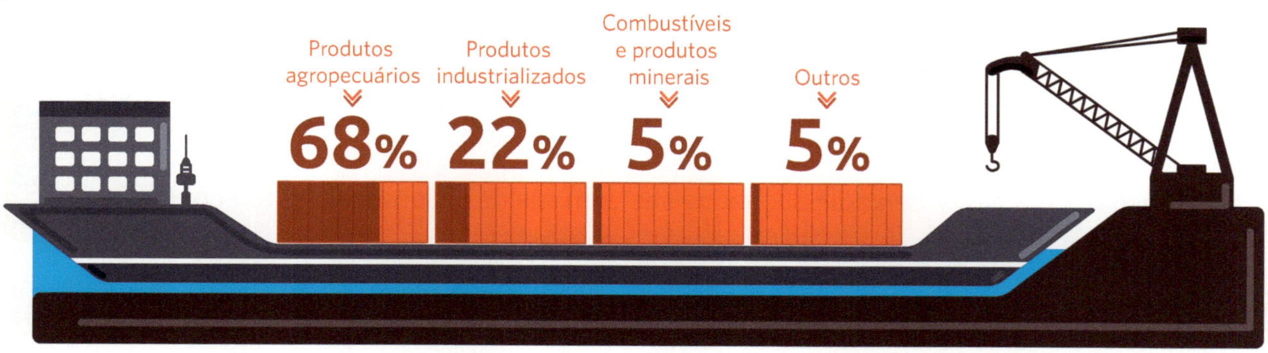

Fonte de pesquisa: WTO. *Trade profiles 2017*. Disponível em: <https://www.wto.org/english/res_e/booksp_e/trade_profiles17_e.pdf>. Acesso em: 27 out. 2018.

a) Qual é o produto de maior destaque das exportações da Nova Zelândia?

b) Além da agropecuária, quais são outros destaques das atividades primárias realizadas na Nova Zelândia?

c) Qual é a relação entre a atividade industrial neozelandesa e a agropecuária do país?

ACESSE O RECURSO DIGITAL

8. De acordo com o que você estudou, **converse** com os colegas sobre as seguintes questões:

a) Quais fatores históricos acarretaram a atual situação do povo aborígine na Austrália?

b) Na opinião de vocês, o que poderia ser feito para mudar as condições de vida dos aborígines?

c) Existe alguma semelhança entre a situação vivida pelos aborígines durante a colonização da Austrália e a dos indígenas no Brasil? **Explique**.

Aprenda mais

O livro *Histórias dos maori, um povo da Oceania* tem como tema a cultura dos maoris, suas origens, costumes e lendas criadas por esse povo que falam sobre a criação do Céu e da Terra.

Claire Merleau-Ponty e Cécile Mozziconacci. *Histórias dos maori, um povo da Oceania*. São Paulo: SM Brasil, 2007.

Verificando rota

- A Austrália é o país mais extenso da Oceania.
- O relevo da Austrália é bastante antigo, o que explica as baixas altitudes do seu território, enquanto o relevo da Nova Zelândia apresenta montanhas mais elevadas formadas por movimentos tectônicos ocorridos em épocas geológicas mais recentes.
- A Oceania apresenta uma grande diversidade de climas, dos mais chuvosos, como o equatorial e o tropical, aos mais secos, como o semiárido e o desértico.
- As projeções cartográficas planas permitem representar o mundo com qualquer continente da superfície terrestre representado no centro do planisfério.
- As maiores densidades demográficas da Oceania estão localizadas na Austrália, Nova Zelândia e Papua Nova Guiné.
- A Austrália e a Nova Zelândia são os países com maior desenvolvimento econômico da Oceania.
- Os povos nativos da Austrália (aborígenes) e da Nova Zelândia (maoris) foram massacrados pelos colonizadores europeus.
- A Austrália e a Nova Zelândia são os países com maior desenvolvimento econômico da Oceania.
- As reservas minerais existentes no território australiano têm sido muito importantes para o desenvolvimento da atividade industrial e econômica daquele país.
- O turismo tornou-se uma importante fonte de riquezas para vários países da Oceania, em especial para a Austrália e a Nova Zelândia.

Brasil – Político

Fonte de pesquisa: *Atlas geográfico escolar*. 7. ed. Rio de Janeiro: IBGE, 2016. p. 90.

Europa – Político

1 - **ANDORRA** - Andorra	4 - **LIECHTENSTEIN** - Vaduz	7 - **MÔNACO** - Mônaco
2 - **BÓSNIA-HERZEGÓVINA** - Sarajevo	5 - **LUXEMBURGO** - Luxemburgo	8 - **MONTENEGRO** - Podgorica
3 - **ESLOVÊNIA** - Liubliana	6 - **MACEDÔNIA** - Skopje	9 - **SAN MARINO** - San Marino

Fonte de pesquisa: *Atlas geográfico escolar*. 7. ed. Rio de Janeiro: IBGE, 2016. p. 43.

Ásia – Político

Fonte de pesquisa: *Atlas geográfico escolar*. 7. ed. Rio de Janeiro: IBGE, 2016. p. 47.

Oceania – Político

E. Bellusci

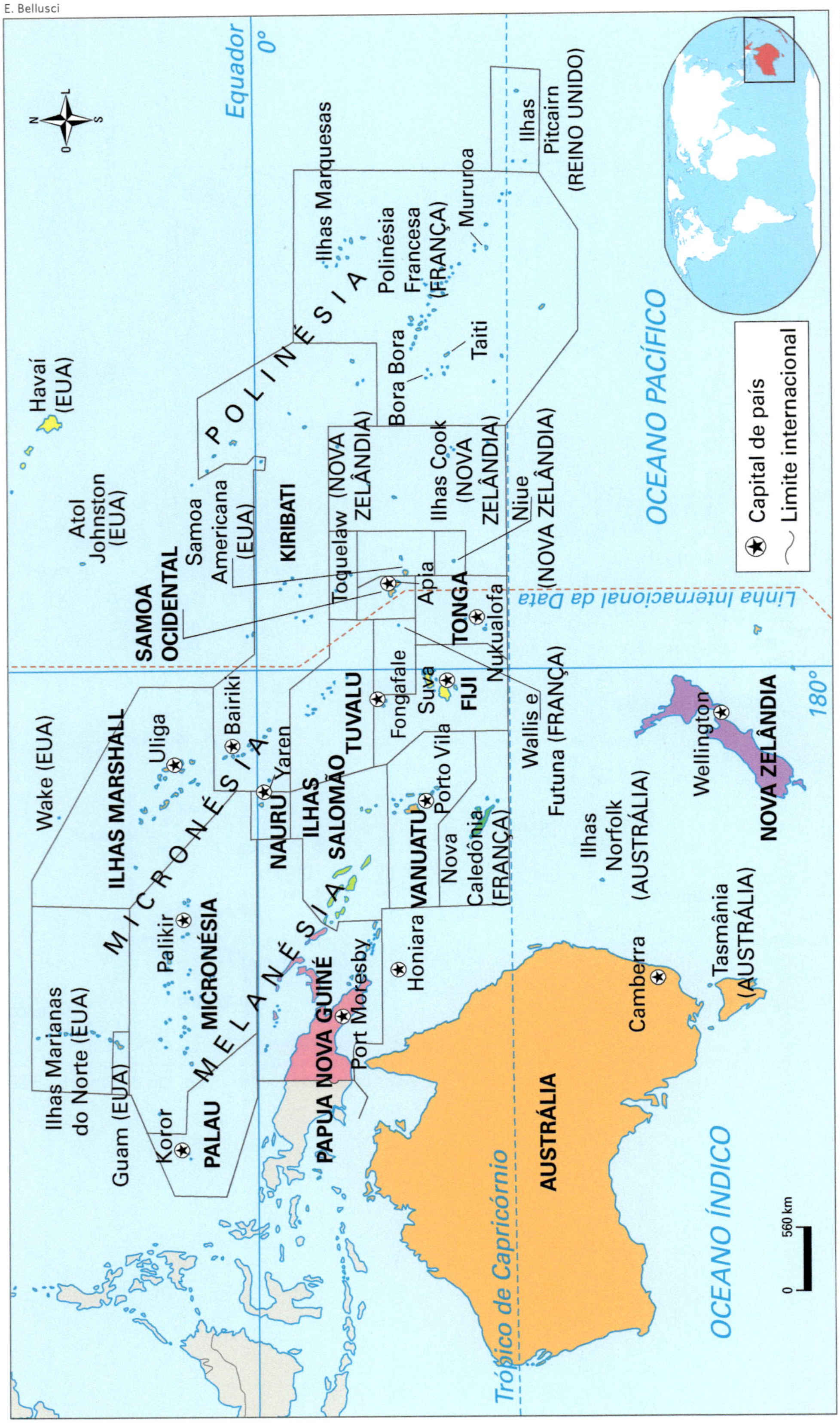

Fonte de pesquisa: *Atlas geográfico escolar*. 7. ed. Rio de Janeiro: IBGE, 2016. p. 53.

Mundo – Político

E. Bellusci

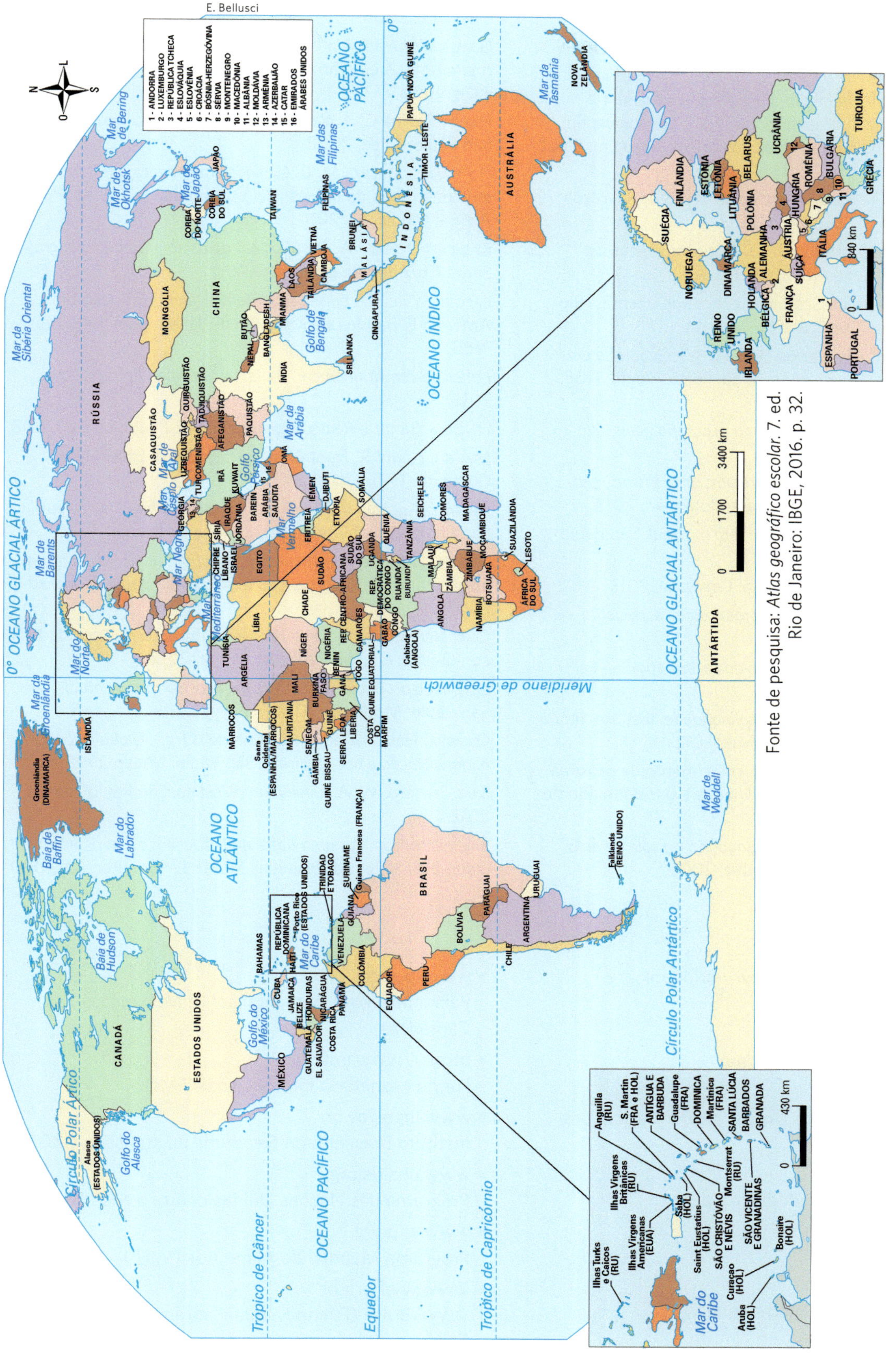

Fonte de pesquisa: *Atlas geográfico escolar*. 7. ed. Rio de Janeiro: IBGE, 2016. p. 32.

Referências bibliográficas

ANTUNES, Celso (Coord.). *Geografia e didática*. Petrópolis: Vozes, 2014. (Coleção Como Bem Ensinar).

AYOADE, J. O. *Introdução à climatologia para os trópicos*. Rio de Janeiro: Bertrand Brasil, 2007.

BRASIL. Ministério da Educação. *Base Nacional Comum Curricular*. Versão final. Brasília: MEC, 2017. Disponível em: <http://basenacionalcomum.mec.gov.br>. Acesso em: 5 out. 2018.

________. *Diretrizes Curriculares Nacionais Gerais da Educação Básica*. Brasília: MEC, SEB, DICEI, 2013.

CARLOS, Ana Fani Alessandri (Org.). *A geografia em sala de aula*. São Paulo: Contexto, 2018.

CASTRO, Iná Elias de et al. *Geografia:* conceitos e temas. Rio de Janeiro: Bertrand Brasil, 2007.

CASTROGIOVANNI, Antonio Carlos et al. (Org.). *Geografia em sala de aula*: práticas e reflexões. 5. ed. Porto Alegre: AGB, 2010.

CAVALCANTI, Lana de Souza. *Temas da geografia na escola básica*. Campinas: Papirus, 2013.

CHRISTOPHERSON, Robert W. *Geossistemas*: uma introdução à geografia física. 9. ed. Porto Alegre: Bookman, 2017.

COSTA, Rogério H. da. *A nova des-ordem mundial*. São Paulo: Unesp, 2006.

CORDEIRO, Jaime. *Didática*. São Paulo: Contexto, 2013.

CORRÊA, Roberto Lobato. *Região e organização espacial*. São Paulo: Ática, 2007.

DUARTE, Paulo Araújo. *Fundamentos da cartografia*. Florianópolis: UFSC, 2006.

FAZENDA, Ivani C. Arantes. *Interdisciplinaridade*: história, teoria e pesquisa. 18. ed. Campinas: Papirus, 2012.

FISHMAN, Ted C. *China S.A.*: como o crescimento da próxima superpotência desafia os Estados Unidos e o mundo. Rio de Janeiro: Ediouro, 2006.

FONTANA, Roseli A. C. *Mediação pedagógica na sala de aula*. 4. ed. Campinas: Autores Associados, 2005.

FUSER, Igor. *Geopolítica*: o mundo em conflito. São Paulo: Salesiana, 2006.

GOMES, Horieste. *A produção do espaço geográfico no capitalismo*. 2. ed. São Paulo: Contexto, 1991. (Repensando a Geografia).

HAYDT, Regina C. *Avaliação do processo ensino-aprendizagem*. São Paulo: Ática, 2002.

HOFFMANN, Jussara M. L. *Avaliação mediadora*: uma prática em construção da pré-escola à universidade. 34. ed. Porto Alegre: Mediação, 2014.

KAERCHER, Nestor A. *Desafios e utopias no ensino de geografia*. Santa Cruz do Sul: Edunisc, 2010.

LACOSTE, Yves. *Os países subdesenvolvidos*. Tradução de Américo E. Bandeira. 19. ed. Rio de Janeiro: Bertrand Brasil, 1988.

L'atlas de l'environnement. Paris: Le Monde Diplomatique, 2018.

LENCIONI, Sandra. *Região e geografia*. São Paulo: Edusp, 2003.

MARTIN, André R. *Fronteiras e nações*. 3. ed. São Paulo: Contexto, 1997.

MORAES, Antonio Carlos R. de. *Território e história no Brasil*. São Paulo: Annablume, 2002. (Linha de Frente).

MOREIRA, Ruy. *Pensar e ser em geografia*: ensaios de história, epistemologia e ontologia do espaço. São Paulo: Contexto, 2007.

OLIC, Nelson Bacic; CANEP, Beatriz. *África*: terra, sociedades e conflitos. 2. ed. São Paulo: Moderna, 2012.

OLIC, Nelson Bacic. *Visões geopolíticas do mundo atual*. São Paulo: Moderna, 2017.

OLIVEIRA, Flávia Arlanch Martind de (Org.). *Globalização, regionalização e nacionalismo*. São Paulo: Unesp, 1999.

SAID, Edward. W. *A questão da palestina*. São Paulo: Unesp, 2012.

SANTOS, Milton. *Por uma outra globalização*: do pensamento único à consciência universal. Rio de Janeiro: Record, 2000.

Sites

- www.bancomundial.org e www.worldbank.org
  Grupo Banco Mundial
- https://nacoesunidas.org/
  Organização das Nações Unidas
- www.fao.org
  Organização das Nações Unidas para a Agricultura e a Alimentação (FAO)
- www.pnud.org
  Programa das Nações Unidas para o Desenvolvimento (PNUD)
- www.greenpeace.org.br
  Greenpeace
- https://www.monde-diplomatique.fr/
  Le Monde Diplomatique
- www.ipcc.ch
  Painel Intergovernamental sobre Mudanças Climáticas
- https://www.imf.org
  Fundo Monetário Internacional (FMI)
- www.ibge.gov.br
  Instituto Brasileiro de Geografia e Estatística (IBGE)
- www.unaids.org
  Programa das Nações Unidas contra a Aids (Unaids)
- www.wfp.org
  Programa Mundial de Alimentos (WFP)
- www.wwf.org.br
  WWF Brasil (Fundo Mundial para a Natureza)

Todos os *sites* foram acessados em: 12 nov. 2018.